IT 개발자가 쓴 통쾌한 인간관리 이야기

MANAGING HUMANS by Michael Lopp

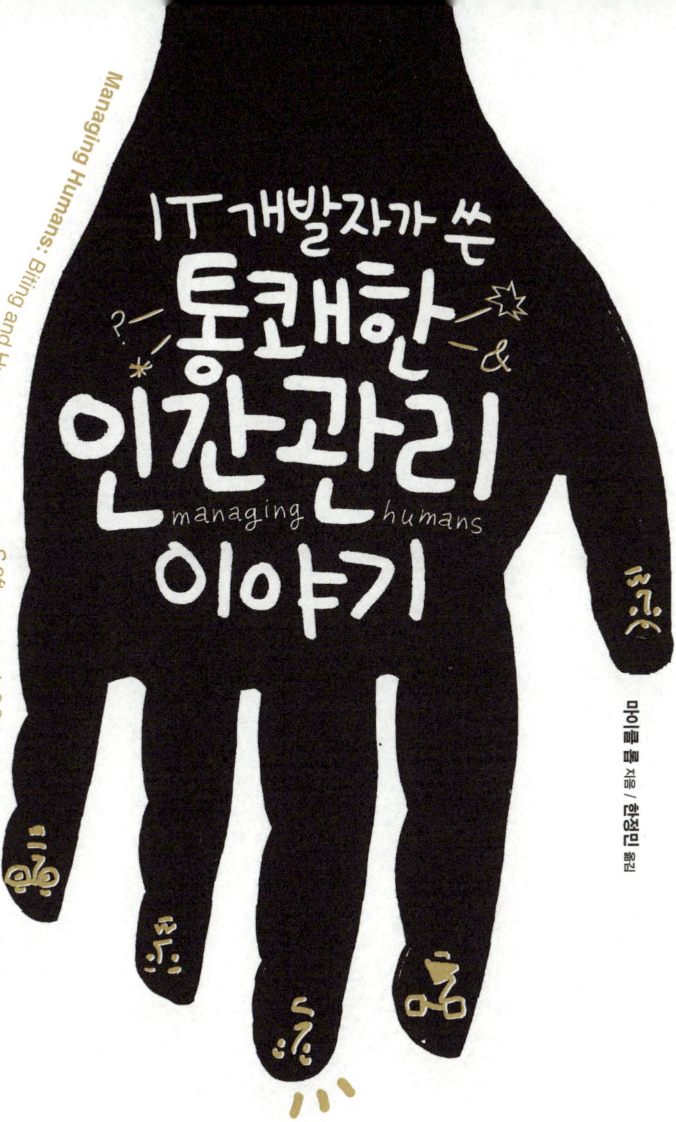

IT개발자가 쓴
통쾌한 &
인간관리
managing   humans
이야기

Managing Humans: Biting and Humorous Tales of a Software Engineering Manager

마이클 롭 지음 / 한정민 옮김

Apress®
THE EXPERT'S VOICE™

ITC
Info-Tech Corea

내 가족
내 모든 가족들에게.

 **part 1** ## 관리의 화살집

프로세스가 제품이다

part 2

여러 버전의 당신

part 3

저자 마이클 롭Michael Lopp은

실리콘밸리의 베테랑 엔지니어 관리자다. 소프트웨어 개발 15년간 애플 컴퓨터, 넷스케이프(Netscape Communications), 시만텍 (Symantec Corporation), 볼랜드(Borland International) 및 이름 도 없이 사라져 버린 벤처 기업 등 다양한 회사에 몸담았다.

마이클은 일상 업무에 추가로 '랜즈(Rands)'라는 필명으로 테크놀로 지와 경영 및 관리에 관련한 인기 있는 블로그(www.randsinrepose. com)를 운영하며, 그의 경영 방법, 조직과 사회와 관련성을 유지하는 방법 등을 논하고 있으며, 여행할 시간을 갖기를 희망한다. 마이크는 바 다와 가까운 캘리포니아 북쪽에 산다.

감사의 말

편집자들에 대해 알려주고, 이 책의 서론을 지하철에서 읽으며 크게 웃어준 리즈 단지코(Liz Danzico)에게 감사의 말을 전한다. 내가 랜즈의 존재를 잃었을 때 그가 누구인지 일깨워준 멜 베이커 (Melle Baker)와 짐 섬서(Jim Sumser)에게도 고마움을 표한다. 랜즈 인 리포스(Rands in Repose) 블로그의 독자들이 나의 글을 읽어주고, 덧글을 써주고, 나에게 메일을 보낸 덕에 이 작품이 탄생하게 되었다. 그들의 권유가 없었더라면 이 책을 집필하지도 못했을 것이다.

톰 패퀸(Tom Paquin)의 지침, 통찰력, 상식이 없었더라면 지금 관리자로서의 나는 없었을 것이다.

머리말

이 책은 반 가상의 이야기이다.

사람을 관리하는 것에 대한 통찰력, 방법, 의견 등으로 가득 차 있다. 이 모든 내용은 내가 아는 사람들과의 실제 경험을 바탕으로 한다. 나의 관리자로서의 경험이 모두 긍정적이었다고 말하고 싶지만 사실 그렇지는 못했다. 이성을 잃었던 적도 있고 목격자들도 있다. 그 목격자들은 내가 정신을 차리도록 도와줬고 이 책에 또 한 장 쓰는 것을 가능케 해줬다.

이 책에서 언급된 사람들의 이름은 모두 가명이다.

내가 아는 모든 사람들을 떠올려 큰 가상의 주머니에 넣고 섞은 후, 페즈(Fez)라는 이름을 뽑고, 필(Phil)을 뽑고, 프랭크(Frank)라는 이름을 뽑았다. 이렇게 설정된 인물에 내가 몸담았기에 익숙한 넷스케이프나 볼랜드 등의 회사를 설정으로 해 이야기를 만들어 내가 설명하고자 하는 관리의 요점을 풀어냈다. 인물들과 마찬가지로 이야기들도 모

두 꾸며낸 것이다. 가상의 이야기이지만 실제 경험을 바탕으로 한 것이며 당신에게 현실적으로 다가왔으면 하는 바람이다.

이 반 가상의 이야기의 하이라이트는 바로 랜즈다. 내가 90년대 중반 경영과 관리에 대한 블로그를 시작하면서 가상의 나에게 붙인 이름이다. 랜즈를, 관련성 있는 대단한 경험을 한(그러나 가상인), 가상의 사람들의, 가상의 이야기를 들려주는 사람으로 생각해보라. 랜즈는 나와 마찬가지로 약간의 고약한 성미를 갖고 있다.

옮긴이의 글

'IT 개발자가 쓴 통쾌한 인간관리 이야기'는 가상의 인물 랜즈가 들려주는 가상의 인물들에 대한 가상의, 그러나 그럴 법한 이야기다. 누군가의 관리를 받는 개발자로서, 그리고 누군가를 관리하는 관리자로서의 경험을 바탕으로 진술되는 그의 이야기들은 유쾌하기 그지없다. 너무나도 통쾌하고 신랄한 전 상사에 대한 비판(2장)에서부터 회의를 빠져나가는 방법(4장), 사내에서 헛소문이 번져나가는 과정(6장), 문젯거리 부하 직원(10장) 이야기 등을 읽다 보면 맞장구를 치지 않을 수 없다.

그러나 랜즈는 그 유쾌함 속에서 날카로운 시선으로 현실을 그려낸다.

한때 IT 개발자였던 관리자들이라면 고민하는 프로그래밍 작업에 대한 그리움과 욕망, 그리고 그 작업을 맡는 데 따르는 주변의 시선과 부담감(9장). 개발 배경이 없는 IT 관리자들에 대한 의견(2장)과 다

양한 성향의 동료와 상사를 파악하는 법(26, 27, 28, 29장) 등은 여러분이 주위를 다시 둘러보게 할 것이다.

1부는 관리에 대한 주제를 다루는데 관리자들의 목표, 일반적인 성향, 습관, 배경들을 언급하며 그들에 대한 이해를 돕는다. 2부는 팀 내에서 일어나는 여러 프로세스에 대한 내용으로 팀 내의 마찰이나 프로젝트 진행과정 중에 흔히 일어나는 사건을 다룬다. 마지막 3부는 문젯거리 팀원 등의 일화를 다루며 팀에 있을 수 있는 다양한 성격과 구성원을 소개한다.

저자의 많은 문화적인 비유와 은유법의 구사로 많은 주석을 달아야 했다. 독자의 이해를 돕고자 블로그에 문화적 배경 지식에 관련한 정보를 올린다(http://managing-humans.blogspot.com/). 추가적인 이해가 필요하거나 의견이 있으면 주저하지 말고 블로그에 글을 남겨 주길 바란다. 냉소적이고 비판적이기까지 하지만 그의 인간다움에 왠지 모르게 정이 가는 랜즈의 인간 관리 이야기를 여러분도 나만큼 즐기길 바라는 마음이다.

재미있는 서적 번역의 기회를 주신 ITC 의 최규학 사장님, 고광노 실장님, J Pub 장성두 사장님께 감사 드리며 힘이 되어준 강코치님, 그리고 부모님, 동생, 하야, 하나님께 감사 드린다.

한정민
미국 카네기멜론 대학(Carnegie Mellon University) 에서 경영 정보 시스템(Information Systems)과 인간-컴퓨터 상호작용(Human-Computer Interactions)을 전공했고 부전공으로 커뮤니케이션 디자인(Communication Design)을 공부했다. CMU 대학의 웹사이트 분석 및 재편 사용자 경험 컨설팅, HCI 대학원 '스마트 홈' 리서치 등의 프로젝트에 프로젝트 관리자(PM)로 참여했다. 최근에는 미국 타임워너 AOL 의 동영상 검색 엔진 Truveo 에서 웹 테크놀로지스트로 활동했으며 사용자 경험, 사용성 분석, UI, 인터랙션, 디자인, 웹 2.0 등 웹의 전반적인 분야에 두루 관심을 갖고 있다.

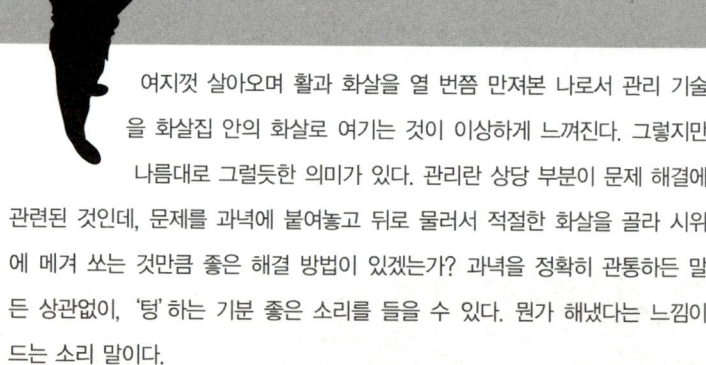

여지껏 살아오며 활과 화살을 열 번쯤 만져본 나로서 관리 기술을 화살집 안의 화살로 여기는 것이 이상하게 느껴진다. 그렇지만 나름대로 그럴듯한 의미가 있다. 관리란 상당 부분이 문제 해결에 관련된 것인데, 문제를 과녁에 붙여놓고 뒤로 물러서 적절한 화살을 골라 시위에 메겨 쏘는 것만큼 좋은 해결 방법이 있겠는가? 과녁을 정확히 관통하든 말든 상관없이, '텅' 하는 기분 좋은 소리를 들을 수 있다. 뭔가 해냈다는 느낌이 드는 소리 말이다.

우리 위에는 관리자, 또는 매니저가 있으며, 우리가 팀의 리더이건 아니건 간에 우리의 매니저를 파악해야 한다. 그가 무엇을 원하는가? 위기 상황을 어떻게 극복하는가? 어떻게 의사소통 하는가? 우리는 이런 것을 보고 배우면서 화살을 하나씩 확보해 나간다. 배우는 것에 그치지 않고 화살집에 화살로 남아 다음 번에 비슷한 문제를 겪을 때 사용된다.

관리의

화살집

1장

비열한 놈이 되지 말자

웹에 글을 쓰는 가장 큰 장점은 계획이 필요 없다는 것이다. 나는 다양한 주제에 대해 끄적거리며 정신적인 사치를 즐기곤 한다. 대부분의 글은 엔지니어링 관리라는 주제로 집중되곤 하는데, 기사가 나갈 때마다 "책은 언제 나와요?" 하는 질문을 받았다. 그런데 책을 내고 싶긴 했지만 문제가 있었다. 출발점을 어떤 주제로 해야 하는가? 좋은 매니저가 되자? 으…… . 나의 글에는 제각각 요점이 있긴 하지만 전체를 대표할 만한 큰 주제가 없으며, 전체적인 흐름을 잡아 일관성을 지켜줄 만한 무언가가 없었다.

닷컴 버블 시기의 절정기를 회상해 본다. 망해가는 벤처 기업의 직원이었던 우리는 매일 술을 마셨다. 본사 사무실 근처에는 다양한 술집이 있었는데 모두 나름대로의 특징을 갖고 있었다. 해고된 후에 마시기 좋은, 정말 저렴한 동네 술집들이었다. 해고 당했다는 자괴감을 참을 수 없어서, 막노동판 술주정뱅이나 자신을 해고시킨 그 놈과 한 바탕 싸움을 벌이기 안성맞춤인 곳이었다.

길을 좀 더 내려가면 영국풍의 술집이 있었다. 맥주와 음식 맛이 그런 대로 좋았고 위스키 종류도 다양했다. 이곳은 지난 3년 간 쇠락해진 회사의 상황에 대한 철학적인 논의가 펼쳐지던 곳이었다.

우리가 지금 바로 그 술집에 있다. 피땀 흘려 일궈놓은 우리 회사가 아무개 회사에 매각돼 곧 해체된다는 사실을 한탄하며 꼭지가 돌도록 술을 마신다. 하나 둘 이곳에 나타나게 되리라고는 예상하고 있었지만 누가 마지막까지 회사에 남아있을지는 예측할 수 없었으며, 더구나 CEO가 술집에 나타나리라고는 아무도 상상하지 못했다.

이 CEO는 우리 회사를 설립한 인물이 아니다. 그 사람은 이미 수년 전에 사라졌다. 이 벤처 회사를 매각하기 위해 이사회가 불러 들여온 사람이다. 그는 회사 정상화를 위해 노력했겠지만 이미 모든 것이 끝난 상태이고 이제 월급은 더 이상 기대할 수가 없다.

이 CEO의 이력서를 이전에 훔쳐 본 사람은 음모가 있었음을 미리 알아챘을 것이다. 그가 거쳐온 네 개의 회사는 모두 '주주의 가치를 극대화시키기 위해' 산산조각이 났다.

마침내 나타난 CEO와 함께, 엔지니어링 부서의 마지막 네 명과 기술 지원 부서 두 명은 데킬라를 들이부었다. 술이 취해 제정신이 아닌 상황에서도 우리 모두는 이 비열한 CEO가 함께 있다는 것이 너무나

3

도 언짢았다.

바로 그거다.

이것을 내 경영서의 제목으로 하자.

'비열한 놈이 되지 말자.'

그렇지만 출판사의 편집장은 제목에 '비열한 놈'이라는 단어가 들어가는 것에 문제를 제기할 것이고, 경영서라는 책에 남성 편협적인 이미지를 더할 수 있으므로 좀 더 긍정적인 제목을 달기로 했다.

이 CEO는 사실 비열한 놈이 아닌 괜찮은 사람이다. 분명하게 말하며, 훌륭한 재무 감각을 가지고 있는 사람이다. 우리 회사보다 훨씬 더 심각한 상황에 처한 회사도 많았다. 하지만 그게 문제가 아니다. 우리가 술을 마시며 언짢아 한 진정한 이유는, 이 CEO가 우리와는 전혀 연관이 없으며 정도 들지 않았기 때문이다. 그는 사무적인 CEO였다.

내가 생각하는 훌륭한 경영자란 우리가 조직의 어느 위치에 있든 상관없이 대화를 해서 관계를 맺고, 서로 연관 지을 수 있는, 말이 통하는 사람이다. 우리가 누구이고 무엇을 원하는지에 따라 대화와 관계, 연관의 의미가 달라지겠지만, 훌륭한 경영자는 자신을 위해 일하는 사람들 개개인과의 관계의 미묘한 차이도 파악할 수 있도록 열심히 노력해야 한다.

우리와 함께 일하는 사람들을 한번 보자. 반복하면 더 오래 기억된다고 하니 다시 말하겠다. 우리와 함께 일하는 사람들을 보자.

아직도 내가 하는 말을 전혀 알아듣지 못하겠다면, 바로 책을 내려

놓고 프로그래밍 기술 서적을 더 보고 엔지니어링 경력만을 쌓는 게 나을 것이다. 경영자가 되는 것은 정말 축하할 일이지만, 여러분이 훌륭한 경영자가 되고 싶다면 주변에서 도와줄 사람들에 대해 통찰력을 갖출 능력을 직접 갈고 닦아야 한다. 기술적 경영 역할에도 좌우 뇌가 모두 필요하지만, 코딩 능력이 대단하다고 해서 직원 중 70%의 해고를 책임질 경영 능력이 함께 대단해지는 것은 아니다.

우리와 함께 일하는 모든 사람들은 너무나도 다양한 요구를 가지고 있다. 그 요구를 충족시켜줘야 그들이 만족할 수 있으며 생산성도 높아진다. 경영자의 임무는 그들의 의견에 귀를 기울여 그들을 이해하고 파악하는 것이다. 이게 가장 중요한 업무이다. 엔지니어링 부사장은 프로젝트 일정을 맞추는 것이 최우선이라고 말하겠지만, 코드를 작성하고, 제품을 테스트한 후, 기능을 문서로 정리하는 것은 당신이 아니다. 그 일은 팀의 임무이며, 팀이 이를 수행하도록 만드는 것이 바로 당신의 임무다.

실리콘밸리에는 성공한 독재자의 사례들이 흘러 넘친다. 이들이 성공한 리더라는 것은 분명하지만, 세계적 수준의 비열한 놈들이기도 하다. 이 책은 나쁜 짓을 해서 자신만 챙기는 방법과는 가능한 한 거리가 먼 이야기를 할 것이므로, 당신이 이 책을 읽음으로 인해 '비전을 가진 대기업 불독'이라는 머리기사와 함께 주요 일간지 경제면 첫 장을 장식할 가능성이 낮아지더라도 나의 선택이 옳다고 본다.

여러분은 어떤 유형의 관리자가 될지 스스로 결정하게 될 텐데, 팀과 함께 일하는 관리자로서 팀에게서 배우고, 팀이 당신을 믿게 만들기 원한다면 이에 대한 몇 가지 충고를 이 책에서 배울 것이다. 아니, 실은 많은 충고를 얻을 수 있다. 그러니까, 잘 읽어 주기 바란다.

앞의 벤처 기업의 CEO가 비열한 놈은 아니었음을 다시 한번 강조한다. 그는 CEO였으므로 자신이 나타나도 우리가 불편해하지 않으리라 여겼다. 물론 우리는 누구인지 알았으며, 그가 우리 제품을 한 번도 사용하지 않았다는 사실도 알고 있었다. 주말에는 사무실에 나오는 적이 없었고, 이제와 생각해보니 다른 도시에서 출퇴근을 했기에 금요일에도 나타나지 않았던 듯하다. 슬라이드, 프로젝터, 스프레드시트, 천편일률로 진행된 무의미한 전 직원 회의 세 번 외에는 그와 만난 적이 없었다.

CEO는 스프레드시트로 진행된 전 직원 회의를 통해 우리와 충분히 좋은 관계가 형성됐다고 믿었고 회의 중에는 사실 그러한 듯 보였다. 우리는 그 회의 후에 많은 정보를 얻었다고 느꼈다. 하지만 해고에 대한 소문이 퍼지기 시작했던 일주일 뒤에는 생각이 달라졌다. 그리고 본격적으로 해고가 시작되어 CEO가 종적을 감췄던 한 달 후의 우리의 생각은 완전히 달라져 있었다.

사람들로 구성된 조직은 끊임없이 변화하며, 상당히 복잡하다. 이런 중에 여러분과 여러분의 업무에 대한 판단은 한 순간에 내려진다. 복도에서 가진 10초 동안의 짧은 대화에서 결정될 수도 있고, 자기 소개

방법에 따라 결정될 수도 있다.

그러는 동안 스스로는 각자의 동료를 계속해서 평가하고, 그들이 원하는 것을 알아내고, 동기 부여가 되는 것을 찾아내야 한다. 인간은 혼란스럽고, 실수 덩어리이며, 감정적이므로 전에는 잘 먹혔던 동기 부여 기법이 두 달 후에는 역효과를 일으킬 수 있다는 것도 기억해야 한다. 주어진 순간에 상황에 맞게 사람을 잘 경영하려면, 그들을 잘 알고 있어야 한다.

그래서 이 책의 제목을 '인간관리' 라고 결정했다.

2장

관리자는 나쁜 놈이 아니다

"맡은 임무가 정확히 무엇입니까?"

어이없다.

입이 딱 벌어지게 놀라울 따름이다.

내가 신뢰하는 사람이 던진 질문이다. 벤처 회사에서 수년 간 우리 팀에서 일하던, 내가 신뢰하던 사람이다. 나에게 언제나 명쾌한 해답을 제시하던 바로 그 사람이 내가 무슨 일을 하는지를 정말 알지 못해 나에게 묻고 있다.

나의 하루 일과를 돌아본다. 오전 8시가 조금 넘어 사무실에 도착했다. 30분간 이메일을 훑어보고 회신을 한 뒤, 세상 돌아가는 소식을 알기 위해 재빨리 IT 뉴스 기사를 읽은 후 첫 회의로 향했다. 내 상사가 진행하는 이 임원 회의는 언제나와 같이 거의 두 시간 동안 진행됐다. 회의가 끝난 후 30분간 메모를 보며 나와 우리 팀이 맡아야 할 업무를 간추리고 내가 진행할 임원 회의를 위해 회사 소식을 정리했다.

점심 시간. 오늘은 웹 애플리케이션 부서 사람들과 함께 점심을 먹었다. 30분 가량의 점심 식사 후, 매일 30분간 하는 데이터베이스 버그 문제 해결에 착수했다. 그 뒤를 이어 여러 부서가 모인 회의가 있었는데 그다지 좋게 끝이 나지 않았다. 문제를 해결해줄 누군가가 필요했으나 도움을 줄 수 있는 사람이 아무도 없었으므로 나는 매우 곤란한 처지에 놓이게 되었다. 그 60분간의 논쟁 후, 한 시간 반의 일대일 면담이 있었는데 이때 바로 그 어이없는 질문을 받은 것이다.

"맡은 임무가 정확히 무엇인가요?"

내 첫 번째 반응은 이 질문이 잘못됐다는 것이었다. 나는 책상을 뛰어 넘어 이 친구의 어깨를 붙잡고 흔들어 대며, "당신이 오늘 아침 이 버그 하나를 멍청하게 쳐다보는 동안 나는 이 회사가 굴러가게 하고 있었소!"라고 말하고 싶었지만, 꾹 참고 숨을 깊이 들이마셨다.

팀원과 관리자가 서로의 임무를 이해하지 못하면 팀원들이 관리자를 신뢰하지 못하며 나쁜 놈이라고 생각할 수 있다.

나쁜 놈은 있다

이쯤되면 내 배경이 궁금할 것이다. 지난 15년간 6개 회사를 거치며 QA 엔지니어에서 엔지니어링 이사에 이르는 10가지 직무를 맡았으며, 중간 관리자에서 CEO까지 다양한 관리자 밑에서 일했다. 엔지니어링 이외의 일을 해보지 않았지만 다양한 부서의 고위 관리자들과 밀접하게 일해 왔다.

나는 조직의 허영과 붕괴를 모두 지켜보기도 했다. 볼랜드 Borland 와 넷스케이프 Netscape 에서 "우리가 마이크로소프트 Microsoft 를 잡는다!"라고 내세우던 회사의 자신감이 "우리는 망했다!"라는 밑바닥으로 추락하는 경험도 했다. 20 번째 직원으로 임용됐던 벤처 회사에서는 직원이 250 명으로 성장했다가 인터넷 버블이 붕괴되면서 50 명만이 남아 쓰일 곳 없는 하드웨어를 할 일 없이 만지작거리던 경험도 있다.

이러한 조직의 극도의 상황 반전은 붕괴가 시작되자 허영에 차 있던 관리자들이 나쁜 놈들로 변해버리는 모습을 보여줬다. 그 반면에 허영의 시기에도 묵묵히 자신의 일을 하던 리더들이 이러한 붕괴의 순간에 새 리더로 등극하게 되는 교훈을 얻기도 했다.

이 모든 경험에서 진정 나쁜 놈이 몇이었는지를 한 손으로 셀 수 있다. 나쁜 관리자는 존재한다. 이번 장 제목에서 거짓말 한 것에 대해 사과한다. 그 사람들은 진정 악하고 못된 사람들이다. 생각보다는 적겠지만 분명히 있으므로 이러한 사람들을 알아차린다면 즉시 멀리 하라고 충고한다.

당신의 관리자의 직무

관리자 때문에 느끼는 좌절감을 얘기하는 것은 그다지 어렵지 않다. 죽어라 일을 하다 상사의 사무실을 잠시 지나치는데, 그는 테이블에

다리를 올려놓고 한 손에는 커피를 들고, 다른 손은 까딱거리며 모르는 사람과 이야기하고 있다. 저게 일하는 거라고?

여기서 중요한 점은 당신의 관리자의 직무는 당신의 직무와 다르다는 것이다.

회사 내의 업무가 완전히 다른 부서와 회의를 해본 적이 있는가? 팀 사무실을 늘리기 위한, 엔지니어와 시설부서의 회의쯤으로 생각해보자. "공간이 더 필요해요."라는 당신의 입장은 분명하지만 회의가 시작되고 나면 당신과 시설부는 서로 다른 말을 하고 있음을 깨달을 것이다. 같은 언어이지만 전혀 다른 내용의 말을 하고 있다. 시설부서 직원들은 임대 계약, 안전 조치 등 알아듣지 못할 전문 용어들을 들먹거린다. 회의 시작 5분 만에 이 사람들이 대체 무슨 일을 하는지 당신이 전혀 모른다는 사실만 깨닫게 된다.

그 회의 전에 시설부의 역할에 대해 당신에게 물었다면 얼굴을 찌푸리며 책상을 마련해 주는 것에 대해 중얼거렸을 것이다. 당신도 나처럼 긍정적이어서 회사 내의 모든 사람들이 자신의 임무를 바삐 수행한다고 생각하리라 본다. 또한 다른 사람의 임무를 즉각 떠올릴 수 없다는 사실이 당신에게 편견을 준다. 당신은 자신의 일을 속속들이 잘 알고 있으므로 자신의 일이 다른 사람들의 일보다 중요하다고 믿는다.

자신에게는 스스로가 왕이다. 주어진 임무가 무엇인지, 무슨 일을 하는지 명백하다. 자기를 가장 잘 아는 사람도 자신이므로 자신만큼 스스로를 잘 통제할 수 있는 사람도 없다. 하지만 남들은 당신을 잘 알지 못한다. 사교적인 자리에서는 다른 사람을 파악해보는 것이 흥미로울 수 있지만 피고용인과 관리자 사이에는 부담이 있다. 월급 인상 결정을 할 이 사람은 대체 어떤 사람일까? 우리 부회장에게 나에 대해 뭐라고 얘기 할까? 나를 고용한 것이 잘 한 일이라 생각할까? 사무실에 있던 그 사람은 대체 누굴까? 하루 종일 무슨 일을 할까?

미안하지만, 나는 당신의 관리자가 하루 종일 무슨 일을 하는지 설명하려는 것이 아니다.

나는 이 사람이 당신을 보살펴줄 사람인지 파악하기 위해 알아야 할 중요한 질문 6가지를 하려는 것이다. 새 직장으로 옮기기 전에 이 질문을 통해 관리자를 파악했다면 좋았겠지만, 그렇지 못했기에 지금 당신은 딴소리를 해대는 관리자와 함께 일하고 있다.

이 질문들은 지금이라도 그 관리자의 입장을 이해하는 데 도움이 될 것이다.

당신의 관리자의 출신 성분은?

관리자의 배경은 의사소통 방법뿐만 아니라 심각한 상황이 벌어졌을 때의 반응도 결정하므로 그 사람의 배경부터 생각해 보자.

흥미롭게도 관리자에게 좌절한 직원들에게서 두 번째로 흔히 듣는 불평은 "우리 매니저는 내가 하는 일에 대해 몰라."였다. 여기서 우리는 양쪽 다 문제가 있음을 알아야 한다. 이렇게 되기까지 몇 가지 원인이 있을 수 있다. 관리자는 당신이 뭘 하든지 관심이 없을 수 있다. 당신의 성과가 좋다 나쁘다를 떠나 그저 그 사람의 관심 밖이다. 이러한 무관심에 오히려 안심하는 사람들도 있다. 별스런 일이 아니다. 복도에서의 어색한 대화도 필요 없고 그저 내 코딩 작업만 하면 된다…… 근데 뭐라고? 내가 해고됐다고? 젠장!

그렇다, 이게 바로 눈에 띄지 않는 직책이 감수해야 할 위험이다. 당신의 가치를 아는 사람이 없으므로 명예 퇴직의 1순위다.

관리자가 엔지니어로서의 경험이 전무해 당신이 하는 작업을 이해하지 못하는 경우도 있다. 엔지니어 부서의 책임을 마케팅 이사에게 맡기기로 한 어처구니 없는 고위 간부의 결정으로 인한 것을 말하는 것이 아니다. 코딩 경험이 없다는 사실을 숨기는 엔지니어링 부서의 관리자들에 대해 이야기하는 것이다. 물론 그 사람들은 훌륭한 언변술로 전문 용어를 섞어가며 그럴 듯하게 말하지만, 실제로 프로그래밍을 해본 것이 대체 언제였을까? 자랑스러워 할만한 코드를 써보기는 했을까? 컴퓨터 공학을 전공한 사람일까?

만일 그럴듯한 소리로 가득 찬 애매모호한 대답을 듣는다면, 그 사람이 바로 사기꾼이다. 기술적인 능력이 아닌 뻔뻔함으로 엔지니어링 책임자의 위치에 오른 사람이다. 상황이 이렇더라도 당신이 아직 완전히 망한 것은 아니다. 자신의 리더십 능력을 조직에 입증하였지만 '포인터[1]'가 무엇인지조차 모르는 사실을 숨기는 이 사람에게 '배짱'은 있다.

---

[1] 역주 pointer 프로그래밍 언어 데이터 타입. 다른 변수, 또는 그 변수의 메모리 공간 주소를 가리키는 변수

이 사람은 '언제쯤 들통날까?' 라는 걱정으로 직장 생활을 한다. 이 두려움은 뛰어난 정보 감지 능력을 키워줘 당신과 조직에 유용할 수 있다. 언제쯤 해고가 일어날지, 고위 임원에게 어떻게 대화하는지 알고 있다. 하지만 자신이 전혀 이해하지 못하는 일을 활동적이고 열정적으로 하는 당신 앞에서 아는 척 해야 한다는 부담으로 당신과 어떻게 대화해야 할지는 모른다.

이런 사람이 당신의 관리자이며 그 사람이 가치 있는 일을 한다고 믿는다면, 당신이 할 일은 관리자의 언어로 말하는 방법을 파악하는 것이다. 관리자가 QA(품질관리)출신인가? 그렇다면 QA 들의 언어로 이야기하자. 그들이 어쩌다 보니 컴퓨터 공학 학위를 받지 못했을 수도 있다. 그렇다면 당신의 업무에 대해 직접 그에게 가르쳐주자. 관리자에게 C++를 가르치라는 소리가 아니다. 화이트보드에 순서도를 그리며 당신이 하는 일과 그 중요성을 간단하게 15 분간 설명해줘라.

관리자는 회사 내의 다른 부서에 당신을 대표하는 얼굴이다. 관리자에게 5 분 동안 당신의 업무에 대해 설명함으로 인해 지금 이 순간 누군가가 당신을 칭찬하고 있을 수 있다. 그 누군가는 바로 당신의 관리자다. 당신이 그에게 할 말을 제공해 준 것이다.

그들은 약점을 어떻게 보완하는가?

좋아하는 관리자 한 사람을 생각해보자. 어떤 사람인가?

말을 잘하며 재미있고 카리스마 있는 사람일 것이다. 당신에게 많은 영향을 주었을 것이며, 당신은 "더 나은 결과란 완성의 적이다."와 같은 그의 악명 높은 명언 몇 가지를 기억하고 있을 것이다. 그렇다면 그의 맹점은 무엇이었을까?

좋든 나쁘든 모든 관리자는 분명한 약점을 가지고 있다. 엔지니어링 이사가 되기 전에는 QA 였을 수 있다. 아니면 유머 감각이라고는 찾아볼 수 없는 뛰어난 기술자일 수도 있다. 그렇다면 자신의 약점을 알고 있을까?

나는 면담 때마다 "어떤 도움이 필요하신가요?"라고 질문한다. 일반 직원이든, 경영자든 나의 새 상사든, 자신의 약점이 무엇이라고 생각하는지 항상 궁금하다. "전 약점이 없습니다."라는 경박한 대답은 경고의 신호다. 나는 자신감이 중요하며 면접 시 자신을 잘 홍보해야 한다고 생각하지만 자신이 완벽하다고 말하는 것은 자신의 결점이 너무 커 언급하기 곤란하든지 아니면 아예 모른다고 본다.

관리자의 업무는 자신이 보유한 기술, 자신을 승진시켜준 바로 그 기술을 넓히는 방법을 파악하는 것이다. 이는 팀원의 강점을 강화시키고 약점을 보강하는 팀을 구성함으로써 가능해진다. 무미건조한 기술자들에겐 농담을 즐기고 조직 결속력을 높여주는 탁월한 의사소통이 가능한 사람들이 필요하다. 기술력은 전혀 없지만 비전을 가진 사람들에게는, 기술적으로 무엇이 가능한지를 말해 줄 당신이 필요하다.

관리자의 업무는 최상의 인력을 적재적소에 배치해 약점을 강점으로 바꾸는 것이다.

2장 관리자는 나쁜 놈이 아니다

관리자가 당신의 언어로 이야기하는가?

당신이 네모난 방에 있다고 가정하자. 양쪽 벽에는 창문이 하나씩 있으며 그 앞에는 마이크가 있는데 전원을 켜면 당신이 한 말이 창문 반대편에 있는 사람에게 전달된다. 관리자가 한 쪽 창문 뒤에, 가장 친한 회사 동료가 다른 창문 뒤에 있다. 오늘은 금요일이며 동료에게 주간 보고를 전달하려 한다. 이렇게 말이다. "월요일은 아무 것도 못했다네. 일요일 밤, 너무 퍼 마신 통에 회사 출근이 늦었고 스펙(spec)을 보긴 했는데 술이 덜 깨 조금 일찍 퇴근했지. 화요일과 수요일은 괜찮았어. 스펙을 끝내고 버그 몇 개 처리하고 다른 부서와의 검토에서 좋은 피드백을 받았네. 최신 버전 확인해보게. 목요일은 완전 회의 판이었지. 아무 일도 못 끝냈어. 쓸데없이 세 시간이나 낭비했어. 금요일에는 점심 때 맥주를 마시고 일찍 퇴근했지."

이제 뒤돌아서 상사에게 보고 할 차례다.

세계 최고의 관리자와 같이 일한다 해도 상관 없다. 당신의 결혼식에 절친한 친구로 자리해줄 사람이라 해도 상관 없다. 관리자와 대화를 할 때는 사람이 아닌 조직과 말하는 것이므로 완전히 다른 내용의 이야기를 할 것이다. 점심 때 맥주를 마신 사실을 상사에게 말하는 것은 좋지 않기에 보고하지 말아야 한다고 본능적으로 알 것이다. 조직이 알게 되는 것이기 때문이다.

관리자에게 말할 때의 언어는 '관리자 풍' 언어다 (관리자 풍에 대한 자세한 정보는 8장을 참조하자). 스콧 아담스[2]가 수백만 달러를 벌어들이게 만든 바로 그 언어 말이다. 그것은 조직 전체에 두루 정보를 전달하기 위해 신중히 구성된 언어다.

관리자 풍 언어는 서로 다른 전문 용어를 사용하는 다양한 부서의 관리자들이 서로 의사소통 할 수 있게 해준다. 관리자 풍 언어는 어색하게 들릴 수 있다. 한 번 예를 들어보자.

"이번 프로젝트의 주 목표는 일정입니다. 팀이 각자의 목표에 초점을 맞추는 한편, 직접 문제를 해결해 나갈 수 있도록 지원해줘야 합니다."

이 말을 들으면 "왜 이 사람은 인간적으로 말하지 못하나?" 하는 생각이 들 것이다. 그는 당신에게 말하는 것이 아니다. 동료 관리자에게 말하고 있으며, "공약을 지켜야 합니다!" 또는 "개인보다 팀이 더 현명합니다!"라는 등의 랜즈(필자)와 같은 말을 하고 있다. 관리자가 약간의 기교를 부려 말할 수 있다면 훨씬 좋겠지만, 그의 임무는 조직 전체에 가능한 한 효율적으로 정보를 전하는 것이며 거기에는 관리자 풍의 언어가 최선이다.

하지만 관리자들은 당신과도 대화할 수 있어야 한다.

경영자는 당신과 어떻게 대화 하는가?

새로운 경영자에게 전하는 나의 첫 번째 조언은 "일대일 면담 일정

---

2 **역주** Scott Adams 미국의 유명한 만화 작가. 인기 연재 만화 '딜버트' 등 기업 경영과 비즈니스에 관한 풍자적인 여러 책의 저자

을 변경하거나 취소하지 말라."는 것이다. 이를 염두에 둔다 해도, 일대일 면담을 앞두고 일정을 지키기 힘든 경우가 항상 있기 마련이다. 문제 해결에 골몰하고 있거나, 스펙을 작성 중이거나, 중요한 이메일에 답변할 때, 팀원이 방에 들어와서는 당신이 알지 못하는 것에 대해 말하고 싶어한다. 이봐, 난 지금 일하고 있는 중이라고…… 면담 시간을 바꿀까 잠시 고민하다가는 '일대일 면담에서 항상 배울 것이 있다.' 라는 간단한 규칙을 나 자신에게 상기시킨다.

관리자가 당신의 생각을 전달할 기회를 주는 때는 언제인가? "일대일 면담에서."라고 답한다면 걱정스럽긴 하지만 경천동지할 정도는 아니다. 당신의 관리자는 복도에서 마주치면 반가워하며 붙들고 소식을 묻는 그런 편한 사람일 수 있다. 그렇다면 아주 좋다. 계속해서 그러한 경향을 보이는가 아니면 필요한 경우에만 그러한가? 전자라면 더 없이 좋지만 후자라면 곧 문제가 발생할 수 있다.

관리자는 일대일 면담에서 무엇을 배울까? 일대일 면담에서 당신이 말하는 내용의 대부분을 관리자들은 이미 알고 있다. 조직 재편성에 대해 걱정하고 있는가? 이미 모든 사람이 걱정하고 있는 내용이며, 그는 최소한 네 명과 이에 대한 대화를 나눴을 것이다. 현장 엔지니어들이 무능력하다고 생각하는가? 그의 생각도 그러하다. 훌륭한 관리자는 조직의 박동을 감지하고 있으며 일대일 면담에서 그 박동을 확인한다. 그렇다면 그는 왜 팀의 모든 사람에게 30분씩을 할애할까?

그는 배우고 싶어한다.

일대일 면담이든, 우연적인 복도에서의 마주침이든, 관리자는 항상 정보 수집에 적극적이어야 한다. 당신이 복도에서 그를 붙들고 "당신이 좋아하는 그 기능이 나는 싫습니다."라고 말해주는 것을 좋아해야 한다. 지난 3일간 그 기능에 매달려 잠을 못 자고 고민했을 그에게 당신의 말이 사고 전환의 계기가 됐을 수 있다.

모든 팀원과 정기적으로 대화를 나눌 생각이 없는 관리자들은 착각에 빠지곤 한다. 그들은 뛰어난 무언가로 부서에서 일어나는 일을 꿰뚫어 볼 수 있으리라 믿지만, 현실은 그렇지 않다. 아이디어는 개발되지 않고, 재능은 무시되고, 팀원들은 자신의 생각은 중요치 않고 팀이 회사의 전부라고 생각하게 된다.

결정에 얼만큼의 행동이 수반되는가?

벤처 기업에 새 부사장이 첫 출근하던 날, 그는 하늘 색 '멤버스 온리 Members Only' 재킷[3]을 입고 나타났다. 나는 유행이 한참 지난 그 재킷이 80년대 후반에까지 만들어지는 줄 몰랐다. "이 옷을 입으면 대단한 일이 생긴다."라는 유행 문구로 인기를 끌었던 재킷이다. 정장 면접 때 이 부사장을 지지했던 터라 그에게 기대를 걸어보기로 했다.

3개월이 지나 문제가 발생했을 때 '멤버스 온리'를 입는 그 부사장

---

[3] 역주 1970년대 유럽에서 만들어지고 80년대 초반 미국에서 인기를 끌었던 브랜드의 재킷

은 엔지니어링이 처한 문제에 대해 훌륭한 논의를 펼치고 상황을 분석해냈다. 새 아이디어와 개선 약속으로 회의가 끝났으나 그 후 아무 일도 일어나지 않았다. 그리고는 후속 회의가 있었다. 우와! 이 사람이 바로 파악하는구나! 열정이 솟아난다. 자, 시작합시다. 그런데, 2주가 지났는데도 아무 일도 일어나지 않는다.

당신은 엔지니어링 이사인 나에게 많은 책임이 있다고 여길 수도 있다. 나는 내가 약속한 모든 일을 하고 있었지만 그 부사장은 하지 않고 있었다는 데에 문제가 있다. 우리의 새 계획에 대해 CEO와 대화해보지 않았으며 회의에서 제외됐던 다른 이사와 관련한 문제를 처리하지 않았다. 세 번째 후속 회의에서 부사장은 다시 한 번 그의 탄탄한 문제해결 능력을 선보였지만 나는 더 이상 귀를 기울이지 않았다. 이번에 제안한 조치 사항들은 지난 두 번의 회의에서 그가 제안한 것과 동일하다는 것을 지적하기 위해, 나는 지난 회의 기록을 꺼내 질의응답 순서만을 기다리고 있었다.

업무 위임은 관리자에게 있어 까다로운 작업이다. 관리자는 조직에서 병목현상을 일으키지 않고자 하며 조직을 확장시키는 방법을 궁리하지만 직접적인 업무에도 참여하고 싶어한다. '멤버스 온리' 재킷을 입는 관리자의 문제는 자신의 업무를 전략가의 것으로만 보고 있었다는 사실이다. 거시적으로 생각하고 결과는 총신들에게 위임한다. 그는 순전히 위임자였을 뿐 진정한 일을 하는 방법을 잊고 있었다.

순수한 위임자는 조직에서 점차 멀어져 간다. 순수한 위임자 아래서 일하는 사람들은 그의 수행능력이 떨어진다는 사실을 알고 있으므로 그가 일을 완성하길 기대하지 않는다. 이렇게 되면 관리자들은 점차 조직에서 소속감을 잃게 되며 결국에는 조직에서 무슨 일이 벌어지는지 모르게 된다. CEO가 당신의 상사의 사무실에 들어가 "일이 어떻게 되고 있나?"라고 물었을 때 그 상사가 계속해서 뜬구름 잡는 얘기만 하면, CEO는 당신에게 와서 같은 질문을 할 것이다. 그때, "글쎄요, 완전히 엉망입니다."라는 대답을 듣게 되면, 그 상사는 곤란한 상황에 빠져, CEO와 전혀 다른 얘기를 나누게 될 것이다.

진정한 일이란 조직의 특정 비전을 뒷받침하기 위해 관리자가 취하는 보이는 행동이다. 당신의 관리자에 대하여 알아볼 수 있는 간단한 질문이 있다. 그는 자신이 하겠다고 한 일을 하는가? 아니면 뭔가 일을 벌이기만 하는가?

새 친구

넷스케이프에서 일하던 당시, **인터넷 익스플로러**Internet Explorer가 큰 인기를 얻고 있긴 했지만 우리는 그래도 별일 아니리라 믿고 있었다. 마이크로소프트가 자신들의 브라우저를 망칠 것이라고 추측하며, 우리는 다음 버전을 준비하고 있었다. 이 버전은 더 이상 단순한 브라우저가 아니라 데스크톱 전체를 장악하는 것이었다. 어이없게도 브라우저는 단순한 애플리케이션이 아니라 운영 체제라고 우기는 사람들이 있었다. 무한한 자금을 가지고 있다는 사실은 사람들을 완전 멍텅

구리로 만들 수 있다. 어찌됐든, 넷스케이프의 모든 사람은 이 '차세대 브라우저' 프로젝트에 참여하고 싶어했다. 우리는 경영진이 이 프로젝트를 지휘할 이사를 임명해 주길 기다리고 있었다.

승진 시즌이 되고 우리가 들어보지도 못한 인수된 회사의 엔지니어링 관리자가 그 자리에 임명되자 우리는 머리를 긁적거렸다. 그때까지만 해도 넷스케이프의 핵심 엔지니어링 팀은 사적 클럽과도 같았다. 우리는 새 프로젝트를 경험 많은 우리 관리자 중 하나가 지휘하리라 예상하고 있었다. 그런데 아니었다. 마이크라는 새로운 친구가 임명되었고, 1주일 만에 그는 무명에서 업계 최고의 인물로 떠올랐다.

어떻게 된 것일까? 사정은 이러했다. 엔지니어링 관리자들은 롤러하키 게임을 자주했는데 거기서 이 마이크라는 새 친구가 작업을 벌인 것이다. 그는 임원들과 어울리며 조직의 주동자, 피 주동자, 자유 전자와 친분을 쌓았다 (주동자와 피 주동자는 4장을, 자유 전자는 30장을 참조하라). 새 친구인 마이크는 야심에 차있었고 6개월간 끊임없는 열정을 보인 결과 경영진에 합류하게 됐다. 새 친구 마이크는 만들어진 자였다.

위임과 마찬가지로 조직의 정치판을 헤쳐 나가는 것 또한 까다로운 일이다. 조직의 현황을 아는 관리자와 정치적인 야심에 찬 관리자 사이란 종이 한 장 차이다. 이 두 부류의 관리자들이 조직에 따라 움직이기만 하는 수동적인 관리자보다는 낫다고 본다. 정치적인 관리자는 정보를 가진 사람으로 변화가 일어나는 때를 알고, 조직의 변화를 최상으로 반영하려면 어떤 행동을 취해야 할지도 안다.

이 장에서 던져지는 모든 과제 중, 당신의 관리자가 정치 먹이 사슬의 어디에 있는지를 판단하는 것이 가장 어려울 것이다. 관리자가 자신의 상사와 하는 회의에 당신이 참석하지 않기 때문이다. 이러한 자리는 관리자의 상사들이 당신의 관리자와 그가 이끄는 조직을 어떻게 생각하는지 알 수 있는 기회다. 관리자의 정치적 역량을 판단할 수 있는 차선책은, 관리자의 동료들이 참석하는 부서 간 회의다. 동료들은 당신의 관리자를 어떻게 대우하는가? 친근해 보이는가 아니면 서로 잘 모르는가? 당신의 관리자를 그 사람들이 알아야 하는가? 당신의 관리자가 주최하는 회의라면 그가 주도하고 있는가? 그가 주최하는 회의가 아니더라도, 적극적으로 참여하고 있는가?

당신의 관리자에 대한 조직의 시각은 당신을 바라보는 조직의 시각이기도 하다. 당신이 C++ 고수인가? 그렇다면 축하한다. 하지만, 문제는 당신의 관리자는 대기업에 있기 마련인 정치적 정글에서 살아남을 욕심이 없는 수동적이며 대화를 즐기지 않는 사람이라는 것이다. 그는 영향력 없는 관리자이며 당신은 그 영향력 없는 사람의 그림자 속에서 살아가고 있다. 유감이다.

큰 문제에 직면했을 때 그들은 어떻게 변하는가?

전성기와 공황. 이 두 가지는 경영이라는 스펙트럼의 양 끝이다. 잘

되어 갈 때는 자만해지기 마련이다. 훌륭한 제품 발표와 좋은 영업 실적. 게다가 엄청난 제품을 개발해줄 훌륭한 인재도 다른 그룹에서 채용했다. 인수 합병도 기다리고 있다. 우와, 이보다 더 좋을 수 있을까?

수많은 노력과 약간의 행운이 따르면 전성기에 다다를 수 있다. 이 시기에 당신은 관리자로부터 자신의 기고 만장함을 조율하는 방법을 배울 수 있다. 이러한 업적을 가능케 해준 사람들을 돌보는가? 다음 단계에 대한 계획을 가지고 있는가? 이 모두 흥미로운 관찰이지만 공황 상태에서만큼 많이 알 수 없으며, 해고만한 공황이 없다.

당신의 관리자가 정리 해고에 참여하지 않았다면 진정한 관리자가 아니다. 말 그대로다. 한 사람이 해고되고 다른 여러 팀원이 채용됐다는 사실을 그 관리자가 알고 있는 것은 그다지 중요치 않다. 조직의 건설적인 해체 작업에 적극적으로 참여하기 전까지는 진정으로 회사를 대표한다고 할 수 없다. 해고보다 큰 공황이 없으며 조직이 사람들보다 더 크다는 사실을 처음 경험하는 때일 것이므로 이때 관리자가 어떤 모습을 보이는지 지켜봐야 한다.

해고는 몇 개월에 걸친 큰 일이다. CNET(www.cnet.com) 첫 페이지에 발표됐을 때는 이미 이사회와 상사의 간부 회의에서 몇 주간 격론이 벌어졌을 것이다. 당신의 상사가 팀원 절반을 어떻게 해고해야 할지를 고민하며 지난 몇 주간 일대일 면담에서 당신의 얼굴을 뚫어져라 보고 있었다는 말이다. 지난 수년 동안 그의 밑에서 일해 온 당신이 그가 실제 어떤 인물인지 파악할 수 있는 절호의 기회다.

당신의 해고가 확정되면, 앞에서 설명한 질문들을 하나씩 되짚어 보자. 그 관리자는 당신에게 어떻게 말하는가? 조직과 어떻게 대화하는가? 해고 소식이 전해지면서 회사의 모든 기능이 중단되는 것을 방지하기 위해 어떤 행동을 취하는가? 여전히 정치적으로 적극적인가? 아니면 소외되어 가는가? 이 모든 부분은 당신의 상사에 대해 알려주며, 다른 사람을 상사로 찾아야 할지 또한 알려준다.

위기는 사람을 궁지에 몰아넣으며 거기서 빠져 나올 유일한 방법은 과거에 효과가 있던 능력에 의존하는 것이다. 이런 이유로, 평소에는 친절했던 관리자가 정리 해고 시 뒤통수 치는 치사한 놈이 될 수 있는 것이다. 그 놈은 과거에도 그런 놈이었다. 당신이 과거에 그의 주변에 있지 않았던 것뿐이다. 그의 이런 행동을 보며 운 좋게 정리 해고에서 살아 남는다면, 당신은 두 가지를 배우게 된다. 첫 번째는 지금껏 함께 일해 왔던 이놈이 위기 상황에 나쁜 놈이 된다는 것이며, 두 번째는, 그가 당신을 높이 평가해 계속 옆에 두기로 했다는 것이다. 이제 마지막 선택이 남는다. 그 놈이 당신에게도 나쁜 짓을 할 때까지 그의 주위를 알짱거리고 있을 것인가?

대단원의 막

볼랜드에 첫 번째 정리 해고가 있었을 때, 나는 QA 업무를 한 지 2년째였다. 정리 해고가 무엇을 의미하는지, 내가 직장을 잃는지 여부를 걱정하던 기억은 나지 않는다. 기억나는 것은 애플리케이션 수석 부사장이 빌딩 전체를 돌아다니며 제품 팀을 불러 모아 정리 해고에 대해 직설적으로, 그것도 복도에서 말해 주던 사건이다. 그때 그는 정리 해고가 무엇인지, 누가 대상인지, 그리고 언제 개시될지를 알려주었다. 나는 그때까지 한번도 롭(Rob)과 일해 본 적이 없었으며 그 후로도 만나지 못했다. 하지만, 그 어려운 순간에 당황하지 않고 빛을 발하던 그를 여태껏 좋게 생각한다.

성공적인 조직은 관리자와 서로 밀착된 사람들의 층으로 구성된다. 각 층은 엔지니어링, QA 또는 마케팅과 같은 광범위한 업무를 담당한다. 그 층 사이에는 양쪽으로의 의사소통을 담당하는 관리자가 있다. 그는 자신의 팀원이 무엇을 원하는지 알고 있다. 자신의 관리자가 무엇을 원하는지도 알고 있으며, 그 둘의 원하는 것이 서로 다를 경우에 성공적으로 조율할 줄 안다.

그들은 다음 두 질문에 대한 정답을 알고 있기에 조율할 수 있는 것이다.

질문 #1: 배경이 무엇인가? 팀원을 이해하려면 그들의 업무를 속속들이 이해하고 있어야 한다. 그러면 그들의 언어로 대화할 수 있게 된다.

질문 #2: 어떻게 발전할 것인가? 관리자의 다음 목표는 자신에게 동기 부여가 된다. 회사에서 영향력을 가진 주요 인물들의 어두운 정치적 동기를 파악해 나가야 하는 다소 불편한 위치에 있다. 자신이 능숙한 분야가 아닐 수도 있지만 나아갈 곳을 알고 있기에 절대로 노력을 멈추지 않을 것이다. 자신의 동기로 설계된 도안을 갖고 있다.

당신의 상사가 소프트웨어 부사장이 되려는 것에 왜 신경을 써야 하는가? 그의 성공이 바로 당신의 성공이기 때문이다. 그가 이 사실을 모른다면, 그는 '나쁜 놈'일 가능성이 있다.

3장

월요일의 광분

월요일은 일요일에 시작된다. 달콤한 주말 기분에 들떠 지난 금요일부터 미뤄놓은 끝없는 업무 목록을 들여다보는 순간 주말이 끝난다.

금요일에 할 일을 많이 미루어 놓을수록 일찍부터 월요일 걱정을 하게 되며, 주중의 일 걱정에 많은 시간을 보낼수록, 월요일이 되면 기분이 더 안 좋아진다. 최악의 월요일은, 주말 내내 업무 상황에 대해 엄청난 스트레스를 받는 통에 막상 새로운 한 주가 시작되자 완전히 미쳐 버리는 날이다.

이런 월요일의 짜증은 내 QA 선임자였던 딩펠더(Dingfelder)가 최고였다. 그는 오전 내내 복도에서 열을 내며, 대화를 나누는 모든 사람에게 날카롭게 굴곤 했다. 나는 그의 화제보다는 극도로 긴장된 어투에 놀랐다. 점심 직후 그가 나타났다. 팔짱을 끼고 사무실 문 앞에 불안하게 서서는 말을 꺼냈다.

"랜즈씨, 잠깐 얘기 좀 할 수 있습니까?"

젠장.

우리는 가까이에 있는 회의실에 들어갔고 나는 테이블을 붙잡고 몸을 기댔다.

"세상에, 지금 우리는 정말 엉망인 제품을 출시하려 합니다. 당신은 맞추기 힘든 데드라인을 강요하고 있고, QA 만 죽도록 고생하고 있는데, 인터넷 익스플로러7 을 지원해야 하고, 나는 HTML 을 싫어하는데 개발자들은 쓸데없는 기능에 신경을 쓰고 있단 말입니다!"

랜즈의 소프트웨어 관리 규칙 #27: 어떤 사람이 광분하고 있다면, 그날은 월요일이다.

이러한 광분은 강도가 매우 세다는 특징이 있다. 당신이 광분한 사람을 처음으로 상대 하는 것이라면 그 충격에 숨이 막힐지도 모른다. 조용하던 이 사람이 어떻게 내 앞에서 이리도 소리를 질러대는가. 그것은 당장 고민할 문제가 아니다. 먼저 당신 앞에 있는 그 사람의 광분에 대처하는 방법을 알아보자.

함께 휩쓸리지 말라

최악의 광분은 감정적이고, 비논리적이며 근거 없는 것이다. 이런 광분은 그 사람이 화내고 싶어한다는 사실을 빼고는 구체적인 문제가 없으며 해결책도 없다. 이러한 유형의 광분은 정도와 심각성 모든 면에서 당신에게 부정적인 영향을 미쳐 함께 광분하게 만든다.

그러지 말자.

최상의 대처 안은 상대방과 눈을 마주치고 경청하는 거다. 당신의 침착함은 그의 비이성적인 광분을 그에게 그대로 반사시켜 자신이 너무 폭주했음을 깨닫게 만든다. 자신이 광분의 희생자라면 참기 힘들 수도 있지만, 공격을 받더라도 이렇게 대처하자. 듣고 끄덕이기를 반복한다.

광분을 받아들이라

그 광분한 사람은 실제 무언가 할 말이 있었겠지만, 지난 주 금요일 오후 5시 퇴근 이후 줄곧 받아 온 스트레스로 인해 이제는 요점을 망각했을 수 있다. 그의 광분은 실은 자신이 말하는 내용과 아무런 상관이 없는 지난 주 좋지 않게 끝난 사건 때문일 수 있다. 커피를 너무 많이 마신 탓일 수도 있다. 하지만, 주목할 점이 있다는 사실을 기억하자.

모든 광분에는 일반적으로 당신의 관심을 끌려는 매우 요란한 서론이 있다. 앞에서 말했던 딩펠더의 말은 모두 그런 서론이다. 그가 숨을 돌리기 위해 멈추고 나서야 근본적인 문제를 논하게 된다.

그가 진정한 뒤에 '비현실적인 데드라인'에 대해 다시 말한다면, 그 점이 바로 광분의 진정한 원인일 것이다. 그때서야, 문제를 해결하는 첫 단계로 이에 대한 대화를 시작할 수 있다.

그러나 항상 말처럼 쉽지는 않다……

질문 공세를 펼쳐라

가끔은 서론으로 끝나지 않는 경우가 있다. 분명히 서론 어딘가에 핵심이 있기는 하지만, 어떤 사람들은 종종 그저 광분을 즐기곤 한다. 당신의 관심을 얻고 싶어하거나 자신의 광분하는 목소리를 즐기고 있을 수 있지만, 서론이 몇 분을 넘어간다면 고삐를 잡을 때이다.

질문을 던져 서론을 끝내고 진정한 대화를 시작한다. 제품이 왜 엉망이지요? IE7을 신경 써야 하나요? 적시의 적절한 질문은 그의 뇌의 이성적인 부분을 건드려 생각하게 만들고 감정적인 상태에서 이성적인 상태로 변화시킨다.

나는 운이 좋았다. 딩펠더가 큰 문제를 터뜨리며 거기에 두 시간을 할애하기에 앞서 이를 눈치챘다. 그때 나는 모든 사람이 각각 버그 몇 개를 보고했는지를 파악하기 위한 버그 추적 시스템 문제로 건너 뛰었다. 딩펠더가 큰 문제를 터뜨리기 전에 버그의 심각성, 발견 빈도 및 다른 버그 관련 정보 등을 살펴봤다.

딩펠드의 광분이 시작되자, 나는 침착하게 버그 노트를 꺼내 들었다. 그가 숨을 돌리던 찰나, "그런데, 이번 주말에 버그가 얼마나 발생했습니까? 그 중 몇 개가 수정 됐습니까? 수정된 것 중 해결되지 않은 것은 얼마나 됩니까? 어, 왜 그렇게 된다고 생각하죠?"라고 물었다.

질문 공세의 핵심은 광분하는 사람을 감정적인 상태에서 이성적인 상태로 변화시키는 것이다. 물론 알고 있다. 이성적인 듯 보이는 방법으로 스트레스의 근원을 공격하며 그 스트레스를 풀 때 얼마나 기분이 좋은지를 알고 있지만, 요점은 이것이다. 당신은 나에게 소리를 지르고 손가락질을 하며 날뛰고 있을 뿐이다. 내가 당신의 화에 대응하길 바라는가 아니면 현실을 직시하길 바라는가.

스스로 문제를 해결하게 만들라

질문으로 광분하는 사람을 공격해보면 그들이 실은 해결책을 대부분 가지고 있음을 알게 된다. 그가 지난 금요일부터 열을 내며 여러 시각에서 그 문제를 살펴봤음을 기억하자. 주체하지 못할 감정에 빠져 있긴 하지만 당신보다는 그 문제를 더 깊이 있게 이해하고 있다.

그의 광분을 예측 못했을지라도, 당신 스스로의 경험을 바탕으로 진정한 문제가 무엇인지 알아낼 수 있다. 경험마저 필요치 않을 수 있다. 그 사람이 무엇에 화나 있는지를 이해하려는 마음이면 된다. 가끔은 행운이 따르기도 한다. 간단한 질문만으로도 "이런, 엔지니어링 매니저가 매일 아침 버그 문제를 처리해야 하는데 말입니다!"라는 말을 들을 수도 있다.

알겠습니다.

그렇게 합시다!

하지만 문제가 여전히 남아있다

맡은 일을 열심히 하다 보면 감정이입은 당연하다. 사람들이 내 사무실에 들어와 광분할 때 실은 "나는 내 업무를 정말로 잘 하려고 해요. 랜즈씨, 내 말을 들어봐요."라는 의미가 내포됨을 알고 있다. 이렇게 광분하는 사람들에 기분 나빠하지 않고 마음을 이해하는 데 수 년이 걸렸고, 이러한 사람들은 열정이 넘치는 엔지니어링 팀에서 흔히 찾아볼 수 있음을 깨닫게 되었다.

하지만 이는 여전히 관리상의 잘못이다.

그 사람들의 감정이 폭발한다면 오히려 다행이다. 어떤 사람들은 아무 말도 하지 않고 회사를 떠나기로 마음 먹을 수 있다. 딩펠더가 당신의 사무실에서 소리를 지른 사실은 그가 자신의 업무에 시끄러울 정도로 많은 신경을 쓰며 회사를 떠나지 않을 것이라는 긍정적인 신호다.

하지만 당신이 그르친 것이 있다. 누군가가 사무실에서 소리를 질러댔고, 그 상황이 성공적으로 해결되고 나면 두 가지 사실을 알게 된다. 하나는, 해결해야 할 문제가 있다는 것이며 더 중요한 것은, 당신의 관심을 끌려면 광분해야 한다고 믿는 사람이 있다는 사실이다.

의제 감지

나는 회의가 정말 싫다.

나뿐 아니라 많은 사람들이 회의를 싫어한다. 수많은 경험들은 이제 우리가 회의실에 들어가면 팔짱을 끼고 앉아 '대체 내 시간을 얼마나 낭비할 참이지? 이번 회의는 또 얼마나 걸릴까?'라고 생각하게 만들었으며, 실제로 회의는 결국 시간 낭비가 되곤 한다. 분위기는 고조되어 가고 테이블에 둘러 앉은 사람들은 누군가가 이 상황을 중지시켜 주기만을 고대한다.

당신이 회의 중에 좌절감을 느껴본 적이 있다면, 높은 연봉을 받으며 회사를 운영하는 이 사람들—관리자들—이 대체 왜 이리 뻔한 말을 하거나 뻔한 행동을 취하는지 어이없어 하던 경험이 있다면, 이 장이 도움이 될 것이다.

시간 낭비가 될 가능성이 있는 회의에 참석할 때 알아야 할 기본 기술이 있다. 단순한 참석자이든 아니면 주관하는 사람이든 간에 이 기술이 필요하다. 바로 '의제 감지(Agenda Detection)' 기술이다.

간단히 말해, 의제 감지란 다음을 분별하는 능력이다.

1. 회의의 역할은 무엇이며과 어떠한 사람들이 참석했는가.
2. 이 회의에서 여러 역할을 담당한 사람들이 무엇을 얻고자 하는가.
3. 이러한 이해를 바탕으로 어떻게 회의를 최대한 단축시킬 것인가.

회의를 신속히 끝내는 첫 단계로 어떤 회의인지 파악해야 한다. 회의 의제가 미리 준비되면 좋지만 대부분의 회의는 의제 없이 진행되므로 각자 알아서 준비해야 한다. 회의는 정보 공유 또는, 의견 충돌 해결이라는 목적을 가진다.

정보를 공유하는 회의에서는 당연히, 정보가 전달된다. 당신이 너무나 좋아하는(!) 분기별 전 직원 회의나 간부 회의 등 의제가 어느 정도 정해진 경우를 생각해 보자. 이러한 회의에는 말하는 사람과 듣는 사람 두 종류의 참석자가 있다.

이런 회의의 역할과 의제는 단순하다. 말하는 사람은 말하고 듣는 사람은 듣는다. 너무 당연한가? 정보 전달 외에는 별로 처리할 문제도 없다. 정보가 빨리 전달돼야 모든 사람이 업무에 신속히 복귀할 수 있다.

이 실정을 이해하지 못하는 사람들은 쉽게 찾아낼 수 있다. 전 직원 회의 중에 매번 같은 질문을 하며 그 질문이 무언가를 바꿔주리라 기대하는 이들이다. 동료들 앞에서 자신의 생각을 표현하는 것은 용기있는 행동이지만 다른 사람의 시간을 낭비하는 것이기도 하다.

이 회의는 정보 전달이 목적이다. 말하는 사람들은 직원들의 항의나 불평을 방지해 줄 여러 조직 관련 정보를 전달한다. 듣는 사람들은 고개를 끄덕이면 되는 것이지, 문제를 해결하려고 참석한 것이 아니다. 튀는 사람이 발언을 요청하면, 이 회의의 성격을 알고 있는 모든 사람은 '이런 젠장, 또 쓸데없는 질문 때문에 시간이 길어지잖아. 저 인간 왜 왔어.'라는 생각을 할 것이다.

의견 충돌 해결 회의에는 해결될 문제가 있다. 이메일, 채팅 또는 복도에서의 대화로 해결될 수 없기에 몇몇 '똑똑한' 친구들이 얼굴을 맞대고 회의를 하기로 결정한 것으로 시간이 낭비될 가능성이 매우 높다.

이런 의견 충돌 해결 회의의 의제 감지는 매우 복잡하다. 실제로 회의를 한다고 가정하자.

화요일 오후 4시. 당신, 수석 엔지니어인 조(Joe), 엔지니어 두 명, 제품 관리 직원 한 명과 프로그램 관리자가 참석했다. 그 프로그램 관리자는 당신의 팀과 무관한 문제를 해결하기 위해 이 회의를 소집해 당신을 불렀기에, 당신은 이런 쓸데없는 회의에 참석해야 한다는 사실에 이미 화가 나 있는 상태다. 우리 회사에서 만들지 않는 상품을 영업부가 판매했다. 만들어 보지도 않았는데 이미 판매된 이 물건을 만드는 데 비용이 얼마나 들 것인지를 당신은 이 회의에서 설명해야 한다.

친숙하게 들리는가? 그럴 줄 알았다.

의제 감지란 먼저 관련자를 분류하는 것부터 시작된다. 주동자와 비주동자가 있는데 둘을 구분하는 간단한 방법으로 주동자는 회의에서 무언가를 해결하려는 사람들이다. 그러므로 그들은 회의에 기꺼이 참여한다. 책상에 몸을 기울이고, 고개를 끄덕이며, 기회만 되면 자신의 의견을 책상 위에 확 펼치려 한다.

비 주동자는 침묵을 지키거나 회의 진행을 돕기만 한다. 회의에 거의 도움이 되지 않으며 전략적 계획에서 제외될 수도 있는 사람들이다. 비 주동자라는 말은 물론 이 사람들을 비하하려는 말이 아니다. 이 사람들은 회의에서는 큰 활약을 하지 못하더라도 회사 운영의 중요한 인력일 수 있다.

주동자와 비 주동자는 간단하게 나뉜다. 참석자 명단과 조직에 대한 약간의 정보만 있으면 된다. 앞에서 언급된 회의에 적용해 보자.

먼저 모든 엔지니어는 주동자로 간주할 수 있다. 그들은 회의에서 쏟아낼 수 있는 기술 지식을 가지고 있기에 회의에 참석하게 됐다. 제품 관리 직원은 영업을 대표하는 인물로 이 회의의 주동자 중 하나다. 프로그램 관리자는 비 주동자다. 회의를 기록하며 제 시간에 끝나게 한다.

회의 탈출 팁 #1: 주동자 확인하기

주동자를 전혀 파악할 수 없는 회의에 참석하고 있다면 빨리 빠져 나오라. 이건 정말 시간 낭비일 뿐이다. 이런 회의는 일반적으로 조직이나 제품 등에 실제적인 영향을 미치지 못하면서 떠들어대기만 좋아하는 사람들이 주최하곤 한다. 안타깝게도 당신이 신입이라면 이런 쓸모 없는 회의를 피해야 함을 깨닫기 위해 몇 번 당해 봐야 한다. 신입들은 그래서 피곤하기 마련이다.

주동자를 살펴보며 의제 감지의 다음 단계를 알아보자. 논란의 요지와 관련해 각 주동자들의 입장을 알아낼 시점이다. 찬성파와 반대파, 두 가지 분류가 있다.

찬성파는 현안의 주도권을 갖고 있는 기득권층이라 볼 수 있다. 원하는 바를 이룰 수 있으며 타협하려 하지 않는다. 회의에 있을 필요도 없지만 반대파의 의견을 들어주는 척하려 나왔거나 반대파의 비명을 들으러 왔을 수도 있다.

반대파는 고통 받는, 당하는 입장의 사람들이다. 언성을 높여 회의가 소집되도록 만든 장본인일 것이다. 이 사람들은 이미 화가 난 상태이므로 알아보기 쉽다.

회의 탈출 팁 #2: 찬성파와 반대파 확인하기

주동자의 요구 사항과 같이, 찬성파와 반대파가 회의에 참관해야 진전이 있지 그렇지 않으면 계속 뺑뺑이 도는 말만 하게 된다. 할 말이 많은 반대파는 회의에 참석하겠지만 회의가 생산적이려면 찬성파도 참석해야 한다. 찬성파의 특정 인물이 아니더라도 누군가는 참석해야지, 그렇지 않으면 반대파는 고함치고 서로 고개를 끄덕여주다 결국 아무 일도 일어나지 않는 결과가 벌어질 것이다.

우리가 가정한 회의의 찬성파와 반대파 구분을 살펴보자.

앞의 예에서, 존재하지도 않는 제품을 만들어야 하는 사람들은 엔지니어들이다. 이들은 화가 났고 당혹감을 표출하고자 이 회의를 열었다. 이들이 바로 반대파다.

프로그램 관리자는 이미 비 주동자로 파악되었고, 제품 관리자는 찬성파로 볼 수 있다. 아니 잠깐, 근데 이 제품 관리자가 "이 빌어먹을 영업부 놈들. 도대체 무슨 생각을 한 거죠? 이번이 정말 마지막일 것입니다……"라며 엔지니어 같은 말을 한다. 모두의 당혹감에 공감하는 모습을 보면 이 사람이 대체 어느 파인지, 누가 어느 파인지 헷갈리기 시작한다.

제품 관리자가 갑자기 반대파로 보인다. 이 회의를 갑자기 뜨라는 의미로 들리는가? 아니다. 실은 제품 관리자는 찬성파다. 다른 사람들이 눈치채지 못하게 하려는 것뿐이다.

훌륭한 찬성파의 전형적인 전술은 자신이 찬성파임을 인정하지 않는 것이다. 이들은 어떤 분쟁이 일어나든 적극적인 태도를 보이지 않는다. 불가능한 계약을 따낸 진정한 찬성파인 영업부 사람들은 이 자리에 없다. 더 엄청난 계약을 따내기 위해 현장을 뛰어다니는 중이다. 제품 관리자는 "그 사람들이 우리를 정말 골치 아픈 상황에 처하게 했습니다. 우리가 어떻게 처리해 나가야 할까요?"라며 자리한 엔지니어들과 한 목소리를 내려 한다. 미끼를 던지고는 빠지려는 속셈 같은가?
열 받지 말라. 당신보다 돈은 많이 벌지 못한다.

자, 이제 무대가 만들어졌다. 비 주동자는 분간이 됐고, 우리의 영악
한 찬성파는 고개를 끄덕이며 거짓된 동조로 반대파를 설득시킨다. 반
대파는 소리치고 있으며, 당신은 여전히 회의에 붙들려 있다.

하지만, 믿거나 말거나 어려운 부분이 이미 해결됐다.

집중하고 있었다면 누가 누구인지, 누가 어느 파인지를 파악했을 것
이고, 이제는 그들이 원하는 바를 알아낼 차례다. 비 주동자들은 원하
는 것이 없으며 회의에 참석한 것만으로 만족해한다. 찬성파는 이 문
제에 대한 완전한 소유권을 과시하고자 참석한다. 그들은 언제라도 그
자리를 뜰 텐데, 빠르면 빠를수록 좋다.

그러므로 당신이 회의에 앉아 있을 진정한 이유는 바로 반대파 때문
이다. 그들은 무엇을 원하는가? 테이블에 둘러 앉은 사람들은 서로 누
구인지 모르며, 무엇을 원하는지 파악하려 하지 않으므로 대부분의 회
의가 시간만 잡아먹고 별 도움이 안 된다고 생각한다.

여기서 잠깐. 내가 설명했던 간단한 분별 방법을 적용할 수 없는 복
잡한 문제로 얽힌 끔찍한 회의를 떠올리는가? 그러지 말자. 당신은 문
제를 해결하려 하는데 그 점이 바로 문제다. 누가 문제에 신경을 쓰는
가? 당신이 참석하고 있는 그 끔찍한 회의의 주요 인물을 파악했는
가? 실제로 문제를 해결할 수 있는 사람은 파악했는가? 아직 파악하
지 못했다면, 회의로 시간을 낭비해도 싸다!

반대파는 무언가를 원하기 때문에 참석한다. 그들의 요구를 들어주어야 문 밖으로 나갈 수 있는데, 그들의 요구는 웃음이 나올 정도로 간단하다. 반대파는 계획을 원한다. 문제가 무엇이든 조금이나마 해결되리라는 보장을 원한다. 그 계획을 비 주동자, 주동자, 찬성파, 반대파 누가 제시했던 상관없다. 누군가가 건설적인 다음 절차를 제안하고 반대파와 이것이 협의되면 모두 끝난다. 회의를 뜰 수 있다.

원대하거나 솔직하거나 완벽한 계획이 아니어도 좋다. 반대파는 진전의 기미가 있지 않는 이상 당신을 회의에서 내보내주지 않을 것이다. 당신이 회의를 한 시간 정도로 예정하고 시간이 다 되면 '정해진 시간도 회의를 끝내는 한 방법이야.' 라고 생각할 수 있다. 그릇된 생각이다. 반대파는 자리로 돌아가자 마자 후속 회의를 계획할 것이고 조직의 비 생산성은 계속될 것이다.

회의 탈출 팁 #3: 문제 파악하기

반드시 있어야 할 주동자, 찬성파, 반대파가 너무 많이 참석했을 수도 있다. 30 분이 지났는데도 여전히 문제 파악이 되지 않는다면 그 자리를 뜨라. 문제가 너무 많다. 당신보다 이 문제에 관심이 많은 누군가는 이런 혼란을 일관성 있는 명제로 정리해 찬성파와 반대파가 한 가지 안건에 대해서만 논쟁을 벌이게 해야 한다.

동일한 조직적 분위기에서 일하는 같은 팀의 사람들도 서로 일관된 대화를 하기 어렵다. 회의는 서로 다른 조직적 분위기를 가진 다양한 팀의 사람을 함께 참여시킬 수 있는 기회다. 그러다 보니 이런 상황에서는 언어 혼란이 최고조가 된다. 하지만 이제 걱정할 필요없다. 그들이 말하는 바를 들을 필요 없이 의제 감지 방법을 통해 그들이 누구인지, 원하는 바가 무엇인지를 파악해 대안을 제시하고 자리를 뜨라.

5장

명령 해부학

당신의 관리 기술 화살집에 몇 개의 강력한 화살이 있다. 직원의 성장에 필요한 것을 상세히 설명해주는 연간 성과 검토가 그 중 하나다. 굉장한 것이다. 누군가의 인생을 바꿔줄 수도 있는 대단한 기회이며 굉장한 화살이다. 그렇다면 정리 해고는? 회사에 누가 남고 누가 떠나야 할지에 대한 질문을 받는 때이다. 그 화살을 꽂아 당길 때 밤잠을 설치게 될 것이다.

명령의 화살도 있다. 명령이란 당신이 팀을 소집해 침착하게 "이대로 진행합니다."라고 내리는 지시이다. 질의 응답도 없고 협정도 없다. 위에서부터 내려진 지시로 모두들 기피한다.

몇 년 전으로 거슬러 가보자. 내가 근무했던 직장에 부사장이 새로 합류했는데, 나는 그를 정말로 좋아했었다. 유명한 회사들을 거쳐온 새 부사장은 예리하고 경험이 많으며, 농담할 줄도 알았다.

부임한 처음 몇 주 동안은 회사의 상황을 파악하고 여러 회의에 참석해 정보를 얻느라 상당히 조용했다. 엔지니어링 부서는 제품을 완전히 새로운 방향으로 전환하는 과정에 있었고, 점진주의파(출시가 더 중요해!)는 완벽주의파(완성되면 출시해!)와 전쟁을 벌이고 있는 판이었다. 고도의 긴장 속에서, 사람들은 서로 손가락질하고 소리지르는 등 비즈니스 사회에서 해서는 안 되는 행동을 하며 자신이 옳다고 뿌듯해 하고 있었다.

부사장이 합류한 지 2개월이 흘렀고 우리는 여전히 소리를 질러대고 있었다. 수요일의 일대일 면담에서 부사장은 나에게 "이 방식으로 밀고 나갈 것입니다. 결정됐습니다."라고 말했다.

그래서 나는 "예? 우리는 27번 문제를 해결해야 합니다. 완벽주의자들이 가만히 있겠습니까? 그리고 12A 문제가 얼마나 위협적인지 생각해 보셨습니까?"라고 화를 냈다. 그는 내가 화를 내도록 내버려 두고는 다시 말했다. "우리는 이 방식으로 갑니다. 결정됐습니다."라고.

지금은 기억이 잘 안 나지만 아마도 그때 내가 고개를 끄덕이지 않았나 싶다.

예상한 대로 팀의 반발은 대단했다. 한 완벽주의자는 퇴사하겠다는 말을 하고 문을 거칠게 닫고 나가 버렸다. 점진주의파도 이런 식으로 지시를 받고 싶지 않았기에 만족하지 않기는 마찬가지였다. 그들은 주도권을 잡고 싶어했다. 1주일 간의 조직 분열 후 우리는 업무에 복귀

했다.

신임 부사장은 명령을 내렸다. 그는 "내가 결정합니다."라고 말한 것이다.

나는 이 사람을 좋아하기는 했지만 누군가가 내게 명령을 하면 그 명령은 들리지 않고 '닥쳐, 당신 일이나 알아서 하라고. 당신이 하는 말은 신경 쓰지 않아.' 라고 속으로 생각한다. 경영자로서 당신은 무슨 방법을 써서라도 이런 인상을 주지 않아야 한다. 결국 당신에 대한 신뢰도에 부정적인 영향을 미치기 때문이다. 어떻게 해야 하는지 생각해 보자.

명령에는 결정, 전달 그리고 재전달의 세 가지 단계가 있다. 이 특정 문제에 있어서 최종 의사 결정자는 당신이므로, 이를 지역적 명령이라고 부르겠다. 이 명령은 뒤에서 설명될 외부 명령의 반대 개념이다. 자, 이제 시작한다.

결정

명령을 언제 내릴지 결정하고, 결과를 이해하는 것이 첫 단계다. 당신과 당신의 팀은 하루에도 수천 개의 크고 작은 의사 결정을 내린다. 이런 결정의 대부분은 알지도 못하는 사이에 내려진다. 큰 결정의 순간이 오기도 한다. 그 내용이 무언지보다는 당신의 팀이 의사 결정의 한 편에 있고 다른 팀은 반대편에서 논쟁을 벌이고 있다는 사실이 더 중요하다.

협업, 상호 정보 교류, 토론, 논쟁 등, 이 과정을 무엇이라고 부르든, 이 과정은 항상 순조롭게 진행되지는 않는다. 때때로 심각한 대립은 감정이 섞인 의사 결정을 내리게 한다. 사실 또는 상황에서 비롯한 논의를 하기 보다는 감정에서 비롯한 논쟁이 벌어지면 명령이 필요하다. 이런 상황의 경험법칙은, 논쟁이 더 이상 생산적이지 않다면 결정을 내려야 한다는 것이다.

나의 경영 방식은 팀이 가능한 한 오래 토론하게 놔두는 것이다. 한 아이디어에 대해 더 많은 사람들이 더 오랫동안 토론 할수록 좋은 아이디어가 탄생한다는 사실을 알기 때문에 이런 협업 경영 방식을 채택해 왔다. 그러다 보니 내가 관리하는 그룹은 정보를 교환하는 통에 의사 결정이 느려지곤 한다. 하지만 우리가 하는 일을 더 오랫동안 검토했으므로 결과가 훨씬 훌륭하다고 믿는다.

현안에 대해 강한 의견을 가진 사람 한 명 당, 누군가가 의사 결정을 내려 빨리 업무에 다시 착수할 수 있기를 바라는 최소한 네 명의 사람들이 있음을 기억하자. 우리도 조용한 다수의 일부로서의 경험을 갖고 있다. 이제 가열된 논쟁에 참여하지 않기로 결정할 때이다. 실제 일을 하고 있는 중이거나 관심이 없을 수 있다. 복도에서 벌어지는 뜨거운 논쟁을 보면, 침묵을 지켜 많은 고생을 던 사실을 다행이라고 생각하라. 팀이 2주 후에도 여전히 소리 지르고 있다면, 대체 언제쯤 누군가가 이 사람들을 조용히 시킬지 의문이 생긴다.

명령은 침묵을 지키는 다수의 편이다. 언쟁에 관련된 사람들을 화나게 만들겠지만, 조용한 다수는 당신이 내린 판결이 가져온 평화와 평온에 감사하게 될 것이다.

전달

이 절은 조직에서 열띤 논란을 일으키는 주제와 관련해 당신이 어려운 결정을 내리는 방법에 대해 설명하려는 것이 아니다. 내가 그 논의의 주제를 알 수 없으므로 그건 당신 몫이다. 문제의 양면을 따져보지 않고 결정을 내려 전달한다면 팀원들은 이를 눈치챌 것이며 신뢰도는 위협받게 될 것이다. 결정으로 피해를 입은 사람들은 왜 자신들의 입장이 고려되지 않았는지 기분이 상해 당신이 게으르거나 독재적이라고 회사 이곳 저곳에 소문을 퍼뜨릴 수 있다. 이런⋯⋯.

전달 단계의 목적은 분명하다. 결정이 내려졌음을 팀에 설명해야 한다. 말이야 쉽지. 바로 이 부분에서 경험이 부족한 관리자들이 실수하게 된다. 결정에 대해 잘 설명하지만 이것이 최종 판결이며 더 이상 논쟁의 여지가 없다는 사실을 전달하지 못한다. 결정을 전달하고도 또 다른 논쟁이 벌어진다면 제대로 전달하지 못한 것이다. 명령 전달에는 기술이 필요하다. 팀은 방을 나가기 전, 결정이 내려졌음을 알아야 한다. 그 결정을 좋아할 필요 없으며 싫을 수도 있지만, 당신의 결정에 타협의 여지가 있다고 생각하며 방을 나가게 해서는 안 된다.

나의 협업 경영 방식은 의견을 가진 모든 사람과 결정에 대해 협의를 했기에 명령을 전달해도 논쟁이 거의 없다. 명령이 전달되면 규칙이 일방적으로 정해진 것이 아니라 우리 모두가 검토한 결과가 전달되는 것으로 느껴진다. 여전히 결정에 반대하는 사람들을 화나게 만들긴 하지만, 그들은 최소한 말할 기회를 가졌다는 것을 알고 있다.

재전달

축하한다. 당신은 첫 번째 명령을 전달했고, 이제 긍정적인 끄덕임으로 가득 찬 방을 보게 됐다. 당신의 결정으로 고통을 받는 사람들조차도 동의를 하고 있다. 좋았어! 이제 다음 단계로 넘어가자.

고개를 끄덕이는 동의는 매우 반갑지만, 회의를 나가는 사람들은 다음의 세 가지 의견을 가지고 있다.

- **우와파**: 당신은 정말 대단한 리더야. 찬성하는 사람들은 당신에 대해 이 같은 생각을 할 것이다. 재전달 할 필요가 있다.
- **우웩파**: 당신은 독재자야. 득을 보지 못한 사람들의 의견이다. 재전달해야 한다.
- **지겨워파**: 왜 이렇게 오래 걸린 거야? 침묵하는 다수다. 이 사람들에 시간 낭비 하지 말라.

재전달 단계를 후유증 수습이라고 부르는 것이 더 좋겠지만 이렇게 하면 팀을 진전시키다 실패했다는 느낌이 든다. 실패하지 않았는데도 말이다. 재전달이란 찬성파와 반대파 모두에게 당신의 의사 결정의 이유를 개인적으로 알리는 것이다.

당신이 내린 명령을 확인해볼 기회일 뿐 아니라, 개인적인 의견을 수렴할 수 있는 기회다. 추가적인 논란이 생길 수 있다. 이전의 결정을 고수하자. 의사 결정으로 피해를 보는 사람은 대화 중 고개를 끄덕이더라도 아직 싸움이 끝나지 않았다고 생각하며 명령에 저항할 방법을 파악 중일 수 있다. 이 사람이 입을 벌리게 만들지 못하면 몇 주 후 금방 다시 명령을 내리게 될 것이다.

재전달은 팀의 불만을 억누르는 것이 아니라 관련된 모든 사람에게 말할 기회를 줌으로써 당신이 독재자가 아닌 동기부여자로서의 관리 원칙을 보여주는 것이다.

외부 명령

지금까지 지역(팀 내) 명령에 대해 설명했다. 이런 상황에서는 당신이 의사결정자이며 충분한 정보와 관련자들을 접할 수 있다. 하지만 중간 규모 이상의 조직에서는, 당신도 외부 명령을 받게 된다. 이 외부 명령은 당신의 영향권 밖에서 들어오는 명령이다.

그렇다. 이제 위치가 바뀌었다. 명령은 무작위로 내려오고 당신이 할 수 있는 일이란 없다. 하지만, 한 가지를 빼고는 앞에서 설명했던 규칙이 그대로 적용된다.

당신도 당신의 팀과 마찬가지로 세 가지(우와, 우웩, 지겨워) 의견 중 하나를 가지게 될 것이다. 당신의 의견에 관계없이, 명령이 내려진 배경을 알아내야 한다. 당신은 명령에 대해 무관심할 수 있지만, 다른 팀원들은 어떠한가? 그들은 명령을 매우 싫어할 수 있으며 명령이 내려진 배경을 설명하지 않고 그대로 전달하면 당신이 무기력하다는 인상을 주게 될 것이다.

명령의 배경은 큰 조직 내에서 제대로 전달되지 않기 마련이다. 경영 구조 선상의 누군가가 명령에 무관심해 배경 정보를 수집하지 않았거나, 제대로 전달되지 않아 의미가 바뀌었을 수 있다. 어찌됐던 당신의 팀원에게 이유가 뒷받침된 소식을 전달해야 한다. 그렇지 않으면 큰 문제가 될 수 있다. 빈약한 의사소통 구조를 가진 기업의 CEO는 틀림없이 악명 높은 독재자라는 평판을 가지게 마련이다. 그들은 독재자가 아니며 제대로 정보를 공유하지 않는 참모들 탓일 수 있다. 아니면 그들이 실제로 독재자일 수도 있다. 내가 당신을 위해 그 정도까지 판단해줄 수 없다.

반가운 소식은, 이제 당신이 배경 정보 없이 명령을 전달해야 하는 경우에도, 경험이 부족한 경영자가 흔히 저지르는 실수인 '원인 없이 지역 명령 내리기'를 하지 말아야 함을 깨달았다는 사실이다. 팀원들 앞에 리더로서 설 때마다, 그들이 당신의 결정과 행동을 듣고 지켜보고 있음을 알기 때문에 재전달도 잊지 않을 것이다. 그들은 당신이 관리자라는 직함에 어울리는지 판단하고자 한다.

6장

정보 기근

누군가 당신 사무실 문 밖에 아무 말없이 서 있다.

깜짝 놀랐겠지만 그 사람은 아무 생각 없이 서 있을 뿐이다. 아니, 그게 아니라 아무 생각 없이 배회 중이었을 수도 있다. 그러던 그가 갑자기 밖에 서서 뚫어져라 쳐다본다. 스크린 너머로 눈을 돌리자마자 마음의 준비를 할 겨를도 없이 이 사람은 산처럼 쌓인 좌절 더미를 당신에게 쏟아 붇는다.

이러한 사람들을 무엇이라 부르든 상관 없다. 중요한 것은 관리자로서 당신이 이들을 어떻게 미리 막는가이다.

정보 유통

매니저의 많은 업무 중 하나는 정보를 제대로 전달하는 것인데 방법은 놀라울 정도로 간단하다. 얻어낸 모든 정보가 당신의 팀원 중 누구의 업무에 필요한지 판단해야 한다. 참 쉽지 않은가?

이메일이 하나 들어오면 그것을 읽어본 후, 어느 개발자에게 필요한지 판단해 전달한다. 그런데 여기에 약간의 어려움이 따른다. 생각보다 훨씬 많은 정보가 쏟아지며 기대 이상으로 많은 사람들에게 정보가 필요할 수 있다. 게다가 누구에게 그 정보가 필요한지 잘못 판단 할 수 있고, 그 밖에도 할 일이 너무 많다.

먼저 정보를 제대로 관리하지 못한 경우의 결과를 알아보자.

사무실에서의 일반적이지 않은 하루를 예로 들어 본다. 복도에서는 정리 해고에 대한 소문이 떠돌고 있는데, 그 소문은 사실이다. 뚫어져라 응시하던 그 사람이 지금 사무실 밖에 있다. 그 사람을 불러 무슨 문제가 있는지를 먼저 알아내야 한다.

"왜 그렇게 쳐다보고 있습니까?"

"뭐라고요?" [모른 척하고 있군].

"2 분 동안 사무실 밖에서 나를 쳐다 보았어요."

"그랬나요?" [와, 완전히 거부하네].

"대체 무슨 일이죠?"

"음…… 제가 해고 대상인가요?"

보자, 이 사람은 당신 수하의 최고 개발자다. 그는 당신의 슈퍼스타로, 당신이 설익은 아이디어를 마구 던져도 이를 그럴듯한 기능과 제품으로 만들어 내는 유일한 개발자다. 뛰어난 업적에도 불구하고 자신이 해고될지를 걱정하며 당신의 사무실에 들어왔다.

무슨 일이 벌어진 것일까? 최고의 엔지니어가 자신이 가치 없다고 생각해 해고될 것을 걱정하다니?

그는 굶주려 있는 것이다. 정보에 굶주려 있고, 정보 공급이 안 되면 사람들은 자기 나름대로의 정보를 만들어내곤 한다.

자연은 원래 진공 상태가 아니다

지난 번의 정리 해고를 회상해 본다. 무슨 일이 있었을까? "정리 해고가 된대."라는 소문이 들렸고, 3주 후, 그 소문이 사실이 되었다.

경영진은 무슨 일이 벌어질지, 누구를 대상으로 할지를 결정하느라 그 세 주를 보냈지만, 아직 아무것도 확실하지 않으므로 아무 말도 하지 않고 있다. 이는 잘못된 행동이다.

다른 사람들은 일을 계속할 수 있을지 걱정하며 정보가 부족한 상태에서 미쳐가고 있었다. 소문은 계속 번지고 실타래처럼 엉키는데, 이것은 관리자인 당신이 어떻게 정보를 전달하는지에 직접적인 연관이 있다.

정보 생산이란 아무것도 없는 상태에 근거와 기반을 구성하는 작업이다. 이를 소문이라 부르든 잡담이라 부르든 간에 정보 전달이 안 됨에 대한 반작용이라 볼 수 있다. 아주 그럴듯한 소문을 들을 때면 두 가지에 귀를 기울이자. 소문의 내용에 귀를 기울인 후, 어떤 정보가 부족해서 그런 말이 만들어졌는지를 생각해본다.

자신이 해고될 것이라고 생각하는 최고 개발자에게 돌아가보자. 그 사람이 해고될 여지가 없다고 가정했을 때, 이 사람은 무슨 말을 하고 있는 것일까? 먼저 그는 "조직에서 내가 얼마나 중요한지 모르겠어요."라는 말을 하고 있다. 자신이 실제로 해고 되리라 생각하지는 않지만 자신의 가치를 모르고 있다. 두 번째로 "내 가치를 알 수 없으니 마음대로 생각해야지. 그러면, 관심을 좀 끌 수 있겠지요."라는 말을 하고 있다.

잡담이든 소문이든, 이러한 만들어진 정보는 회사 내 어딘가에서 누군가가 도움을 요청하고 있다는 사실이다.

정보 기근 예방책

최고 개발자의 상한 기분을 풀어줘야 한다. 그를 진정시키고 당신의 애매모호한 지시에 그가 다섯 번씩이나 훌륭한 제품을 개발해낸 사실을 상기시켜야 한다. 자신의 가치가 조직에서 인정됨을 제대로 알리려면 여러 차례 반복적으로 확인시켜줘야 하지만, 그보다 중요한 것은 어쩌다 이 사람이 정보 기근에 시달리게 되었는지를 파악하는 것이다.

당신이 정보를 전달하지 않은 데서 이 문제가 비롯됐다. 이미 아는 바이다. 하지만 왜 전달되지 않은 것인가? 일반적인 실패 원인을 보자.

"걱정하지마, 그 정보를 꼭 전달하겠어."

관리자가 중요한 정보를 가장 많이 놓치게 되는 경우는 아마도 일정 관리를 자신의 머리에 의존할 때일 것이다. 정보 전달에 도움이 되는 테크놀로지를 파악하지 못한 자연 친화적인(!) 관리자들의 일반적인 실수다. 그들은 회의에 참석해 여느 엔지니어에게 전달해야 하는 내용을 듣고는 "접수됐다. X라는 일이 발생하지 않으면 필(Phil)은 빌드를 깰 것이라고 밥(Bob)에게 알려주기. 이 정도는 메모를 하지 않아도 기억할 수 있지."라고 생각한다.

기억해야 할 것이 이뿐이라면 문제없다. 하지만 복도에서 밥을 마주쳐 "필이 뭔가 한다고 했는데……."라는 말을 전하기도 전에, 네 개의 회의를 거치고 10개의 다른 일정이 머리에 추가될 것이다.

메모하라. 항상 공책을 가지고 다니다가 조금이라도 흥미로운 내용이 있으면 기록한다. 이것은 "아무도 이를 알 필요 없어."라는 다음 요점으로 연결된다.

빌(Bill)은 팀에 새로 합류한 관리자였고 임원 회의에 참석하게 되어 기뻐하고 있다. 내 임원 회의는 두 부분으로 진행된다. 1부에서는 내 상사의 임원 회의에서 얻은 모든 정보에 내 생각과 의견을 덧붙여 전달하며, 2부는 우리 팀 모두가 각자의 상황을 간단히 보고한다.

1부에는 중복되는 내용이 상당히 많다. 제품의 실적은 어떤지, 누가 승진했는지, 최근 고객이 뽑은 우수 사례가 무엇인지 등이 전달된다. 매주 듣기 지루하겠지만 나는 이 내용을 매번 반복한다.

빌은 1부의 지루함을 곧 눈치채고 이 시간 동안의 노트 필기를 중단했다. 내가 물으니 "팀원들이 자신이 책임지지 않는 제품의 고객 우수 사례에 대해 신경 쓰지 않으리라 생각합니다."라고 대답했다.

"정말 그렇게 생각합니까? 팀원들에게 확인해 보시지요."

그 다음 주 빌은 하나도 빼먹지 않고 열심히 노트 필기를 하고 있었다. 그의 대답은 "예, 팀원들이 알고 싶다고 합니다." 였다.

큰 조직에서는 특히, 조직 정보가 지속적으로 유통되는 데 각별히 신경 써야 한다. 불필요한 정보를 전달한다고 생각할 수도 있지만, 팀이 무엇을 알고 싶어하는지 알 길이 없다. 새 고객에 대한 정보를 계속 기록하던 엔지니어가 있었는데, 몇 개월 후 그는 영업 직원들보다도 고객에 대해 더 잘 알게 되었다.

전달 받은 정보를 모두 전달하는 것은 너무나 큰 일이며 관리자인 당신은 어떤 정보를 전달할지 직접 판단해야 한다. 나의 황금률은 정보 전달 여부를 놓고 몇 초 동안이라도 고민한다면, 그건 내가 판단할 수 없는 문제일 수 있으니 일단 전달하고 본다.

"팀원들이 내 마음을 알아요."

아마도 당신은 정보를 잘 전달하고 있을 것이다. 정보가 넘치는 임원 회의가 있고 이메일로 꾸준히 전달한다. 훌륭하다. 모든 정보를 전달하고 있다니 반가운 일이지만 문제는 '팀원들이 무엇을 듣는가?' 이다.

지난 번 벤처 기업의 마지막 부사장도 메일 수신함에 들어오는 모든 이메일을 하나도 빼먹지 않고 모두 훌륭히 전달해줬다. 모든 이메일을 말이다! 부사장의 정보 사이클에 포함된다는 것이 기분 좋긴 했지만 이건 거의 스팸 수준이었다. 더 심한 것은 모든 메일 첫머리에 덧붙은 그의 간단한 의견이었다.

"흥미롭네요."

"우리가 할 일입니다."

"하하! 그것 보세요."

최근에 나누었던 대화를 바탕으로 그의 한 줄짜리 생각을 분간할 수는 있었지만, 그 이메일을 왜 나에게 전달했는지 이해할 수 없는 때도 많았다.

이메일 또는 생각이 당신에게 일리 있다고 해서 다른 사람에게도 의미가 명백하리라 가정하지 말라. 서로 가까이 협력하며 비전과 목표를 공유하는 팀을 만드는 것이 나의 목표이기에, 나는 전달하는 정보에 시간을 조금 더 들여 개인적인 의견과 배경 설명을 함께 전달하고자 한다. 시간이 좀 걸리지만, 정보의 품질을 높이는 동시에 혼선을 줄여준다.

정보를 전달할 때에 이를 팀이 어떻게 받아들였는지를 알고 싶다면, "무슨 말 같습니까?"라고 팀원에게 직접 물어볼 수 있다.

적극적인 침묵

정보를 구조적으로 유통시켜 팀이 조직의 다른 부서와 지속적으로 연결되게 할 수 있지만, 여전히 조심할 부분이 있다. 앞서서 설명된 오류이든 전혀 다른 실수이든, 팀이 무엇을 필요로 하는지 끊임없이 판단해야 하는데, 여기에 매우 좋은 소식을 전해주고자 한다.

팀은 자신의 필요를 알려준다. 잡담이든, 소문이든, 소리지르기이든, 노려보기이든 팀은 항상 무엇을 알고자 하는지 당신에게 알려준다. 그러므로 당신은 정보 전달 채널이 되어야 하는 동시에 침묵을 지켜야 할 때도 있다. 침묵 중에 당신은 들을 수밖에 없다. 임원 회의에서 시도해 보자. 입을 다물고 당신이 침묵하는 동안에 팀이 무엇을 말하는지 지켜보라.

1부 관리의 화살집

세심함, 속임수 그리고 침묵

　관리자와 관리자 지망생과 관리자를 이해하고 싶은 사람들은 로버트 그린(Robert Greene)과 주스트 엘퍼스(Joost Elffers)의 『권력의 48가지 규칙(The 48 Laws of Power)』을 읽어봐야 한다.

　그 규칙들을 처음 봤을 때의 감흥이 너무 깊어 일부러 그 글에 대한 배경 조사를 하지 않았다. 경영자들의 사악한 비행뿐 아니라 그들의 일상에 대한 진실이 담겨 있다. "모두를 공포에 떨게 하라. 예측 불가능의 분위기를 조성하라."라는 것을 보자 농담인가 의아했지만 조금 더 읽다 보니 진담이었음을 깨달았다.

　관리자에게 지시하는 이 규칙들에 대해 내가 문제 삼는 것은, 너무 많은 규칙이 비관리자에게 물리적 고문이 된다는 점이다. 그리고 그 점은 관리자들에 대해 더 치를 떨게 만들었다. "저 놈은 권력에 굶주린

자야."

여전히 말이다.

위험 천만의 정치판을 헤쳐 나가는 것도 관리 업무이며, 사람들을 원하지 않는 방향에 기꺼이 동참하게 만드는 것도 관리 업무다. 훌륭한 관리자는 전술을 부리는 사람이지 하루 종일 이리저리 돌아다니며 문제를 해결하는 사람이 아니다.

관리란 마치 체스와 같다. 문제가 발생하면 잠시 물러앉아 체스 판을 들여다보고, 모든 움직임의 결과를 분석하고, 무엇보다도 중요한 다음 움직임을 결정해야 한다. 내 경험상, 체스 판을 분석하고 결정하는 데에 48개의 법칙까지도 필요 없다. 세심함, 속임수, 침묵 세 가지만이 필요하다.

세심함

최악의 성과 평가였다. 나는 가상의 한 직원에게 심각한 성과 평가 결과를 전달했는데 그는 결과를 이해하지 못한다. 나는 그 성과 평가를 위해 그 직원의 동료들에게서 다양한 의견을 수렴했고, 지난 1년 동안의 업무 메일을 다시 읽으며 2주 동안 계속 수정했다. 하지만 그는 문제를 눈치채지 못하고 앉아 있다.

이 직원을 바로 해고하려는 것은 아니지만, 현재의 상황을 감안해 봤을 때 2년 후에 그는 회사에서 더 이상 쓸모 없는 존재가 될 것이므로 이 사실을 슬그머니 전달하고자 했으나 전혀 효과가 없다.

"당신의 평가에 대해 궁금한 점이 있나요?"

"없습니다."

"어떤 부분을 개선해야 할지 알겠습니까?"

"넵!"

성과 평가의 요지는 검토가 아니라 대화이다. 팀원의 성과 정보를 건설적으로 전달하고 함께 곱씹어 보려는 것이다. 전달된 정보를 그 직원이 이해하고 있음을 확인해야 하며 질문 받길 기다린다.

그러나 아무런 질문이 없다.

그렇다면 성과 평가는 보완 사항을 검토하는 것에 적절한 방법이 아니었을 수 있다. 좀 더 미묘한 방법을 선택해보자. 1주일 후의 일대일 면담에 나는 목록을 들고 들어갔다. 지난 번의 성과 평가에서 지적한 개선돼야 할 점들을 정리한 목록이다.

평가 시에 사용한 나의 전략적인 추상화법은 이 직원에게 먹히지 않았다. 하지만 성과 평가 내용을 전술적으로 일상 작업에 적용해 제시하자 그는 귀를 기울였다. 일대일 면담이 끝날 즈음엔 그의 일정 목록이 두둑이 쌓였고 성과 평가도 다시 논의하며 그가 일을 완료할 수 있도록 조언을 주었다.

세심함은 겸손에서 시작된다. 세심함은 당신이 관리자라도 모든 해답을 갖고 있지 않으며, 대답하기 전에 신중히 고민할 시간을 가져야 함을 인정하는 데서 시작된다. 그 즉시 해결책을 제안하고, 결정을 내리며 팀에게 당신이 관리자임을 입증하는 것이 얼마나 기분 좋은지 안다. 하지만 그것이 올바른 결정이었을까 아니면 자아에 도취한 행동이었을까?

세심함은 우아함으로 끝을 맺는다. 세심함은 단순히 어려운 문제를 성공적으로 해결하는 것이 아니라, 관리 능력을 길러주고 다듬어 주는 독창적인 방식으로 문제를 해결하는 것이다.

속임수

따라 해보자. "소-기임-수우우~." 이 단어를 적은 티셔츠를 만들 만큼 재미난 단어다. 속임수는 '음모, 사기, 부정직, 교활, 영악, 가장, 거짓, 가짜……' 등을 의미한다. 우리의 목적을 위해서 이를 다시 정의해 본다.

경영에 있어서 속임수란 '음모, 부정직, 사기, 기타 등등……' 이 아니라 이를 제외한 모든 것을 의미한다.

그럼, 설명하겠다.

우리는 벤처 기업의 교차점에 놓여 있었다. 할 일은 너무 많고 팀은 두 방향으로 나뉘었다. 애플리케이션 서버를 교체하는 데 3개월을 투자하고자 하는 인프라 팀이 있었고, 애플리케이션의 유용성을 개선하고자 하는 인터랙션 팀이 있었다. 부사장은 양 팀의 의견을 듣고는 "인프라! 장기적인 확장성!"이라고 결정했다.

인터랙션 팀은 화가 났다. "어느 누구도 제품을 사용하고 싶어하지 않는다면 장기적인 확장성이 무슨 필요가 있습니까?" 당시 나는 인터랙션 팀의 관리자였고 그 반발에 동의했지만, 어쩔 수 없이 엔지니어를 인프라 작업에 투입해야만 했다. 기존 고객과 이야기를 나눠 보니, 그들은 애플리케이션이 느린 게 문제가 아니라 사용상의 인터랙션 문제에 불만을 갖고 있었다. 그 사람들은 사용법을 알아내느라 많은 시간을 낭비하고 있었다. 이런······.

수석 인터랙션 설계자, 엔지니어 그리고 나는 회의실에 아무 말 없이 앉아 있었다. 나는 갑자기 "사람들은 시각적인 동물입니다. 우리가 생각하고 있던 것을 보여주는 프로토타입을 만드는 데 얼마나 걸릴까요?"라고 물었다.

"한 주면 됩니다!"라고 엔지니어가 대답했다. 열정이 모든 엔지니어링 예측을 1/3까지 줄이는 것을 보여주는 좋은 사례다. 엔지니어가 "그렇지만 프랭크(Frank)가 필요합니다."라고 덧붙였다. 으음······.

"우리가 인프라 작업을 끝낸 오후 5시 이후 당신과 프랭크가 이 작업을 해주었으면 합니다. 비공개적으로 해주기 바랍니다. 한 주 후에 보여주신 것이 마음에 들면, 그대로 공개하겠습니다."

속임수의 가장 난해한 부분이 바로 여기 있다. 입장에 따라, 나의 계획은 다양하게 보여질 수 있다. 다른 엔지니어링 이사는 이를 '명령 위반'이라고 말하겠지만, 나의 상사는 이를 '스컹크 프로젝트'라고 불렀고 계속 진행할 것을 지시했다. 천만 다행이었다.

우리의 스컹크 프로젝트는 3주나 걸렸지만 우리의 작업 결과를 선보였을 때 엔지니어링 부사장과 마케팅 부사장은 긍정적인 반응을 보였으며 작업이 완수되길 고대했다. 그들은 인프라 작업을 방해하지 않으며 이 작업을 완수할 수 있도록 팀을 구성하게 해줬다.

속임수에는 위험이 따른다. 우리의 작업 결과가 공개된 후 인프라 팀 이사에게 계속 정보를 제공해 주었지만 그는 전에 속은 경험 때문에 절대로 나를 믿지 못하게 됐다.

선의를 위해 속임수를 쓰는 경우라도 의도만큼은 정직해야 한다. 당신 자신이 옳다고 믿는 것을 강행해 누군가를 화나게 만들 수 있지만 그럼에도 당신은 두 발 뻗고 잘 수 있어야 한다.

침묵

당신이 가장 싫어하는 직원이 테이블 건너편에 마주 앉아 떠들어대고 있다. 이 놈은 당신과 맞는 구석이 한 군데도 없으며 알아듣지도 못할 무언가에 대해 두 시간째 떠들고 있다. 나의 조언은 간단하다. 닥치고 있으라.

진심이다. 그의 요점을 파악했고 여태껏 계속 떠들게 놔두었다면, 입을 열고 화제를 다른 방향으로 돌리라. 하지만, 그가 계속해서 말하려 한다면 당신은 입을 다물고 듣기만 한다. 당신의 침묵은 그가 속의 것을 쏟아낼 기회를 준다.

나는 대중 연설을 좋아하지 않는다. 향후 6개월의 작업을 제시하는 전 직원 회의도 좋아하지 않는다. 나의 천성은 내성적이며 너무 많은 사람들이 서로 말 해대기를 즐기는 통에 거기에 묻혀있곤 한다. 나는 조용히 앉아 언성을 높이는 사람들을 살펴보며 나중에 참고하기 위해 그들에 대해 적어본다.

"관리자들은 말로 팀을 리드한다."라고 생각하는 관리자들이 많다. 거기에 더해 팀원들은 관리자에게 '아니오'라는 말을 잘 하지 않다보니 대다수의 관리자들은 쓸데없는 말을 늘어놓는 데에 전문가가 되어버렸다. 자신의 생각을 쏟아내며 그것이 팀원을 가이드 하는 것이라 생각한다. 그럴 수도 있겠지만, 무언가 관련 있는 적절한 정보를 제공하고자 한다면 그에 앞서 데이터를 수집하고 처리해야 한다.

침묵 속에서는 상대를 평가해볼 수 있다.

나는 부서 간의 큰 회의 시 침묵을 즐긴다. 함께 작업해보지 않은 부서와의 회의에서 나의 역할은 청자일 뿐이다. 다들 자신의 입장만 내세우는, 모르는 사람들이 참석한 이 회의는 자기가 가진 것을 떠들어대는 포커 판을 방불케 한다.

이것만은 기억하자. 대부분의 사업 상의 대화에서 사람들이 30초 정도 떠들고 나면 그들의 기본적인 아젠다가 파악된다. 그 사람의 성격을 말하는 것이 아니라, 무엇을 원하고 어떤 계획을 가지고 있는지 파악된다는 말이다. 포커 판에는 돈이 걸려 있으므로 가능한 한 이 정보를 숨겨야 하지만, 비즈니스에서는 테이블 위에 손을 벌리고 "여러분, 나는 이 카드를 던지려고 해요. 내게 필요한 카드를 누군가 주지 않으렵니까?"라고 말한다.

비즈니스에서는 자신이 원하는 바를 솔직히 요청하는 것이 좋다. 이

7장 세심함, 속임수 그리고 침묵

것을 협업이라고 부른다. "나는 ~ 가 필요해요."라는 말을 들을 때마다, 함께 일하는 사람에 대해 조금씩 더 배우게 되고 동료와 어떻게 협력할 지를 더 잘 파악하게 된다. 여전히 저 구석에서 아무 말도 하지 않고 있는 저 사람이 궁금하다. 그의 눈은 내 것과 마찬가지로 회의실을 이리저리 살피고 있다. 침묵 중에 무엇을 알아내려는 걸까?

비즈니스는 전쟁이 아니다

『권력의 48가지 규칙(The 48 laws of power)』은 많은 중요한 점을 다루지만 비즈니스가 아니라 분쟁에 초점을 두고 있다. 궁금하면 이 책을 사보라. 하지만 유의하며 읽기 바란다. 매해가 갈수록 동료들의 경영 게임으로 인해 점점 더 복잡해지는 환경에 적응해 가는 나를 본다. 15년이 지난 지금, 나는 진정한 한 가지 법칙을 자신 있게 말할 수 있다. 권력 구축에만 관심 가지면 모든 것을 잃게 된다.

관리자 풍의 화법

　내 팀 중 하나가 향후 제품의 방향성에 관한 중대 결정을 앞두고, '하자' 와 '죽어도 안 돼' 라는 둘로 의견이 분분이 나뉘었다. 팀의 관리자는 저항하는 팀원들을 마주하며 의견을 하나로 수렴하기 위하여 많은 시간을 할애했다.

　그의 사무실 근처를 지나가다 그가 '죽어도 안 돼' 라는 의견을 가진 사람 한 명을 설득하기 위해 이야기 하는 것을 보았는데 귓결에 그 대화의 일부분을 듣게 되었다.

　"내 생각엔 이것이 매우 중대한 관건이라 보기 때문에 당신에게 일상적인 사고에서 벗어나라고 요청하는 것입니다."

　움찔했다.

　관리자의 대사.

내 자리로 걸어 오며 '일상을 벗어나' 라는 말에 대한 나의 부정적인 반응에 대해 생각해 보았다. 그 말의 진정한 의미는 무엇이지? 글쎄, 사고를 관습적인 굴레에 얽매이게 하지 말라는 의미쯤 되겠지. 그러나 팀원들에게는 그런 뜻으로 들리지 않는다. 그들이 듣는 것은, "안녕하세요, 전 관리자입니다. 제가 관리자인고로, 창의적이 될 수 있는 방법은 말해주지 않으면서 창의적이 되라고 말하고 있는 것입니다."이다.

아니, 그건 맞지 않다. 사람들은 이렇게 듣는다. "안녕하세요, 전 관리자인데요, 제가 생각하기를 멈췄기에, 제가 의미하는 바를 모호하게 만들어 줄만한, 그런 형식 상의 말이나 하고 있는 거예요."

그러고서는 관리자는 왜 아무도 자신을 신뢰하지 않는지 궁금해한다.

자리에 막 앉는데 프로젝트 매니저가 일대일 면담을 위해 들어왔다. 방금 목격한 상황이 아직 생생한 가운데, 반 시간의 면담 동안 내 자신의 관리자 풍의 습관들을 주시 해보기로 했다. 나를 언짢게 한 것들은 다음과 같다.

"그 사람과 다시 **원 위치**로 되돌아가 볼 수 있겠나?"

"저것을 **더블 클릭**하고 싶은데......"

"이게 **작업 목록**인데......"

내가 완전 얼간이 관리자가 되어버려 더 이상 정상적인 사람처럼 대화할 수 없음을 깨달았다.

관리의 은유

소프트웨어 구성에 관한 책 중 내가 가장 좋아하는 책은 스티브 맥코넬(Steve McConnell)의『코드 컴플릿(Code Complete, 코드 완결)』인데, 저자는 이 책의 두 번째 장에서 컴퓨터 공학과 관련된 언어의 풍요로움에 대해 설명한다. "컴퓨터 공학은 그 어떤 분야보다도 화려한 언어를 갖고 있다. 과연 다른 어떤 분야에서 화씨 68도로 신중히 조절되고 살균된 방에 들어가 바이러스, 트로이 목마(Trojan horse: 컴퓨터 사용자의 정보 유출이나 자료 파괴 등의 피해를 입히는 악성 프로그램), 웜(worm: 컴퓨터 바이러스의 일종), 버그(bug: 프로그램의 오류), 폭탄(bomb: 폭탄 메일 또는 메일 폭탄), 크래시(crash), 플레임(flame: 전자게시판 등에서의 욕설, 폭언, 매도), 뒤틀린 성전환자들 및 '치명적인 오류'(오류 메시지를 일컬음)들을 찾을 수 있겠는가." 계속해서 말하길, "소프트웨어의 은유는 도로 지도보다는 탐조등과 같다. 정답이 어디 있는지가 아니라, 어떻게 찾아야 하는지 알려준다."

나는 항상 관리 관련 은유 또한 같은 맥락이라 간주해왔고 사실이 그러하다. 하지만 만약 직원들이 그 은유를 이해하지 못한다면, 차라리 코드(code: 컴퓨터 기호, 부호)로 대화하는 편이 나을 것이다. 매니지먼티스(Managementese: 관리자 풍의, 관리자 티가 나는)란 관리자들로부터 학습되고, 진화되고, 소통되는 언어다. 이는, 관리자 간의 의사 소통에 있어서 정보 전달이 편리한 고주파 매체와 같은 역할을 한다. 만약 당신이 동료 관리자에게 '더블 클릭'이라고 말한다면, 주의를 기울여달라는 의미임을 알아들을 것이다.

대기업 조직 내의 각 영역에는 고유한 언어가 있으며, 각 영역 내에는 업무별 고유 언어가 있다. 엔지니어 부서도, 마케팅 부서도, 영업 부서도 각기 다른 언어를 갖고 있다. 각 집단의 관리자들은 업무 수행을 위해 다른 영역의 언어를 이해 할 수 있어야 함은 물론, 자기 집단 고유의 언어로 말할 줄 알아야 한다. 이것이 바로 매니지먼티스, 곧 관리자 풍 화법의 정당한 존재성이라고 본다. 이는 회사의 다양한 영역을 넘나드는 언어이며, 이 언어 없이는 조직 내의 다른 부서와 서로 의사 소통하는 것이 불가능해진다.

관리자들은 의사 소통의 중심, 허브라고도 할 수 있다. 영역의 경계를 넘어 의사 소통이 더 원활해지면 더 많은 사람과의 대화가 가능해지며 더 많은 정보를 얻게 되어 한결 나은 의사 결정을 내릴 수 있게 된다. 궁극적으로, 의사 소통을 잘 하는 사람들이 견문이 넓어져 알찬 결정을 내릴 수 있으며 무엇을 해야 할지 궁리하는 데 시간을 덜 낭비하므로 다른 사람들보다 성공할 가능성이 높다.

그래도 어쨌든, 당신이 '더블 클릭'이라고 하면, 당신의 직원은 그 말의 뜻을 이해해도 당신이 방금 관리자 티를 냈다는 것을 눈치챈다. 왜 당신은 실제로 의미하는 바를 그대로 말하지 않는가? 내 첫 추측은 당신이 바쁜 와중이었을 것이란 사실이다. 그러나 당신의 직원은 그렇게 이해해주지 않을 것이다.

게으른 자의 언어

이 하이테크 시대에 사는 우리는 항상 무언가에 쫓기듯 바쁘다. 비합리적인 마감 일에 쫓기며 기능 요청에 떠밀린다. 관리자로서 당신의 업무는 말도 안 되는 우산 역할을 하는 것이다. 당신의 팀이 무엇을 처리해야 하며, 무엇을 포기할지를 판단해야 한다. 다양한 사람들로부터 정보를 재빨리 얻어야 한다. 이렇게 바쁘기 때문에, 관리자 풍 화법은 어떤 일이 벌어지고 있는지를 동료 경영자들에게서 알아내는 데 도움이 되지만, 아직 절반의 문제가 남아있다. 팀과의 대화 말이다.

그 누구보다도 당신 스스로가 자신이 무슨 말을 하는지 잘 알고 있다. 그렇기 때문에 귀찮게 화법을 바꾸지 않고 자신이 친숙한 관리자들의 은유 섞인 언어를 사용하려 할 것이다. 하지만 그래서는 안 된다.

관리자 풍의 언어를 문제 삼는 사람들은 그 언어를 이해하지 못하는 것이 아니라 믿지 못한다. 당신이 참여했던 최악의 전 직원 회의를 떠올려 보고, 왜 그리 싫었는지 생각해보자.

"관리란 우리가 하는 일과 상관이 없어."

"그들은 말뿐이지 실행이 없어."

"뜬구름 잡는 얘기만 하는데 나는 구체적인 것이 필요해."

"확신을 가진 것처럼 말하지만 나는 그가 무슨 말을 하는지 모르겠어."

급한 관리자들은 관리자 풍의 언어가 중고차 판매원의 말과 그다지 다르게 들리지 않음을 깨달아야 한다. 확신에 차서 빠르게 말하면 무언가를 이뤄낸다고 느낄 수는 있지만, 듣는 사람들이 당신을 신뢰하지 않으면 당신이 하는 말을 이해하지 못할 것이다.

나의 조언은 간단하다. 개인적으로 말할 때에는 친구 사이에 사용하는 것 같은 친근한 언어를 사용하라. 관리자라는 직함을 벗어 던지고 대화를 나누라. 관리자라는 직함을 벗는 것은 당신에게 큰 전환일 수 있으며 일을 더욱 바쁘게 만들 수도 있다. 하지만 당신의 목적은 대화를 나누는 것이며, 그렇게 하려면 테이블 양쪽에 앉은 사람 모두가 서로의 말을 신뢰하고 이해해야 한다.

대기업에 다니는 95%의 사람들은 기업 구조가 어떻게 몰락하고 있으며 자신에게 어떤 영향을 줄지, 6개월 후에도 계속 일할 수 있을지 전혀 알지 못한다. 팀이 당신을 관리자로서 어떻게 판단할지는 당신이 그들과 대화하는 방법에 달렸다. 분기 말 전 직원 회의를 여는 것으로는 부족하다. 그들이 알고자 하는 바를 이해하고 알아들을 수 있게 전달해야 한다.

전문성

랜즈(필자)의 관리 규칙 책에는 새 관리자가 꼭 해야 할 일을 적은 짧은 목록이 있다. 이 목록이 짧은 이유는 절대적으로 지켜져야 하는 것들인데, 사람들과의 관계에 있어서 절대적인 것은 그리 많지 않기 때문이다. 한 사람을 관리하는 좋은 방법이 다른 사람에게 적용됐을 때 전혀 먹히지 않을 수 있다. 이것이 관리 필수 목록의 첫 항목이다.

유연성을 지키라

관리에 있어서 모든 것을 경험해 봤다고 믿으면 안 된다. 계속적인 변화 속에 살아남는 방법은 유연함을 유지하는 것이다.

두 번째 항목은 역설적이게도 그다지 유연하지 않은데, 관리 능력 성장에 바탕이 되므로 개인적으로 가장 좋아하는 부분이다. 그 내용은 다음과 같다.

코딩을 멈추라

이론은 이렇다. 관리자가 되고 싶다면 당신 수하의 사람들이 코딩을 알아서 처리함을 믿어야 한다. 이 충고는 소화하기 어려울 수 있다. 새로운 관리자라면 더욱 그러할 것이다. 관리자가 될 수 있었던 것은 그들 아래의 뛰어난 개발자 덕이었고, 문제를 직면하게 되면 자신의 가장 자신있는 능력으로 되돌아 가고자 할 것이다. 코드 작성 능력 말이다.

새 관리자가 코딩 작업으로 돌아가는 걸 보면 이렇게 말하곤 한다. "당신이 코드를 쓸 수 있음을 알고 있습니다. 하지만 관리를 할 수 있습니까? 당신은 더 이상 자신에 대한 책임을 지는 것이 아니라 팀의 책임을 져야 합니다. 코딩 작업을 하지 말고 팀이 문제를 어떻게 풀어나갈지 방안을 강구하십시오. 당신의 임무는 자신을 어떻게 확장하는지 알아내는 것입니다. 나는 당신 하나가 아니라 당신 여럿을 원합니다."

훌륭한 충고라 생각지 않나? 확장, 관리, 책임. 매우 그럴싸한 말들이다. 옳지 않은 말이라는 사실만을 빼면 말이다.

옳지 않다고?

그렇다. 옳지 않다. 전적으로 틀린 것은 아니지만 나의 예전 동료 몇 명에게 전화를 걸어 사과해야 할 정도로 충분히 그릇된 표현이다. "코드를 그만 쓰라던 내 말을 기억합니까? 제가 틀렸었습니다. 다시 프로그래밍 하십시오. 파이톤(Python)이나 루비(Ruby)를 사용하세요.

네, 진심입니다. 당신의 진로가 여기에 달렸습니다."

볼랜드에서 개발자로 일을 시작했을 때 윈도우즈용 패러독스 (Paradox) 팀에 합류했는데 상당히 큰 팀이었다. 애플리케이션 개발 팀에만 13명의 개발자가 있었다. 핵심 데이터베이스 엔진, 그래픽 엔진, 핵심 애플리케이션 서비스 등의 주요 기술을 제공하는 다른 팀의 리더들을 합하면 직접적으로 참여하는 기술자가 50명은 됐다.

그 후로 이제껏 그와 유사한 크기의 프로젝트에 참여해본 일이 없다. 사실, 내 경험상 엔지니어링 팀 크기는 매년 줄어들고 있다. 무슨 일일까? 개발자로서 우리 모두 똑똑해져 간다는 말인가? 아니다. 그저 부하가 분산된 것뿐이다.

우리는 개발자로서 지난 20년간 무엇을 한 것인가? 글쎄, 무수한 코드를 작성해왔겠지. 엄청나게 말이다. 코드가 너무 많다 보니 소스를 개방해 공유하기 쉽게 만들게 됐다.

인터넷의 출현은 코드 공유를 간편하게 만들었다. 개발자라면 직접 확인해보자. 구글 코드(Google Code)에 가서 자신의 이름을 검색해보면 이미 잊어버린 오래 전에 작성한 당신의 코드를 다른 사람들이 볼 수 있음을 알게 된다. 놀랐는가? 당신의 코드가 영원히 존재할 것이라 생각하지 못했을 것이다. 근데 영원히 존재한다.

훌륭한 코드는 지속될 뿐 아니라 그 가치를 아는 사람들의 노력으로 계속해서 발전된다. 이러한 높은 가치를 가진 잘 관리되는 코드로 인해 엔지니어링 팀의 평균 크기가 줄어 든 것이다. 새 코드를 작성하기

보다는 기존의 코드를 활용해 적은 인력과 짧은 시간에 작업을 완수하게 됐다.

여기서 암울한 추론이 생길 수 있다. 우리는 그저 현존하는 이동 가능한 부분들을 테이프로 서로 붙여 유사품을 만들어내는 조립용 기계일 뿐이라는 거다.

이러한 생각은 많은 고위 간부들을 아웃소싱에 열광하게 만든다. "구글을 사용할 줄 알고, 테이프만 갖고 있으면 이 작업을 할 수 있다고. 근데 왜 우리는 이 조립용 기계들에 그리도 많은 돈을 들여야 되는 거지?"

우리는 이 쓰레기 같은 생각을 해내는 관리자들에게 상당한 돈을 낭비하고 있다. 어찌됐던, 내 요지는 열정에 차고 똑똑한 개발자들이 온 세상에 깔려있다는 것이다. 비록 명문대에는 발도 들여놓지 못했더라도 열정적이고 똑똑한 이러한 개발자들이 많다.

해외의 그런 똑똑한 친구들에게 당신의 일을 뺏길 것을 염려하라는 말이 아니다. 소프트웨어 개발의 진화가 당신보다 빠르게 움직임을 염려해야 한다는 말이다. 10년째 현 직업을 갖고 있고, 매니저로써의 경력은 5년인가? 그리고 '소프트웨어 개발은 문제없어.' 라고 생각하는가? 그럴 것이다. 적어도 지금은……

코딩을 멈추라고?

내 충고를 따라 코딩을 멈추면 당신은 창조적인 활동에서 멀어지게 된다. 내가 아웃소싱을 그다지 걱정하지 않는 이유가 바로 이것이다. '조립용 기계'들은 창조하지 않고 처리할 뿐이다. 훌륭한 처리는 많은 돈을 절약해주지만, 세상에 아무런 새로운 것도 내놓지 못한다.

규모가 작아진 팀이 이전에 비해 적은 보수로 많은 일을 하는 와중에 코딩 업무에서 벗어나는 것이 좋지 않은 진로 선택이라 보일 수 있다. 정책, 절차, 정치 등으로 얽힌 거대한 회사에 있더라도 당신은 소프트웨어 개발 방법을 잊지 못할 것이다. 하지만 소프트웨어 개발은 변하고 있다. 바로 지금 이 순간에도 변하고 있다.

문제가 있다고? 알고 있다. 들어보자.

"랜즈, 난 이사가 되고 싶어요. 내가 계속해서 코딩을 한다면 아무도 내가 회사를 확장시킬 능력이 있다는 사실을 알지 못할 겁니다."

내가 당신에게 던지는 첫 질문은 이것이다. 이사가 됐다고 가정하고, 당신은 회사 내의 소프트웨어 개발의 변화를 감지할 수 있는가?

대답이 '예'라면 다음 질문을 던지겠다. 어떻게 변화되어 가며 어떤 행동을 취할 것인가? 대답이 '아니오'라면 정신을 차리라. 소프트웨어 개발은 지금 바로 이 순간에도 변화하고 있다. 소프트웨어 개발 방식을 조금씩 잊어가면서 어떻게 확장을 할 것이란 말인가?

다음 번 출시 전에 여러 기능을 직접 구현하라는 말이 아니다. 팀의 개발 과정에 계속적으로 관여하라. 이사이든 부사장이든 할 수 있다. 잠시 후 자세히 설명하겠다.

"하지만 랜즈, 누군가는 중재자의 역할을 해야 해요. 누군가는 비전을 갖고 있어야 해요. 내가 코딩한다면 내 업무에 집중할 수 없게 되고 흐름을 놓치게 돼요."

물론 계속해서 중재해야 하며, 결정도 내려야 하며, 월요일마다 "우리는 망했어요."라고 한탄해대는 그 엔지니어와 30분간 복도를 네 번씩 걸으며 이야기를 나눠야 한다. 당신의 업무에 집중 못 하게 될 수도 있고 코딩을 잘 해야 하는 것도 아니다.

집중 못함(흐름을 놓침)에 대한 나의 충고는 이러하다.

1. 제품 구성에 개발 환경을 활용하라. 빌드 시스템, 버전 제어, 프로그래밍 언어 등, 팀이 사용하는 도구에 익숙해지라. 팀원들이 작업에 관해 나누는 대화를 이해하는 데 도움이 될 것이며 당신이 가장 좋아하는 텍스트 에디터도 계속해서 사용할 기회가 될 것이다.

2. 제품을 설명하는 자세한 아키텍처 다이어그램을 화이트보드에 어느 때고 그릴 준비가 되어 있어야 한다. 네모 세 개, 화살표 두 개를 말하는 것이 아니다. 자세하지만 복잡하고 설명하기 난해한 어려운 그림을 말하는 거다. 당신 제품의 모든 것을 이해하는 데 도움이 되는 지도라 볼 수 있다. 시간이 지나면서 변경이 될 것인데 이러한 변경이 왜 발생하는지 이해할 수 있어야 한다.

3. 기능을 맡아라. 여기에는 물론 위험이 따르므로 이 말을 하며 움찔하고 있다. 하지만 직접 기능 한 가지쯤을 맡지 않고는 1과 2

를 진정으로 할 수 없다고 생각한다. 기능을 맡는 것은 개발 과정에 적극적으로 참여하게 해줄 뿐 아니라 당신의 입장을 '모든 것에 책임을 지는 관리자'에서 '한 가지를 맡은 사람'으로 전환해 준다. 이러한 전환은 당신을 겸손하게 만들어주고 새로운 시야를 제공하며 작은 결정의 중요함을 일깨워 준다.

그래도 여전히 움찔하고 있다. "관리자가 기능을 맡는다고?!" 라고 누군가가 벌써 소리지르고 있다(그리고 거기에 나도 동의한다). 당신은 그래도 관리자이니 되도록 작은 기능을 맡으라. 그 외에도 할 일이 많다. 기능을 맡는 것이 불가능하다면 버그라도 몇 개 고쳐보라고 권한다. 소유함의 만족은 느낄 수 없겠지만 해보지 않고서는 모르는 제품 구성을 이해하게 될 것이다.

4. 테스트 스크립트를 작성하라. 나는 동료들이 제정신을 잃어가는 제품 주기의 후반에 작성하곤 한다. 각 빌드마다 실행하는 간단한 스크립트다. 제품이 무엇을 하는지 이해하는 데 도움이 되는 목록이라 볼 수 있다. 동료들에게 보여주고 자주 실행하라.

"랜즈, 내가 코딩하면 내 팀이 혼란스러워 할 것입니다. 내가 관리자인지 개발자인지 모를 겁니다."

좋다.

진심이다. 개발자들 사이에 껴 당신의 팀을 혼란 시킬 것이라니 만족스럽다. 소프트웨어 개발의 역할 정의는 모호해져 간다. 사용자 인터페이스 관련자들은 자바 스크립트와 CSS 개발이라고 밖에 불릴 수 없는 작업을 한다. 개발자들은 인터랙션 디자인에 대해 더 배우고 있다. 모두 서로 대화하며 서로의 실수에서 배우고, 서로의 코드를 베끼는 이 거대한 서로 돕는 정보 클러스터에 관리자라고 끼지 말란 법이 없다.

게다가 서로 교환 가능한 구성원으로 이뤄진 팀의 일원이 되고 싶지 않은가? 팀을 더욱 재빠르게 해줄 뿐 아니라 팀원이 제품과 회사를 다각도의 관점에서 볼 수 있게 해준다. 빌드하는 말없는 프랭크의 간단하고도 우아한(!) 빌드 스크립트를 보면 그가 얼마나 존경스러워 보일까?

당신 팀에 혼란을 일으키려는 것이 아니다. 의사소통이 원활해지길 바라는 거다. 당신이 제품 개발에 참여하고 기능 구현에 손을 댄다면 팀과 더욱 가까워질 것이며, 조직 내의 소프트웨어 개발의 변화에도 더욱 가까워질 것이다.

절대적 한 가지

볼랜드의 한 동료는 내가 그 사람을 '코더'[4]라 부른 사실에 격분한 적이 있다.

"랜즈, 코더란 생각 없는 기계일 뿐이에요. 원숭이라고요. 코더는 지겹고 쓸모 없는 코드를 만들어 낼 뿐 아무 쓸 데가 없다구요. 저는

----

[4] 역주 coder. 코딩 하는 사람

소프트웨어 개발자예요!"

　그녀의 말은 옳았으며 내가 새 관리자들에게 코딩을 멈추라고 충고한다면 그 사람은 매우 기분 나빠할 것이다. 그 관리자들이 과거에는 코더였으나 이제는 그 시절을 졸업했다고 강조하는 듯해서가 아니라, 가장 중요한 영역 중 하나인 소프트웨어 개발을 뒷전에 두라고 제안하는 듯해서 불쾌해 할 것이다.

　그러므로 내 충고를 수정한다. 코딩을 멈출 수 있다. 하지만, 유연성을 유지하고 개발을 멈추지 말라.

10장 페즈가 되지 말자

페즈(Fez).

페즈는 나와 함께 일하는 수석 엔지니어다. 물론 가상의 인물이지만, 당신도 페즈를 안다고 치자. 모든 사람이 사용하는 그 코드를 9백만년(!) 전 작성했지만, 단 한 줄의 주석도 달지 않았기 때문에 어느 누구도 그 코드가 정확히 어떤 작업을 하는지 모른다. 아, 그리고 그는 포스(Forth)로 그 코드를 작성했다.

페즈는 자신만의 사무실을 가지고 있으며 좀 잘난 체하는 편이다. 자신의 기술이 중요하므로 직장이 영원히 보장된다는 믿음에서 나온 잘난 체다. 페즈는 많은 사람들을 괴롭히며, 중요한 일이 있는 경우에는 다른 사람들과 어울리지 않고 자기만의 방식으로 일을 처리하려 한다.

나는 매년 페즈와 함께 앉아 그의 성과 평가를 한다. 무엇을 원하는지 물으며 대화를 시작하면, 그는 애매모호한 끄덕임으로 답한다.

'좋군요, 사장님.'

'알았어요, 사장님.'

'물론이죠, 사장님.'

지난 12년 동안 이런 대화가 계속됐기에 페즈는 대화에 더 이상 신경 쓰지 않는다. 이미 다 알고 있다고 믿고 있다.

페즈의 행동은 회사에서 점차 자신의 중요성을 떨어뜨리다가 결국에는 자리를 잃게 만드는 가장 확실한 방법이다.

현재 위치 파악하기

건강한 비즈니스는 늘 성장하며, 매년 수입을 올린다. 기업이 성장할 수 있는 방법은 다양한데 절대로 잊어서는 안 되는 비즈니스 철칙 중 하나는 "비즈니스가 성장하면 직원도 성장해야 한다."이다.

비즈니스에서 이런 성장에 발맞추지 못하는 직원들을 정리하는 방식은 무서울 정도로 효율적이다. 먼저, 이런 성장에 도움이 되지 못하거나 전혀 관심이 없는 직원들이 있다. 그들은 아무도 신경 쓰지 않는 왕따 프로젝트에 투입된다. 그런데 이런 역할을 오히려 편안해하는 사람들이 있다. '다행이다. 더 이상 비상 계획도 없겠네. 경영진은 이 프로젝트에 대해 전혀 신경 쓰지 않으니 편안하게 즐길 수 있겠구나.' 맞는 말이다. 전략적인 프로젝트가 아니므로 경영진의 관심 밖이며, 허리띠를 졸라매야 할 때 가장 먼저 정리 대상이 될 것이다. 이런, 실직이다. 교훈은 얻었는가?

XML이 무슨 약자인지 정도는 알아볼 노력은 했어야 했다.

그리고는 페즈같은 사람이 있다. 아마도 그는 자신이 고유 기술과 지식을 가진 유일한 사람이라는 사실에 안주해 왔을 것이다. 즐거운 위치였을 것이다. 적어도 한동안은……

경영진은 그 사람이 중요한 지식을 가지고 있다는 생각에 해고시키지 않겠지만, 그의 비밀스런 지식에 의존하는 다른 사람들은 그와 그의 지식을 대체시킬 계획을 짜고 있을 것이다. 자신들이 성장하고 싶기 때문이다. 지금 바로 이 순간에도, 복도 반대 편의 세 개발자가 페즈의 코드를 C로 다시 작성해, 남몰래 관련 인물들에게 보여주고 있다. 그들은 지원자들을 모집하며 혁명을 조직하고 있는데 자신의 성장을 방해하는 사람인 페즈가 제거될 때까지 작업을 계속할 것이다.

안주는 조직의 혁신이든 혁명이든 상관없이 둘 모두에 위험하며, 당신이 내 말을 잘 이해했다면 페즈가 일을 망쳤다고 생각할 것이다.

틀렸다.

성장의 중요성을 페즈에게 설득시키지 못한 내가 일을 망쳤다.

서론

먼저 나쁜 소식부터 전하겠다. 페즈 문제 해결에 정답이 없다. 전략, 노력, 영감, 행운, 약간의 시간이 필요하다. 한 순간에, 한 번의 회의로 이 문제를 해결할 수 없다.

자신의 앞으로의 진로를 염려해보게 만드는 연간 성과 평가라는 편리한 기회가 있다. 연간 성과 평가를 바탕으로 이야기를 전개하겠지만 연간 성과 평가가 페즈 문제를 해결하리라 생각해서는 안 된다. 1년에 한 번 경력 계발을 염려한다면 문제가 상당하다. 페즈와의 대화를 피할 수야 있겠지만, 직원들이 자기 계발을 하도록 지원해줄 시간이 있다면 건설적인 도움을 한번 줘보지 않겠는가?

연간 성과 평가 간략히 보기

사람들은 돈에 관심이 많다. 연간 성과 평가가 시작되면 직원들은 말 한 마디 한 마디에 집착하고, 당신의 어조에 귀 기울이며 좋은 평가인지 아닌지 궁금해 한다. 좋은 성과 평가는 돈을 의미하기 때문이다. 나쁜 평가를 받으면 그들은 더 이상 들으려 하지 않고 자신의 가치를 인정해주지 않았다며 몇 개월 동안 당신을 비방할 것이다.

급여 조정은 모든 사람이 관심을 쏟는 상금이라 볼 수 있다. 하지만 급여가 어떤 방식으로 조정되는지 실제로 아는 사람이 있을까? 지난 365일 동안의 결과가 막대한 현금 보너스일지, 아니면 소소한 용돈 정도일지 알고 있을까?

직원의 성과와 그에 따른 보상 또는 처벌에 대한 분명한 설명이 없으면 "관리자들은 하루 종일 앉아 아무것도 하지 않아."라는 그들의 불만을 부채질하는 꼴이 된다.

먼저 기억을 모으되 아직은 생각하지 말자

여기에 주목하자. 당신에게 주위에 페즈와 같은 인물이 있냐고 물었을 때, 강력한 후보자가 떠오른다 해도 그건 한 순간의 생각일 수 있다. 그 판단은 그 사람과 가졌던 최근 세 번의 대화 때문일 것이며, 그 사건들이 물론 중요하더라도 1년간의 그의 모든 성과를 전부 말해주지는 못한다.

직원 평가 시, 지난 2개월 동안의 작업이 아니라 그 사람의 전체적인 업무를 평가해야 한다. 우리는 최첨단 산업에 종사하고 있으며 어느 누구도 2개월 전에 어떤 일이 있었는지 모르므로 그것은 어려운 일이다. 구글이 유투브(YouTube)를 인수했고, 그 후로는…… 아이폰(iPhone)이 출시됐던가? 아니, 다른 중요한 일을 빠뜨렸나? 레퍼드[5]는 이미 출시 됐던가?

매달 당신의 팀은 무언가를 만들며 당신은 그것을 문서로 정리해야 한다. 나는 지난 30일간의 팀의 활동을 되돌아 보면서 1시간에 걸쳐 이를 정리한다. 가장 기억이 나는 것이 무엇인가? 무슨 일을 했는가? 누가 제일이었는가? 모든 사건에 대해, 한 사람 한 사람에 대해 모두 기억해내려 하지말고 그냥 적어보자. 어느 한 팀원의 결정적인 공헌을 빼먹을지라도, 그 순간의 기억을 정리하다 보면 머릿속에 편리한 색인표가 만들어진다. 이 색인표는 당신이 기입한 것을 정리하는 동시에

---

[5] 역주 Leopard 애플사의 운영 체제 MacOS 10의 6번째 출시판

부수적인 일들도 함께 정리해준다.

뒤로 가서 지난 여름의 짧은 기록을 읽어 보자.

"이달은 엉망이었다. 정리할 시간도 없다."

당신이 죽음의 행진을 하고 있었음을 기억하게 될 뿐 아니라, QA 직원인 에디가 그 주말에 함께 작업을 했음을 기억할 것이다. 아니, 그는 거의 모든 주말을 업무에 바치고 있었잖아? 이 사람을 승진시켜야겠다.

팀 작업에 대한 정기적인 정리 기록은 그 순간에 내릴 수 없는 판단을 나중에 내리게 해준다. 아침에 커피를 못 마셔 짜증이 나고, 다음 주의 제품 검토에 대해 스트레스 받고, 아직 읽지 못한 300개의 메일 때문에 그 순간에는 판단할 수 없었던 팀에 대한 의견을 재구성할 수 있다. 머릿속에 이 모든 것이 가득 차 있는데 누구의 성과를 어떻게 객관적으로 평가할 수 있겠는가? 한발 뒤로 물러나 숨을 깊이 들이 쉬고 기억을 되살려야 한다.

1년간의 기억을 되씹으며 천장을 쳐다보고 있으면 전체적인 인상이 그려진다. 지금은 그 인상을 무시하자. 직원들을 보며 그들의 경력에 정확히 무엇이 필요한지 판단하는 데 도움이 되는 모델을 제안하려고 한다. 바로 기술 대 의지라는 모델이다.

기술 대 의지 그리고 통찰

간단한 그래프다. 한 축은 기술로, 직원이 업무를 담당하는 데 얼마나 많은 기술이 필요한가? 그들은 그 능력을 갖췄는가? 아니면 이미 수준을 넘었는가? 얼마나 오랫동안 이 일을 해오고 있는가? 새로운 것을 마지막으로 배운 시기는 언제인가? 동료와 비교해 작업을 얼마나 빨리 끝내는가 하는 것을 나타낸다.

또 다른 축은 의지로, 직원의 열정을 측정한다. 자신의 업무를 좋아하는가? 정말 그러한가? 당신에게 직접 말했는가? 다른 팀원들이 볼 때 열정이 넘치는 사람인가? 당신이 깜짝 놀랄 만큼 훌륭한 아이디어를 마지막으로 언제 제시했는가? 회의에서는 의견을 내놓는가 아니면 듣기만 하는가? 말을 하기는 하는가 아니면 항상 말만 하는가?

그래프가 정확한 도구가 되지는 못하지만 직원에 대한 당신의 인상을 잘 정의해준다. 누군가를 기술/의지 그래프에 적용시키면 당신의 정식 업무는 그 직원을 높은 기술(지금 일을 잘하고 있음)과 높은 의지(지금 일을 좋아함)의 오른쪽 위의 사사분면으로 계속 옮겨주는 것임을 깨닫게 될 것이다. 이러한 그래프는 페즈같은 사람을 피하는 규칙을 만드는 첫 단계다.

"랜즈, 음… 내가 정확히 무엇을 계속해서 끌어올려야 합니까?"

좋은 질문이다.

최악의 상황을 들어본다. 당신은 지금껏 내가 말한 모든 것을 무시해왔다. 페즈의 지난 해 성과 평가를 검토하는 데 15일을 투자했다. 그리고는 모든 직원의 성과 평가에 공용할 평가서 하나를 짜깁기 하는 데 또 15일을 들이며 팀원의 이름과 프로젝트 명을 바꿔 각기 고유의 것으로 보이게 만들고 있다. 그렇다면 당신은 정말 큰 실수를 하는 거다.

그렇다고 아직 완전히 망친 것은 아니지만 이 업무 평가를 실제로 제시했다면 정말 끝이다. "직원 번호 629번, 여기 당신 평가가 있습니다. 이것은 잘했고 저것은 못했군요. 연봉은 2% 올라갈 것이고, 내년의 목표는 이렇게 난해합니다. 자, 이제 가서 일하세요."라고 말했다면 말이다.

당신 주위의 모든 페즈류의 인물에 괴롭힘당해도 싸다. 이 책을 그만 읽고 짐을 싸서 회사를 뜨기 바란다. 그래 주면 고맙겠다.

1년을 되돌아 볼 시간을 가지고, 직원들을 기술과 의지 그래프에 적용시켜 봤다면, 당신은 페즈에 대해 몇 가지 통찰력을 얻었을 것이다. '이런, 팀원들이 신물이 났겠네.' 라거나 '이 사람은 소프트웨어 아키텍처를 전혀 모르네.' 라고 깨달았을 것이다. 훌륭한 통찰력은 출발점이지 도착점이 아니다. 이러한 통찰력을 가져야 하는 사람은 당신이 아니라 바로 당신의 팀원들이다.

가상의 페즈를 통해 설명하겠다. 그를 기술/의지 그래프에 적용시켜보자. 오랫동안 일해 왔으니 높은 기술을 가지고 있지만 지루해져서 의지는 낮다고 추측 할 것이다.

시도는 좋았으나 당신은 내가 가진 지난 12개월의 노트가 없다. 페즈의 기술은 한때는 높았으나 점차 낮아지고 있다. 이제는 중간 수준의 기술이며 기술이 닳아감은 그의 자신감과 의지에도 영향을 주고 있다. 그의 저하되는 기술은 그의 의지를 낮추고, 낮아진 의지는 기술을 더욱 낮춘다. 나아가 새 기술을 배울 자신감이 전혀 없어졌다. 기술/의지의 마이너스 루프에 빠진 것이다. 이건 당신이 알아채지 못했을 것이다.

물론 기술과 의지가 함께 감소하듯이, 상승할 때에는 함께 상승한다. 당신이 한 축에 집중하면 다른 축이 함께 보완되는 경우가 많다. 이것이 바로 일거양득의 환상적인 경영이다.

페즈의 경우로 되돌아가 보자. 당신의 통찰력은 페즈에게 약간의 기술 교육이 필요하다고 말해줄 것이다. 그를 C++ 수업에 참석시켜 보자. 보라, 이제 그는 다시 전진한다. 그러면 페즈 문제는 해결된다. 서둘러 필기해 두자.

하지만 열정적 관리자인 당신이여, 너무 서두르지 말기 바란다.

단호함 간단히 보기

당신이 할 일이 있다. 두 가지 방식으로 요청하겠다. 어느 요청에 따를지 판단해 보라.

- **요청 1**: 당신, 나가서 버그를 수정하세요.
- **요청 2**: 버그 #1837 을 좀 봐줄 수 있겠어요?

두 요청의 차이점은 모든 성격 테스트에 나오는 관리 유형의 차이다. 매니저는 지시형(tell assertive)으로 또는 요청형(ask assertive)

으로 일을 진행하는 두 가지 유형을 갖는다.

사람들에게 할 일을 지시하는 것만으로 수십억 달러를 번 카리스마 넘치는 리더들이 많다. 나는 그런 사람이 아니다. 충돌을 싫어하는 것도 아니고 독재적일 때도 있지만, 개인적으로 지시받는 것을 싫어하기 때문에 다른 사람들에게도 그렇게 대우하려 한다.

당신의 페즈가 문제를 인식하지 못한 상태에서 그에게 문제에 대해 언급하는 것은 개인적인 공격이나 마찬가지다. "페즈씨, 당신은 일을 제대로 못하고 있어요. 목표 x, y, z를 이뤄야만 당신의 위치를 그대로 유지할 수 있습니다."

좀 과장된 예이긴 하지만, 지난 10여 년 동안 업무 평가 경험 상, 내 평가에서 내가 빠진 연설을 늘어놓던 놀라운 경영자들도 있었다. 나 자신에 대해서는 내가 전문가이니, 그 논의에 나를 끼워 주시는 건 어떨까요?

연간 성과 평가는 연설이 아닌 토론이다. 이 토론의 목적은 우선 평가를 테이블 위에 올려놓는 것이다. 일정이 있었고 당신은 평가에 대해 몇 주 동안 생각해 왔다. 하지만 페즈는 이것을 처음 보는 것이므로 소화시킬 시간을 주어야 한다. 매니저가 똑바로 쳐다보며 "질문 있습니까?"라고 한다면 정신적으로 소화해내기 매우 그러할 것이다. 그리고 작년 한 해의 성과가 좋지 않았다는 말을 들으면 더욱 그러할 것이다.

여기에서의 경험법칙은 너무 나쁜 소식을 전해야 한다면 두 번에 나눠서 하라는 것이다. 첫 번째 미팅에서는 평가를 제시하고 목표는 나중으로 미룬다. 그들은 연봉에 대해 알고 싶어할 것이고 당신은 대답하고 싶겠지만 참아야 한다. "연봉 인상은 없어요."라고 말하는 순간 더 이상의 성과 평가는 없으며, 직원은 화를 낼 것이고 당신은 방어에 급급하게 된다. 면담은 정신적 싸움으로 변질되고 누가 더 강한 타격을 날렸는지만이 중요시된다.

두 번째 면담은 페즈가 업무 평가를 소화해낸 다음에 갖는다. 지난 면담 이후에 페즈는 '내 관리자는 내가 정체되었다고 말했는데 나는 절대로 그렇지 않아. 하지만 그 말에 어느 정도 일리가 있을지도 몰라.' 라고 생각하며 퇴근했을 터이므로 이제 목표에 대해 논의해 볼 수 있다.

당신과 페즈가 기술/의지 그래프의 위치에 대해 조금이라도 합의를 보았다면, 이제 목표에 대해 말을 꺼낼 수 있다. 기술 또는 의지를 높이기 위해 무엇을 할 수 있을까? 새로운 과업이나 새로운 자리? 교육? 비관주의적 팀에서 그를 떼어 놓는다면 다른 낙관주의자들과 어울리며 발전할 수 있을까?

당신의 페즈 사례를 모르기 때문에 특정 목표에 대해 조언을 할 수는 없지만 기술/의지 그래프의 극단적인 사례를 살펴보자.

- **높은 기술, 낮은 의지**: 지루함이 넘친다. 환경과 책임을 바꿀 필요가 있다.
- **높은 의지, 낮은 기술**: 교육과 멘토링 그리고 관리가 필요하다.

다행인 것은 그들은 이 자리를 절실히 원한다. 잘 다루라. 그들은 기술을 익히자마자 업무를 담당하려 할 것이다. 최고다.

- **낮은 기술, 낮은 의지**: 정말 실수했다. 직원의 필요를 너무 오래 무시하다 보니 그들은 업무에 필요한 기술을 더 이상 가지고 있지 않으며 일하고 싶어하지도 않는다. 팔을 걷어붙이자. 당신에게 할 일이 있다.

- **높은 기술, 높은 의지**: 아주 훌륭하다. 하지만 장기간 이 상태를 유지하는 사람은 많지 않다.

최종 결론

누구나 페즈가 될 수 있다.

당신도 페즈 기질을 가지고 있다. 지금 당장은 회사에서 필요한 인재이지만 어느 곳에선가 세 사람이 모여 당신을 쓸모 없게 만들 기술을 개발 중일 수 있다. 그 기술이 준비되면 당신은 회사에서 중요도가 떨어질 것이므로 그 기술을 매우 싫어하게 될 것이다.

하지만 당신의 관리자는 이 기술에 개인적으로 위협을 느끼지 않으므로 싫어하지 않는다. 당신이 페즈가 되어 가는 것을 눈치채고 당신에게 새 목표를 제시해준다면 다행이다. 페즈가 되는 것을 막는 간단한 방법이 있다.

나는 고용하는 모든 사람에게 "원하든 원하지 않든 당신은 언젠가는 내 일을 할 수 있을 정도의 기술과 의지를 가지고 있기 때문에 당신을 고용했습니다."라고 말한다. 이 선언은 나와 함께 일하는 사람들에게 그들이 성공하기를 기대한다는 것을 알려주며 나에게는 미래의 경쟁자에게 추월 당하지 않으려면 열심히 노력해야 한다는 사실을 상기시켜준다.

11장

퇴사 행동강령

볼랜드는 가라앉고 있었다. 내 프로젝트는 여전히 많은 수익을 남기고 있었기에 세 번에 걸친 정리 해고에서 살아 남았지만, 참석한 회의마다 모두들 '만약에' 라는 말을 입에 달고 있었다.

"글쎄, 만약에 예산을 받는다면 이걸 해낼 수 있겠지."

"만약에 폴(Paul)이 남는다면 이 기능은 유지될 겁니다."

"만약 이 아이디어가 좋다면 어떻게든 되겠죠."

모두가 '만약에' 라는 가정을 하고 있었다. '만약에' 는 불확실성이며 두려움이다. '만약에' 라는 생각이 없었다면 업무에 집중할 수 있었겠지만, 어느 누구도 무슨 일이 벌어질지 모르고 있었기 때문에 집중하기 힘들었다.

레드우드 시티⁶의 한 데이터베이스 회사에 취직이 됐을 때, 잠시였지만 정말 기뻤다. 새 회사는 많은 현금을 보유한 데다 성장 가도를 달리고 있었고, 무엇보다도 '만약에'가 없었다. 하지만 지금의 회사에서 어떻게 사직해야 할지 걱정이 되면서 그 희열도 사라져 갔다. 최소한 2주 전에는 사직 의사를 밝히는 것이 예의였기에, 그 2주 전에 간단히 작성한 사직서를 손에 쥐고 상사의 방으로 들어가 "다른 곳으로 이직하게 됐습니다. 이곳이 좋지만 퇴사할 때인 것 같습니다."라고 말했다.

상사 : 그 말을 들으니 안타깝군. 만약에 당신이 원하는 것을 들어준다면 계속 남아 있을 생각이 있나?

나 : 그런 '만약에'라는 말이 싫습니다.

상사 : 이해하네. 그렇다면 당신이 맡은 가져오기/내보내기 엔진 기능을 퇴사 전에 완성시킬 수 있나?

나 : [단숨에] 물론이죠.

약간의 배경을 설명하면, 가져오기/내보내기 엔진을 완성시키는 데까지 4주 정도가 남아 있었는데, 그 4주란 엔지니어링 시간이었으므로 실제 작업은 6주가 걸릴 것으로 예상되고 있었다. 첫 주는 그 일에 매우 열심히 매달렸지만 둘째 주가 되자 신경 쓰지 않게 됐다. 목요일

---

6 역주 Redwood City 캘리포니아 주의 한 도시

이 되자 남은 기간 동안 30%도 완료할 수 없다는 것을 깨달았다.

나는 왜 불가능한 임무를 맡았을까? 퇴사 확인 목록의 첫 번째 규칙을 위반한 것이다.

규칙 1: 할 수 없는 일을 약속하지 말라

퇴사를 결정하면 떠난다는 생각에 퇴사 전에 마칠 일에 대해 과대 약속을 하기 마련이다. 양심의 가책에 의한 행동이다. 퇴사하는 것이 미안해 보상하려는 마음이 든다. 당신이 아무리 노력해도 얼마 남지 않은 기간은 별 도움이 되지 않음을 기억하자.

단기 증상(short timer's disease)이라고 불리는 이 경향은 사직 의사를 밝히는 순간 시작된다. 2주가 남았더라도 당신은 더 이상 그곳에 있지 아니하며 이미 떠난 것이다. 마음속으로는 새 업무를 상상하고 있고, 이전 업무를 계속하더라도 만족스럽지 않은 무의미한 반복으로 느껴질 뿐이다.

안타깝게도 상사가 중요한 기능을 완성시켜 달라고 요청할 때는 단기 증상이 강하게 나타나지 않아 무리한 약속을 하게 된다. 떠나는 것에 대해 죄책감을 느끼는 것은 이해하지만 완성시킬 수 없는 일을 하겠다고 약속하는 순간 당신의 평판이 저하될 수 있음을 알기 바란다.

규칙 2: 인간 관계를 존중하라

회사를 떠나며 당신 주위의 최소한 세 사람에게 그들과 연락을 지속하고 싶음을 알리도록 한다. 나는 당신이 누구인지, 무엇을 하는지 모르므로 그 사람들이 누가 될지 모르지만, 이 시점에서 신중하지 않으면 그 사람들을 잃을 수 있다. 이 사람들이 누군지 판단하려면 점심을 함께 먹는 사람들을 둘러보기 바란다. 누구와의 회의에 가장 신경 쓰는지 생각해 보자. 메일 수신함에 '아무개 전용'이라는 폴더가 있었다면 그 사람은 당신이 관심을 보여야 할 인물 중 하나일 것이다.

당신의 경력이 어떠하던 끊임없이 인간관계를 개발해야 하며, 그 세 사람 중 한 사람이 미래의 취업이나 기회에 도움이 될 수 있다. 10년 넘게 하이테크 산업에 종사해 왔던 나도, 다른 회사로 이직할 때마다 직간접적으로 이전 직장 사람들의 도움을 받았다. "이 바닥은 좁아."라는 소리를 많이 들을 것이다. 정말 세상은 좁다.

인간 관계를 유지하려면 일상적인 의례를 넘어야 하지만 생각보다 작은 데서 시작한다. 짧은 대면 인사로 그 사람이 당신에게 의미 있음을 알려주자. 마지막 날 지나치며 하는 "안녕~."이라는 인사 이상, 복도에서 끌어안고 흘리는 눈물 이하면 된다.

규칙 3: 연락처를 업데이트 한다

나는 명함첩을 가지고 있다. 지난 15년간 함께 일했던 사람들 중 내가 벤처 기업을 차린다면 고용하고 싶은 사람들을 모아 놓은 것이다. 이 명단에는 지난 10년 동안 연락하지 못했던 사람들도 있지만, 벤처 기업을 시작하게 된다면, 그들에게 연락할 것이다. 회사를 그만둘 때마다 계속 연락을 유지하고 싶은 사람들을 명함첩에 정리하느라 한 시간씩 시간을 들인다.

규칙 2와 3은 서로 중복되긴 하지만, 서로 다르다. 당신이 계속적으로 연락을 유지할 사람들이 반드시 미래의 비즈니스를 함께 할 사람들은 아니다.

하지만 규칙 2에서와 마찬가지로 명함첩에 새로이 추가된 사람들에게 하는 약소한 인사는 매우 중요하다. 떠나는 사람은 당신이며, 변하는 사람도 당신이기에 마지막 인상을 긍정적으로 남길 책임은 당신에게 있다.

규칙 4: 비열한 행동은 피한다

그 동안 쌓인 감정이 많거나 좋지 않은 일로 회사를 떠난다면, 전황(戰況)을 바로잡기 위해 통렬한 마지막 한 방의 이메일을 보내고 싶을 것이다. 이건 정말 여러 가지 면에서 멍청한 짓이다. 당신이 그 회사에 재직하면서 했던 모든 수고와 노력을 수포로 돌아가게 만든다. 당신이 제정신이라는 것을 아는 사람까지도 당신이 격분해 이메일을 보낸 사실을 기억할 것이므로 인간 관계도 위태로워질 수 있다.

당신은 떠나지만 문제의 인물들은 그대로 남는다는 점을 기억해야 한다. 이제 더 이상 당신의 문제가 아니니 정력 낭비하지 말자.

벤처 기업에서 일할 당시 승진에서 누락되어 회사를 '멋지게' 떠나기로 마음먹은 QA 엔지니어가 있었다. 그는 마지막 근무 일에, 조직 내의 한 사람 한 사람을 지명하며 공격을 퍼붓는, 문법이 심각하게 틀린 이메일을 보냈다. 그의 비이성적인 지껄임은 사무실 벽마다 붙여져 웃음거리가 되었고 그가 실은 훌륭한 테스트 계획을 작성했음을 아무도 기억하지 않게 됐다.

규칙 5: 동료들과 수하의 팀원들에게 최선을 다하라

당신이 관리자라면 앞의 규칙들은 3배수로 적용된다. 당신은 리더의 역할을 맡았으며 회사 문을 나서는 순간까지 회사를 대표하므로 단기 증상을 가질 여유가 없다. 이 말이 와 닿지 않는다면 당신은 관리자가 되지 말았어야 한다.

여기의 내 조언은 매우 중요하다. 나는 모든 팀원에게 지난 2주 간의 업무 평가를 문서로 작성해 보여줬다. 현재 평가 과정의 어느 시점에 있는지에 상관없이, 나를 위해 일하는 모든 사람이 자신을 확인해 볼 수 있도록 내 시간을 할애했다. 평가서를 잘 작성하려면 시간과 수고가 많이 들며, 다른 사람들처럼 단기 증상에 빠지기도 했지만, 이 작은 행동은 팀원들에게 그들이 나에게 얼마나 중요한 존재인지 깨닫게 해준다.

규칙 6: 떠난 후에는 일을 맡겠다고 하지 말라
(맡아야 한다면 큰 보수를 받도록 하라)

또 다른 죄책감 관련 문제에 대한 규칙이다. 사직하기 전 2주 동안 자리에 앉아 연필로 머리를 두들기며 상사의 괴로운 얼굴을 상상하다 내린 결정이다.

당신은 그 사람을 좋아하고 책임감도 느낀다. 누구도 곤란에 빠뜨리고 싶지 않다. 물론, 퇴사 후의 여유 시간에 못 다한 세 개의 프로젝트를 마무리 지을 수 있을 것 같다.

아니다.

지난 업무를 지원해야 할 합당한 이유들이 있을 테고 당신이 그러기로 마음 먹었다면, 전 직장의 사장에게 당당히 보수를 요구하라. 이런 추가 업무는 당신이 새 회사에 출근해야 하는 때에 주어지곤 하는데, 새 직장에서의 처음 몇 주는 매우 중요하다. 새 업무에 대해 설명되는 단 한 번의 기회다. 근데 당신은 무엇을 한다고? 새 업무에 대한 교육 내용을 복습해야 할 시간에 이전 직장의 일을 하느라 밤을 지새울 것이다.

퇴사 후, 이전 일을 계속하기로 한 약속을 분명 후회하게 된다.

규칙 7: 너무 일찍 사직 의사를 밝히지 말라

또 하나의 죄책감으로 인한 결정이다. 연필로 머리를 두들기면서, 당신이 떠나는 이 팀을 앞으로 어떻게 지원할지 더 오랫동안 고민하게 된다. 당신이 떠난 후의 환경에 적응할 기간을 연장해준다면 모두에게 도움이 되겠지?

또 틀렸다.

진실은 이렇다. 당신은 떠나기로 마음먹었고, 떠날 것이다. 떠난다는 사실을 지나치게 일찍 알리는 것은 당신과 팀원들 모두에게 벌을 주는 것과도 같다. 당신의 사직과 관련된 스트레스를 연장시키며, 그들이 신속히 새로운 환경에 대응하지 못하게 방해가 된다.

당신이 떠나므로 생기는 공백이 걱정될 것이다. 팀의 걱정이기도 하지만 걱정한다고 해결되지 않는다. 당신이 함께 앉아 얼굴을 바삐 내비치는 한, 팀은 당신이 떠난다는 사실을 믿지 못한다. 월요일 아침 출근했을 때, 비어 있는 당신의 사무실을 보고서야 비로소 이제는 당신이 없다는 사실을 깨달을 것이다. '젠장. 그가 가버렸군.' 이라며 말이다.

그들도 안다

볼랜드에서 근무하는 마지막 금요일, 다른 날보다 일찍 출근했다. 오전 5시부터 일을 시작하면 내가 약속한 작업을 최대한 할 수 있으리라 생각했다. 환송 점심식사 시간 즈음 겨우 컴퓨터를 켰고 1시간 가량 화면만 쳐다 보다 짐을 쌌다.

오후 5시가 되자 컴퓨터를 종료시키고 상사의 방으로 무거운 발을 끌고 들어가 "죄송하지만 가져오기/내보내기 작업을 상당 부분 마치지 못했습니다."라고 말했다.

상사 : 그럴 줄 알았네. 아무도 자네가 마칠 수 있으리라 생각하지 않았네.

No 라고 말하기

관리자가 된 지 3년 차, 달콤한 검은 연기에 둘러 쌓인 관리의 요정이 당신의 사무실에 찾아온다. 세 요정 중 하나는 멋진 검은 신사용 모자를 손에 들고 있다.

"당신이 관리자님인가요?"

"예. 그렇습니다."

그 요정들이 웃으며,

"축하합니다. 관리 3년 차를 성공적으로 마쳤기에 상을 드리려고 합니다. 하지만 먼저 질문을 하겠습니다. 스파이더맨을 본 적이 있나요?"

"1편이요, 아니면 2편이요?"

"1편이요."

"예, 봤습니다."

요정들이 다시 웃더니 이어서 묻는다.

"스파이더맨의 주제가 무엇이라고 생각하나요, 관리자님?"

"음… 인생무상?"

갑자기 요정들이 웃음을 멈춘다.

"아뇨. 다시 대답해 보세요. 중요한 질문입니다."

"알겠습니다. 흐음… 피터의 삼촌이 영화 내내 반복되던 무언가를 얘기했는데…… 아, 알겠다! 권력에는 반드시 책임이 따른다."

요정들은 환호성을 지르고, 모자를 든 요정은 다가와 당신의 무릎에 모자를 놓는다. 부드러우며 희안하게 따뜻하다. 모자를 들고 있던 요정이 당신을 보고 씩 웃으며 "다른 사람들에게 당신이 누구인지 알리고 싶을 때 이 모자를 쓰세요."라고 말한다.

"내가 누구라는 거죠?" 모자를 내려다보자 앞에 커다랗게 쓰인 흰 글씨가 보인다.

'나는 상사(보스)다'.

당신의 얼굴에는 미소가 번지고 모자에서는 막 구운 빵의 구수한 냄새가 나는 듯하다. 항상 당신에게 뭔지 모를 자신감을 주던 냄새다. 이 모자를 쓸 때마다 그 자신감을 느끼게 될 것임을 알 수 있다.

세 명의 요정이 깔깔대며 허공으로 올라간다. "행운을 빌어요, 관리자님, 모자를 잘 사용하세요!" 웃음 소리와 함께 또 한 번의 연기 속으로 사라진다.

모자를 눈앞에 들고 '나는 상사다.'라는 글씨를 보고 그 모자가 주는 권력에 한껏 빠져들며 모자를 쓴다.

뻐기면서 사무실을 걸어 나오며, 당신은 상사이므로 요정들이 깔깔 댄 이유는 신경쓰지 않기로 한다. 첫 번째 마주친 사람은 당신의 자신 감을 느낄 것이다. 모퉁이를 돌 때 뒤에서 수군거리는 소리도 귀에 들리지 않는다. 당신은 상사니까.

사실, 그들이 웃어댄 이유는 당신이 보스, 상사인건 알지만 모자 반대쪽의 글씨를 봤기 때문이다. '당분간은' 이라는 글씨를.

제정신이 아닌 관리자

말 그대로다. 권력에 심취한 관리자들이 많다. 이런 사람들 밑에서 일한다면 정말 유감이다. 당신은 '미친 도시' 에 사는 것과 같으며 다음에 무슨 일이 벌어질지 절대 알 수 없다.

관리자들이 처음부터 미친 것은 아니며 이건 배워 익힌 습관이다. 이번 장에서 관리자와 당신 자신이 미치광이가 되지 않는 최고의 방법을 설명하려고 한다. 먼저 당신의 관리자 이야기부터 해보자.

당신이 신나게 키보드를 두드리며 다음 제품에 대한 작업을 열심히 하고 있을 때, 관리자가 들어와서는 "저기, 어쩌구 프로젝트를 도와줄 수 있나요?"라고 묻는다.

"어? 저쩌구 프로젝트를 먼저 끝내기로 하지 않았나요? 아직 시작도 못했습니다. 시간이 좀 걸릴 텐데요"

"물론, 알고 있지요. 여전히 저쩌구 프로젝트를 하고 있어요. 하지만 당신이 어쩌구 프로젝트의 프로토타입을 만들어야 해요. 이틀 후 경영진과의 회의 때까지 필요하다구요."

"음…… 할 수 없죠 뭐. 당신이 상사니까."

"바로 그거에요. 내가 상사잖아요?"

이틀 동안 팀은 프로토타입 작업에 혼신의 힘을 기울인다. 다른 여느 일과 마찬가지로, 각 단계는 예상 시간의 세 배가 소요됐다. 최종 프로토타입이 아이디어를 표현해주도록 완성되기는 했으나 그 작업을 하느라 팀은 기진맥진해졌고 나머지 작업을 끝내려면 상당히 오랜 시간이 걸릴 것으로 보였다.

상사가 다시 나타나자, 당신은 "여기 있습니다. 좋아 보이네요. 완성하는 데 시간이 상당히 걸릴 것입니다. 저쩌구 프로젝트 일정이 많이 지연됐으니 이제 다시 그 프로젝트에 착수해도 될까요?"라고 묻는다.

곁눈질하며 그녀는 모자 챙을 손가락으로 쓰다듬는다. 고개를 끄덕이더니 응시하며 말한다. "아주 좋아요. 이것도 하고 저쩌구 프로젝트도 함께 합시다. 원래 일정에 맞추도록 합시다! 정말 좋아요!" 그리고는 등돌려 방을 나간다. 흐릿한 갓 구운 빵 냄새를 남긴 채로.

정리해본다. 당신의 상사는 상당한 시간을 잡아먹으며 성공 가능성은 가장 낮은 시나리오를 채택했다. 당신은 망한 것이다. 상사가 제정신을 못 차리고 있다고 생각하겠지만 '안됩니다.' 라고 말하지 않은 당신도 이 대재앙의 공범자이다.

제정신 잃기

관리자들은 단순히 요정이 모자를 들고 나타났기에 정신을 못 차리는 것이 아니라 그와 함께 일하는 사람들이 모자의 뒷면을 보지 않았기에 정신을 못 차리는 거다.

앞면에는 '내가 상사다.', 뒷면에는 '당분간은' 이라는 글씨가 있었음을 기억하자.

관리란 신사 모자처럼 미신과 같다. 직원 입장인 우리는 관리자들이 능력을 가지고 있다고 믿기에, 그들을 다르게 대한다. 그들이 결정권을 갖고 있다는 가정하에 업무를 한다. 팀이 어려운 문제에 봉착하여 관리자의 방에 모여 우리의 사례를 설명할 때면, 관리자는 "이렇게 합시다!"라며 결정을 내린다. 당신은 어려운 고비를 넘겼다며 기뻐할 뿐 과연 올바른 의사 결정인지 아닌지에 대해 조금도 의심하지 않는다. '감투를 썼으니 그가 옳겠지!' 라며.

정말 그럴까? 아니다. 절대로 아니다.

관리자들은 자신의 의사 결정에 더 이상 의문이 제시되지 않을 때 제정신을 잃는다. 팀이 권력에 대해 의심하지 않게 되면, 관리자는 자신의 의사 결정이 항상 옳다고 믿게 되며, 항상 옳다면 최고겠지만 통계적으로 그런 일은 불가능하다. 세상에서 가장 경험이 풍부한 관리자일지라도 실수하기 마련이다. 훌륭한 관리자들은 자신의 잘못된 결정의 결과에도 어떻게 품위를 지키며 회복하는지 알고 있으며 특히 팀의 도움을 받는 법을 알고 있다.

'아니오'라고 말하는 것은 의견을 사실로 뒷받침하게 만든다. 권력이라는 감투를 쓴 관리자도 생각하게 만든다. 그 감투가 위협적이라는 사실과 그 사람이 당신의 급여를 결정한다는 점을 알지만, 관리자가 맹목적으로 '앞으로 돌격!'을 외치게 만들 때마다 당신은 그 자신이 항상 옳다고 믿게 만드는 데 한몫 하는 셈이다. 미친 도시로의 직행 버스를 탄 셈이다.

정신 차리기

우리 팀은 이사회실의 경영진으로부터 혹평을 들었다. 당시 우리가 개발한 제품이 높은 매출을 기록하고 있어서 잘못될 것이 아무것도 없다고 여겼기에, 기능에 대해 대충 설명해도 눈감아 주리라 기대했지만 아니었다.

처음에는 기분 좋게 질의 응답이 시작됐지만 세 개의 질문이 이어지자 우리에게 어설픈 발표를 뒷받침하는 마스터 플랜이 없다는 것이 밝혀졌고, 그들은 맹공을 퍼부어 댔다. 나는 "후속 회의 일정을 잡는 것이 좋겠군요."라고 말하며 그 자리를 모면해야 했다.

이후 우리 팀은 비상 모드에 돌입했다. 우리는 제품 로드맵을 일주일 내로 만들어야 했고, 팀에 대한 경영진의 신뢰를 다시 확립해야 했다. 브레인스토밍이 시작되자, 모든 사람이 불안해했다. 우리는 선택받은 팀에서 로드맵 발표도 제대로 못하는 팀으로 전락해 버렸다. 불안한 상태에서 나온 아이디어들은 모두 소심했다. 우리를 비난한 경영진을 달래려는 생각뿐이었고 내 신념도 흔들렸지만, 다시 한 번 '아니오'를 외칠 때임을 깨달았다.

"아니요. 우리는 대강 하지 않을 겁니다. 어느 누구도 우리가 유사품 디자인을 만들어내길 원치 않습니다. 회의실의 모든 사람이 감탄할 로드맵이 나올 때까지 계속해야 합니다."라고 말했다.

훌륭한 제품 로드맵을 만들자고 내 사무실에 서서 연설하는 나와 미친 도시에서 팀원들의 기분을 맞춰주는 관리자의 차이가 여기 있다. '아니오'라고 말하는 것은 '그만'이라고 말하는 것이며, 끝없는 변화에 힘입어 살아가는 사람들이 가득한 이곳에서 멈춰야 할 때를 전략적으로 판단하는 능력은, 관리자가 기존의 가치관을 거부할 의지가 있는 사람임을 보여준다.

요정을 믿지 말라

감투를 믿어서는 안 된다. 검은색 벨벳 모자의 우아함은 자신감을 주겠지만 그 뒷면에는 위협이 있음을 기억해야 한다. 모자 앞면에 모든 메시지를 쓸 수 없어서 뒷면에 쓴 것이 아니다. 당신이 미친 도시에 살지 않기를 바라지만, 한 번의 큰 실수로 자리에서 쫓겨날 수 있다는 현실에 제대로 의사 결정을 내리지 못할까봐 뒤에 쓴 것이다. 모자가 주는 자신감은 당신 자신과 팀과 제품에 대해 훌륭한 의사 결정을 내리는 데 도움이 되므로 이를 감사하기 바란다. 훌륭한 의사 결정 중 일부는 우연한 행운 덕이겠지만 어떤 것들은 당신이 일을 잘 파악하기에 가능한 것이었다. 하지만 당신은 실수를 할 수도 있으며, 그리 나쁜 결정이 아니면, 경우에 따라 감투의 권력으로 그 실수의 결과를 모면할 수 있다.

정말 큰 실수를 하게 되면, '큰 권력에는 큰 책임이 따른다.' 라는 말을 기억하게 될 것이다. 관리자로서 훌륭한 의사 결정을 내려야 하는 책임이 있는데, 그럴려면 모든 의사 결정에 가능한 한 팀의 다수가 참여하게 만들어야 한다.

당신 하나일 때보다 여럿이 모인 팀이 있을 때 더 좋은 의사 결정을 내릴 수 있다. 의사 결정 과정에 그들을 포함시키고 '아니오' 라고 말할 기회를 제공한다면 당신은 신뢰 또한 쌓을 수 있다.

당신을 신뢰하는 팀은 당신을 지지해줄 것이다. 당신이 미친 도시로 정신없이 빠져들 때 그저 뒤에 서서 "이제 누가 저 감투를 넘겨 받게 되지?"라며 넋 놓고 있는 사람은 아무도 없을 것이다.

사람들은 일을 망치기 마련이다. 우리 모두 그럴 수 있다. 우리만 알고 있는 실수가 있고 팀 모두가 당신을 쳐다볼 때 생기는 너무나도 창피한 재앙 수준의 공개적인 실수도 있다. 아이고…….

이런 실수를 막고자 팀 내의 조직적인 직원들은 프로세스를 만들려 한다. 작업의 구조를 만들어 추측의 가능성을 배제하려 한다. 이 사람들의 의도는 좋지만, 아무리 많은 프로세스가 있어도 실수하기 마련이라고 믿는 사람들과 실패를 해야 더 유용한 정보를 얻게 된다고 믿는 사람들을 화나게 만든다.

프로세스는 만든 사람과 측정하는 사람들 사이에 즐겁고 건강한 긴장감을 조성한다. 이런 긴장감 속에는 도움이 안 되는 회의도 있고, 복도의 고함도, 비난의 메일도 있다. 2부에서는 이런 충돌을 피하는 방법을 설명하는데, 충돌이 반드시 나쁜 것만은 아니며 오히려 도움이 될 수 있음을 기억하자. 훌륭한 실수와 마찬가지로 건강한 논쟁은 다양한 관점을 제공해주므로, 모든 사람이 주의를 기울인다면 프로세스를 진화시켜 주며 좋든 싫든 이런 프로세스를 통해 당신의 제품이 완성된다.

part 2

프로세스가

제품이다

버전 1.0

맥스(max)의 상태는 최악이었다. 사라토가[7]의 베이신(Basin)이라는 술집에서 맥스는 모히토[8]를 세 잔째 마시며 모든 것을 쏟아냈다. 그의 지난 72 시간은 이러했다.

- 로스 앤젤레스(Los Angeles)에서 고객의 데이터 센터를 돌보는 데 2 일.
- 4 시간 취침.
- 두 번에 걸친 부인과의 부부 싸움 전화.

---

[7] **역주** Saratoga. 미국 캘리포니아 주의 한 도시
[8] **역주** mojito. 칵테일의 한 종류

■ 상사와의 연이은 전화 회의 끝에 결정된 이틀 후의 시카고
   (Chicago) 출장.

   술기운의 영향도 있었겠지만 듣자하니, 맥스의 부인은 이혼을 결심
한 듯 했고, 그의 회사는 곧 무너질 것처럼 보였으며, 12시간 후의 비
행기 여정 후에는 신경 쇠약으로 쓰러질 것처럼 보였다.
   "1.0 제품 출시는 나를 죽이지는 못하겠지만 죽이려고 시도할 꺼
야."라며 그는 말했다.

1.0이란

   소프트웨어 개발자로서 일하다 보면 언젠가는 완전 망하는 순간이
온다. 비명을 지르지 말고 계속해서 생각하고, 함께 일하는 사람들을
정중하게 대하다 보면 곧 좋아질 것이다. 값진 경험이긴 하지만 버전
1.0의 경험에 비하면 아무것도 아니다.
   1.0은 신제품의 첫 번째 버전을 개발하는 것으로, 모든 벤처 기업이
지금도 바쁘게 하고 있는 일이다. 1.0 아이디어를 구현해내고자 똑똑
한 여러 사람들이 자신의 삶을 포기하며 일에 몰두한다. 우리도 훌륭
한 아이디어를 가지고 있었다. 우리는 엄청난 부자였고 우리의 생각도
옳았다.
   하지만 대부분의 벤처 기업은 실패한다.
   예전에는 실패란 조용하고 침울한 일이었다. 하지만 닷컴 버블은 어

마어마한 붕괴 소식을 연속적으로 일간지 첫 장을 장식하게 했고, 우리 대부분이 이미 알고 있던 사실을 다른 사람들도 알게 됐다.

진정 대부분의 벤처 기업은 실패 한다.

왜냐고?

1.0 버전의 어려움을 설명하기 위해, 1.0 소프트웨어 제품이 실제로 어떻게 만들어지는지 설명하는 모델을 제시하겠다. 너무나 중요한 매슬로우(Maslow)의 욕구 단계 이론에서 많은 부분을 인용해 모델을 만들어 보았다.

매슬로우의 이론은 사람은 기본 욕구가 충족되면 그림 13-1 에서 볼 수 있듯이 더 높은 욕구를 충족하려 한다는 주장이다.

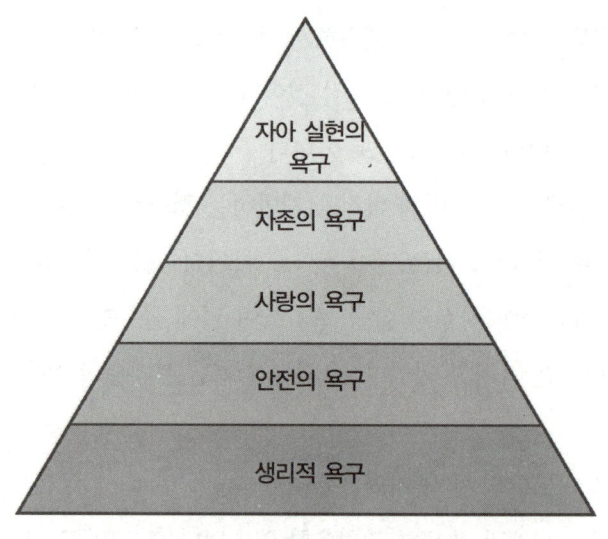

[그림 13-1] 매슬로우의 욕구 단계

2부 프로세스가 제품이다

계층 구조의 가장 아래에는 가장 큰 영역인 생리적 욕구가 있다. 여기에는 음식, 물, 공기, 잠 등의 기본적인 욕구가 포함된다. 여기의 요점은 이런 욕구가 충족되지 않는다면 다른 층의 욕구에는 전혀 집중할 수 없다는 것이다. 이렇게 생각해보자. 숨을 쉴 수 없다면 누가 사랑 따위에 관심이 있겠는가?

계층 구조를 올라가보면 안전의 욕구, 사랑/소속, 자존이 있고, 마지막으로 '자아 실현'이라는 우리 자신 고유의 능력을 최대한 활용하려는 본능적인 욕구가 꼭대기에 있다. 예를 들어, 작가는 글을 쓰고, 가수는 노래를 부르고자 한다.

이 이론에 관심이 있다면 위키피디아[9]를 방문해 보라(http://en.wikipedia.org/wiki/Maslow's_hierarchy_of_needs). 매슬로우의 계층 구조에 관한 훌륭한 자료가 있다. 사람을 관리하는 나는 까다로운 사람을 다룰 경우에 이 계층 구조를 사용하곤 한다. 그 사람이 어느 영역에서 스트레스를 받는지 이해시켜 준다. 경력에 대해 조언이 필요한가? (쉽군.) 아니면, 결혼 조언이 필요한가? (어렵군.)

랜즈 1.0 계층 구조

1.0의 어려움을 생각하다가 제품의 첫 버전 출시에 매슬로우의 모델이 적용됨을 알게 됐다. 1.0을 출시하기 위해 만들어야 하는 것을 정의하는 계층 구조가 있는데 그림 13-2와 같다.

---

[9] 역주 Wikipedia. 세계 최대 온라인 백과 사전

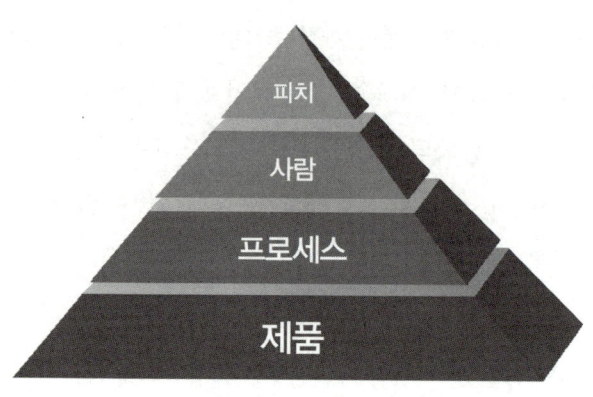

[그림 13-2] 랜즈 1.0 계층 구조

차트와 그래프에 대한 여담 하나를 얘기하면, 볼랜드의 설립자인 필립 칸(Phillippe Kahn)은 통계에 관한 훌륭한 이야기를 했었는데 차트와 그래프에 동일하게 적용된다고 생각한다. "큰 발을 가진 사람들이 맞춤법에 더 뛰어나다는 통계치를 알고 있습니까? 발이 큰 사람은 보통 나이가 더 든 사람이기 때문입니다."라는 이야기였다.

차트와 그래프는 저자의 메시지를 제대로 전달하기 위해 분명하고 직선적인 방식으로 세상을 표현한다. 차트와 그래프를 그대로 믿어서도 안 되지만, 믿지 못하겠다고 그 의도조차 외면하지는 말자.

피치(Pitch)

계층 구조 최상층에 당신의 대단한 아이디어가 있다. 이를 피치[10] 불

---

[10] 역주 Pitch. 짧은 선전문, 여기서는 아이디어, 비전의 의미를 갖는다

러 보겠다. 환상적인 피치 없이는 제품 개발이나 회사 설립이 불가능
하다. 당신의 카리스마가 대단하더라도 상관없다. 기반이 되는 구조와
제약 조건을 정의하는 아이디어가 있어야 한다. 아이디어가 없다면,
누구를 고용할지, 두 번째 계층인 사람에 대해 알 수가 없다.

두 번째 계층에 대해 언급하기 전에, 먼저 당신을 축하 하겠다. 곧
대박을 터뜨릴 아이템을 갖고 있다니 말이다. 매우 기쁘지만, 주의해
야 할 사실 몇 가지가 있다.

사실 1: 서둘러야 한다.

당신의 피치를 당신 만이 독점하고 있다고 생각하면 오산이다. 너무
많은 똑똑한 사람들이 동일한 정보를 응시하고 있으므로 그 혁신적인
생각이 당신이 원조이며 독창적인 것이라 보기에는 무리가 있다. 원조
가 되려면 버전 1.0 을 출시해야 하며 그럴려면 사람들이 필요하다.

사람

피치가 준비되면 당신의 아이디어를 구현할 사람들을 찾아야 한다.
이 사람들이 설립자가 된다. 1.0 을 구현할 사람인 동시에 당신 수하의
엔지니어링 문화도 만들어나갈 사람들이다. 그들의 합류는 도전과 난
관을 함께 가져온다.

초기의 직원은 아무것도 없는 상태에 합류한다. 당신의 피치를 믿는
사람들이며 이젠 그 피치가 자신들의 것이 될 것이다. 다시 말해, 이제
그들도 당신의 계획에 뛰어들어 한몫을 할 것이며 어려운 질문을 제기

하게 될 것이다. 이런 어려운 질문들은 그들이 결과물에 대해 현명한 의사 결정을 내리게 도와 준다.

당신은 피치의 소유자로서 계속 개입하고 싶겠지만 모든 의사 결정에 개입할 수는 없다. 당신이 할 일은 사람들의 의사 결정과 행동이 피치를 어떻게 서서히 변화시키는지를 끊임없이 듣고 지켜보는 것이다. 그렇기 때문에 변형돼야 할 부분이 생긴다. 랜즈 1.0 계층 구조는 그림 13-3과 같이 매슬로우의 계층 구조보다 훨씬 무서워(!) 보인다.

사람들이 자신의 피라미드를 이와 같이 만들지 않는 이유는 쓰러지기 때문이다. 쓰러지지 않게 하는 유일한 방법은 양 옆을 계속 밀어 피라미드의 균형을 잡는 것이다. 이것이 바로 당신의 벤처 기업이다. 모든 것을 정의하는 피치가 가장 아래에 있다는 것은 비현실적인 개념이다. 이 피라미드의 균형을 맞추는데 소비하는 시간은 1.0의 가장 어려

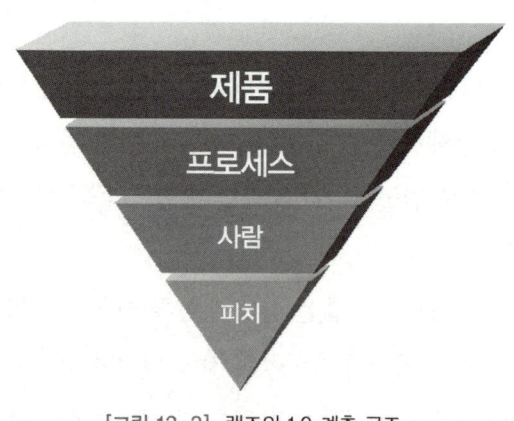

[그림 13-3] 랜즈의 1.0 계층 구조

운 부분 중 하나인데 여기서 우리의 화제인 사람으로 돌아가 본다.

사실 2: 반드시 필요한 사람은 없다.

나는 사교적인 사람이다. 이 책은 사람들을 어떻게 서로 잘 어울리게 하며 임무를 완수하게 하는지에 초점이 맞춰져 있다. 이미 설립된 회사가 아니라 1.0 버전의 준비 과정이므로 사람들이 몇 명인지도 알 수 없고, 모두가 당신이 실패할 것이라 여기고 있으므로 설립된 회사일 때와 규칙이 같을 수 없다.

불을 붙여 본 적이 있는가? 무엇이 필요했는가? 성냥, 종이 몇 장, 불이 쉽게 붙는 나무 조각이 필요하다. 당신이 처음 고용한 그 세 사람이 나무 역할을 한다고 볼 수 있다. 제품 로드맵을 정의하는 것이 아니라 일을 진행시키는데, 일이 진행되지 않는다면 나무를 더 가져와야 한다.

벤처 기업 시절, 나는 첫 번째 엔지니어링 관리자로 채용됐다. 설립자는 전혀 다른 기질의 두 명의 자유 전자(자용 전자에 대한 내용은 30장을 참조하라)를 채용했다. 한 사람은 프로토타입을 작동하게 만드느라 날밤을 새우는 사람이었는데, 우리가 모든 것을 던져버리기로 했어도 아이디어를 코드로 구현한다면 모두의 의견을 바꿀 수 있음을 알고 있었다. 그렇게 되면 피치가 실현되는 것이다.

또 다른 엔지니어도 피치를 매우 좋아했지만, 그는 향후 제품의 인프라에 대한 작업을 하고 있었다. 잠깐, 그가 무엇을 하고 있었다고? 우리는 아직 제품도 없었는데 핵심 인력 중 한 사람이 벌써 미래에 투자를 하고 있다. 미래에 투자를 하는 것이 안 좋은 시기는 언제일까? 현재가 아직 정의되지 않은 때가 아닐까? 그 엔지니어는 아직 1.0 버전의 실험 단계인 우리가 성공할 것이라는 믿음으로 일하고 있었다. 그 열정을 높이 평가하지만 벤처는 거의 항상 실패 한다는 가정된 사실 0 번인 전제를 기억해 보자.

나는 그 엔지니어와 상당량의 시간을 보냈지만, 대부분의 열정적이고 똑똑한 사람들이 항상 그렇듯 전혀 굽힐 의지가 없었기 때문에 그 사람을 해고해야만 했다. 부사장과의 간단한 회의 후 바로 당일, 그 사람의 퇴사가 결정됐다.

30 장에서 언급되겠지만, 이런 유형(자유 전자)의 엔지니어를 자주 마주치진 않는다. 자유로운 생각을 가진 엔지니어를 해고하는 것은 그들의 무한한 잠재성을 볼 때 매우 어리석은 짓이지만 1.0 시기를 벗어나기 전까지는 아직 회사가 제대로 조직된 것이 아니므로 다른 방도가 없다. 긴급함과 절박함으로 작업에 몰두하는 사람을 고용하지 않으면 당신의 피라미드가 무너질 수 있다. 그러니 1.0 시기 먼저 완성시킨 뒤에, 다음을 걱정하자.

프로세스

프로세스만큼 엔지니어를 성질 나게 하는 단어가 없다. 지금 당장 시도해 보자. 사무실에 있는 아무나 잡고 "우리의 버그 계통 관리를 도와줄 새 프로세스를 정의했어."라고 말하고 그들의 얼굴이 어떻게 변하는지 살펴보자. 그들은 프로세스라는 단어를 '심심풀이' 라고 들으며 '관리하는 사람이 관리 자체를 정당화하려 한다.' 라고 해석한다.

이 프로세스는 계층 구조의 세 번째 층을 정의하는 프로세스와 다르다.

사실 3: 프로세스는 의사소통을 정의한다.

프로세스란 팀의 의사소통 수단이다. 위키든, 이메일이든, 복도 대화든, 한 명 이상이 모인 곳에서는 정보를 공유하는 수단이 정의돼야 한다. 스펙, 문서, 해야 할 일과 하지 말아야 할 일을 가득 쓴 화이트보드 등을 말하는 것이 아니다. 그저 정보 공유하는 방법에 대해 동의만 하면 된다.

두 번째 엔지니어가 "위키에 설계 결정을 올릴 겁니다."라고 결정했다면 그것이 바로 프로세스다. 세 번째 엔지니어가 회의실의 큰 화이트보드에 버그 추적을 시작한다면 그것도 프로세스다. 대단할 필요도 없고 범용적으로 동의돼야 할 필요도 없으며, 그저 모든 사람이 볼 수 있는 장소에 있으면 된다.

내가 첫 번째 벤처 기업에 합류했을 때 사용되고 있던 리포지토리(repository, 저장소)는 소스세이프(SourceSafe)였다. 웃지 말라. 소스 코드 관리에 대한 걱정을 할 시간도 없는 여섯 명의 엔지니어에게는 충분한 제품이었다. 물론 이 제품은 매우 느려 이런저런 문제로 하루씩 낭비하기도 했지만 1.0 시기의 우리 중 누가 더 믿을 만한 제품을 고려할 여유가 있었겠는가?

롤랜드(Roland)는 그 여유를 갖고 있었다.

롤랜드는 신참 엔지니어였는데 퍼포스(Perforce)를 좋아했으며, 벤처 기업의 훌륭한 직원으로써 활약했다. 주말 사이 퍼포스 서버를 설치하고 모든 빌드 툴을 다시 작성하고 다음 월요일 오전 10시 회의 일정을 잡고 크리스피 크림 도넛[11]까지 준비했다. "이 방식으로 합시다. 모든 것이 개선됐습니다. 감사 드리며, 도넛 맛있게 드십시오."라고 말했다.

주말 동안 그는 프로세스의 주요 문제를 해결했고(좋지 않던 도구를 바꿈), 계층 구조의 또 다른 사실 하나를 보여 주었다.

사실 4: 각 계층은 근처 층에 영향을 주고 변화시킨다.

한 층이 다른 층을 침범하는 것은 건강한 피라미드의 신호다. 사람, 프로세스, 비전의 모든 변화가 한 방향으로 일어난다고 생각해보자. 이런 이동에 다른 층의 보상이 수반되지 않으면 모든 것이 무너져 내린다. 엔지니어 프로세스를 변경하기로 한 롤랜드의 결정은 몇몇 사람들을 화나게 만들었다. 롤랜드가 미처 생각하지 못한 일부 소스 관리 방법 때문에 시간을 낭비하기도 했지만 1주일 내에 우리 모두 적응했다. 변경에 가장 크게 반대했던 사람들도 결국은 그의 사무실에서 우리가 이 도구를 어떻게 더 잘 활용할지 의논하게 됐다.

당신의 회사에서, 피라미드의 균형을 똑바로 잡기 위해 계속 조정되

---

11 **역주** Krispy Kreme. 미국의 유명 도넛

지 않는다면 문제가 있다. 새로운 사람들이 비전을 테스트하지 않는 것은 그것을 인정하지 않거나 이해하지 못하는 것이다. 엔지니어가 소프트웨어 개발 방식에 대해 항상 논쟁을 벌이지 않는다면 정체하게 되고, 당신의 비전과 제품에 좋지 않은 영향을 준다.

1.0시기의 정체를 경고하는 가장 큰 신호는 누군가가 '이 사람이 하는 일은 이거다.'를 정의하는 조직도를 만들기로 결정하는 순간이다. 투자자와 외부 파트너에게 당신의 회사가 실제 존재하는지 알리는 데 이 조직도가 필요하지만 당신의 1.0 팀원은 이 조직도가 필요 없다. 사무실 구석의 화이트보드에 누가 무엇을 하는지 적힌 것이면 충분하다. 조직도의 정의와 계층 구조는 조직의 비밀스런 문화를 만드는 첫 단계. 애플(Apple)사에서는 이 방식이 통할 수 있지만 당신의 회사는 애플이 아니다. 아직 꿈꾸는 단계이며 할 일이 많다.

제품

어느 시점엔가 완성을 가장해야 한다. 제품이 나왔다고 하려면 사람들이 쳐다볼 무언가가 있어야 하기에 당신의 피치와는 아직 거리가 먼 무언가를 출시하게 될 것이다.

사실 5: 제품이 나오기 전까지 회사는 존재하지 않는다.

제품은 피치가 아니다. 피치는 사람을 고용하는데 필요한 신뢰를 주는 충분한 세 문장으로 표현된 아이디어다. 사람들은 피치에 대해 논쟁했고, 이를 정교하게 만들고 개발하는 프로세스를 만들었으며, 그 프로세스가 피치를 바꿨다. 이 모든 과정에서 피라미드는 흔들거리고 있다. 완전히 무너져 내려 다시 계층을 하나씩 쌓아 올려야 할 수도 있다. 장하다! 그래도 여전히 제품이 없다.

당신과 함께 일하는 모두는 지금 제정신이 아닐 것이므로 중립적인 입장의 고객들이 당신이 만들고 있는 제품을 확인할 필요가 있다. 피라미드가 건강하게 이동해 왔어도 직원들에게는 큰 부담이었을 것이다. 움직일 때마다 그들의 피치에 대한 생각과 관련성을 조정해야 했는데, 변화에 적응하기란 너무나도 힘들다. '나는 변화가 좋아.'라고 말하는 사람들은 현재 벤처 기업에서 일하고 있지 않다. 벤처 기업에서 일하는 사람들은 피라미드 이동에 적응하느라 바빠 그런 말 할 여유조차 없다.

이런 지속적인 변화는 벤처 기업의 탈진을 불러왔으며, 당신이 제품을 빨리 출시해야 하는 이유이기도 하다. 당신은 지금 제정신이 아니므로 중립인 고객들의 관점이 검증에 필수적이다. 당신의 피치는 너무 여러 번 해부되고 재정의되어 더 이상 아무 쓸모가 없을 수 있다. 중립인 고객들은 피치, 사람, 피라미드의 변화 등에 전혀 관심이 없으며, 제품이 얼마나 유용한지만 신경 쓴다.

피라미드 사용하기

조직이 위기에 빠졌다고 조직의 계층 구조를 화이트보드에 그리며 "이보세요, 피라미드에 집중하라고 랜즈씨가 말했어요."라고 절대 말하지 말라. 계층 구조의 요지는 "우리 모두는 연결돼 있다!"라는 것이다. 피치는 사람을 리드하며, 사람은 피치를 다듬어 정교하게 만들고, 사람과 피치는 함께 프로세스와 제품을 만든다. 그렇다, 이렇게 서로 얽혀 매우 복잡하기 때문에 벤처 기업이 실패하곤 하는 거다.

이 피라미드는 기업이 직면하게 될 문제를 생각해 볼 수 있는 대략적인 지도가 될 수 있다. 사람들이 복도에서 소리치고 있다. 제품에 대해 논쟁하는 것처럼 보이지만 계속 들어보면 프로세스에 대해 소리를 지르는 것일 수 있다. 더 심한 경우, 피치에 대해 논쟁하는 것일 수도 있다. 피치의 소유자로서 당신은 피라미드의 어느 계층이 테스트되고 있는지 파악하고 피라미드를 어느 방향으로 조정할지 알아내야 한다. 이제 마지막 사실에 도달했다.

사실 6: 실패가 약할수록 비용은 높아진다.

벤처 기업 합류 1년 만에 설립자는 기로에 놓이게 됐다. 우리는 온사이트 배포용 엔터프라이즈 웹 애플리케이션을 개발하고 있었다. 문제는, 모든 사람이 호스팅 서비스 쪽으로 기울고 있다는 것이었다. 호스팅 서비스의 피치는 이러했다. "우리 데이터 센터에 이 애플리케이션을 호스팅하면 이렇게나 많은 시간과 에너지를 절약할 수 있습니다." 이 아이디어는 오라클(Oracle), 피플소프트(PeopleSoft), IBM의 비즈니스 소프트웨어와 하드웨어를 각 데이터 센터에 설치하던 게 주를 이루던 시기에 대조적인 접근 방식이긴 했지만, 인터넷을 이용하는 방식이고 앞으로는 인터넷이 세상을 구원할 것이었다!

설립자는 "우리 데이터 센터에 소프트웨어 사본을 만들어 둡시다!

소프트웨어를 회사 가까이 두면 비용이 절감될 겁니다!"라며 방향을 바꿨다. 큰 차이가 없을 것 같다고? 아니다. 새 피치에 맞추기 위해 우리는 제품의 근본 아키텍처를 바꿔야 했다. 여러 데이터 센터에 수백 개의 커스터마이즈된 버전을 놓는 대신, 모든 고객의 요구에 따라 구성이 변경될 수 있는 소프트웨어 사본 하나가 있어야 했는데 이것은 우리가 설계한 바가 아니었다.

즉각적으로 문제가 발생하진 않았다. 이 전환에 소모할 수 있는 돈이 많았지만, 너무나 많은 비용이 들어가게 된 바람에 다른 모든 작업을 중단하고 호스트된 애플리케이션을 작동하게 만드는 데만 집중하는 중에 닷컴 붕괴가 시작됐다.

실패를 매우 나쁜 의사 결정이라고 정의해 보자. 무언가를 변경하기로 결정했는데 그 변경이 피라미드를 거슬러 올라 튀어 나오는 것이라 볼 수 있다. 버전 관리에 대해 좋지 않은 의사 결정을 내리더라도 거기에 적응하게 될 것이다. 자유 전자들을 해고하고 피치를 더욱 잘 보강해 줄 다른 현명한 사람을 찾아 볼 수도 있지만, 생각보다 많은 문제를 겪을 것이다. 피치 실패란 회사 전체에 영향을 미치는 구조적 실패다. 회사의 모든 것은 당신이 제시한 비전에 달려 있으므로 그것을 망친다면 결정적인 실패가 될 것이다.

문화 만들기

공개할 피치가 이미 준비되어 있다면 정말 대단한 일이다. 내가 제시한 이 개념적인 모델 외에도 당신이 알아야 할 몇 가지가 있다. 어떻게 자금을 조달할 것인가? 어디서 벤처 자본을 구해 올 것인가? 어디서 능력 있는 사람들을 찾아낼 것인가? 당신의 인생은 끊임없는 질문과 의사 결정의 연속이 될 것이며, 자신의 피치가 살아 숨쉬게 만들기 위해 정신 없이 노력하다 내가 설명한 모든 것을 잊을 수 있으므로 간단하게 정리해 보겠다. 앞에서 설명한 계층 구조는 훌륭한 제품을 어떻게 만들지에 대한 모델이 아니라, 회사의 문화를 어떻게 구축할지에 대한 그림이다. 1.0 버전에서 당신이 실제로 구축하는 것은 제품이 아니라 바로 문화다. 훌륭한 제품을 계속해서 생산해낼 생명력 있고 재미있는 문화 말이다.

당신이 좋아하는 5개의 기업을 고르고 그 회사가 성공하게 된 이유에 대해 생각해 보자. 분명 그들은 훌륭한 1.0 시기를 지났을 거다. 맥 컴퓨터를 처음 본 시기를 생각해 보자. 넷스케이프를 처음 봤을 때를 생각해 보자. 구글의 유익한 검색 결과를 처음 본 때는? 이 제품들은 제품을 출시하기 위해 헌신한 사람들의 산출물이지만, 그 사람들은 단순히 그 제품만을 만들고 있지 않았다. 그들의 비전과 노력은 회사의 문화를 만들어냈고 그 문화가 성공을 만들어낸 것이다.

14장

생각할 시간 갖기

필립과 돈 지오반니 식당(Don Giovanni's restaurant)에서 점심 식사를 한다. 그는 흥분했다. 웨이터가 아직 나타나지도 않았는데 알아서 테이블을 치우고 하얀 종이 테이블보에 바삐 적어댄다.

"봐봐, 우리는 출시 사이클 속도를 좀 높여야 해. 물론 정신 나간 짓이지만, 결국에는 해냈잖아! 이걸 기차 발차라고 부르자고. 동시에 출시가 네 개 준비될 텐데, 매달 기차가 역을 떠나는 거야. 기능이 준비되면 기차에 실리고, 기능이 준비되지 않으면 다음 기차를 기다리는 거야. 6주 만에 벌써 기차 둘을 발차시켰다고!"

나는 테이블보 위의 낙서가 점차 일관성을 잃어 가는 것을 보며 끄덕였다. 필립을 진정시키기 위해 키안티[12]를 한 잔 사주고 싶었지만

---

12 역주 Chianti. 이탈리아 산 와인의 하나

그는 몰몬교도여서 술을 마시지 않으므로 그냥 솔직히 말하기로 했다.

"필립, 자네는 두 번이나 실수했어. 먼저, 이렇게 계속 커져 가는 제품 출시의 품질을 보장하려면 두 배의 스태프가 필요한데 당신은 아직 시작하는 벤처야. QA 직원이 한 명 뿐이라고. 아직 그가 폭발하지 않았다면 한 달만 기다려 보게. 두 번째로, 가장 중요한 것인데, 자넨 다운타임이 전혀 없어. 어느 기차에 올라타야 할지 몰라 모두들 혼란에 빠지고 자네는 설계할 시간도 제대로 갖지 못할 거야. 필립, 무언가를 만들고자 한다면 먼저 생각해야 한다고."

반응 vs. 사고

왜 바쁠 때는 생각하지 못하는 것일까?

바보 같은 질문인가? "바쁘니까 생각을 못하지."라고 답하겠지.

틀린 대답이다. 바쁠 때에 생각하지 못하는 이유는 사고하지 않고 반응만 하기 때문이다.

예를 들어 당신이 내 사무실에 들어와 "랜즈씨, 출시 이틀 전인데 심각한 버그를 발견했어요. 어떻게 하죠? 우린 망한 건가요?"라며 호들갑을 떤다고 생각해보자.

여기에 나는 생각이 담긴 듯 들리지만 사실 아무런 창의적인 사고가 담기지 않은 대답을 던질 것이다. 내가 빌드했던 모든 제품의 출시 이틀 전, 심각한 버그는 항상 발견되곤 했으며 이를 처리해봤다. 그때마다 살아남았다. 굉장한 사례들도 있다. 당신이 내 사무실에 들어와 하늘이 무너진다고 야단법석을 떨 때 내가 떠올리는 그런 경험 말이다. 나는 실제로 아무런 새로운 일도 하지 않고 그저 지난 번 내가 하늘을 어떻게 들어 올렸는지 이야기 한다.

그렇다, 머리에 불이 붙으면 놀라운 창조력을 발휘할 수 있다. 필요가 발명의 어머니라던가. 하지만 당신의 머리에 진정 불이 붙는다면 과연 그 모든 머리 손질 기술을 생각할 여유가 있을까? 아니면 무조건 가까이에 있는 양동이에 머리를 처박을까? 당황은 최소 저항으로의 지름길이다.

경험으로 잘 다져진 대응의 본능 없이는 성공적인 관리자가 되지 못한다. 경험으로 가득 찬 화살집은 문제에 대응하는 모든 종류의 화살을 제공하며, 그중 일부는 시기와 정확성 면에서 놀라운 결과를 가져오겠지만, 생각할 여유가 없다면 당신의 화살집은 점차 바닥을 드러낼 것이다.

이해를 돕기 위해 예를 들어 보겠다. 당신의 두뇌를 반으로 나눈다고 가정해 보자. 한쪽은 창조적인 뇌로 영감의 원천이며, 다른 한쪽은 반응하는 뇌로 하늘이 무너질 경우 번개처럼 대처하게 만드는 부분이다.

사고란 복잡하므로 반응 뇌는 생각하고 싶어하지 않는다. 생각하려면 속도를 줄이고 문제에 빠져들어야 하며, 반응 뇌는 친숙한 것만 찾는다. 창조 뇌는 알려지지 않은 것을 좋아한다. 이 부분은 스펀지 같아서 새 아이디어로 가득한 경우에만 행복해 한다. 기계적인 관리자가 쏟아 붓는 의지를 꺾는 모순과 불만족스런 현실로 가득 차 있는 일상 업무에는 이 창조 뇌가 적합하지 않다. 예를 들면 다음과 같다.

- 생각은 시간 또는 회의로 제한할 수 없다. 생각에는 시작도 끝도 없으며 언제 완료되는지 자신도 알 수 없다.
- 더 오래 생각할수록 더 좋은 결과를 얻겠지만, 시간은 돈이며 이번 주에만 27개의 회의에 참석해야 한다.
- 사고 프로세스에 더 많은 사람을 개입시킬수록 더 참신한 아이디어를 얻게 되지만, 합류하는 사람이 늘어날수록 아이디어 발견 프로세스는 선형적으로 느려진다.
- 모든 사람은 다르게 사고한다.

주요 제품을 출시한 직후는 깊은 생각에 빠져 볼 시기다. 이전의 제품 출시 때 배운 모든 교훈 하나하나가 팀의 마음에 그대로 남아 있기 때문이다. 조악한 디자인 의사 결정으로 인해 버그가 반복되던 고통스런 과정을 지금껏 겪었다. 탈진했지만 다음 버전에서는 그 오류들을 수정할 수 있음을 알기에 희망이 있다.

시작하기

팀이 생각할 수 있는 시기를 정하는 것이 첫 번째로 할 일이다. 과거에는 오프사이트에서 생각하는 기회를 많이 가졌다. 회사를 벗어나 일상적인 업무에 대해 잊어버릴 수 있는 오프사이트에서의 하루는 생각할 수 있는 매우 좋은 기회다. 모든 사람이 야외에서의 모임을 좋아하겠지만 문제는 그 하루는 잠시 동안의 환상이라는 것이다. 커피 맛도 다를 것이고, 모든 사람이 다음 버전에 대해 흥분된 듯이 보이겠지만 내일이면 회사로 돌아갈 것이고 그곳에서 실제로 생각의 95%를 할 것이다. 그러므로 기존의 환경에서 자연스럽게 생각을 유발하는 분위기를 조성해야 한다.

일주일에 두 번의 회의를 갖는 것에서 시작해 보자. 하나는 브레인스토밍(아이디어 구상) 회의이고, 다른 하나는 프로토타입 회의다.

두 회의 모두 최소한 한 시간 정도는 진행되어야 한다. 브레인스토밍과 프로토타입 회의 사이에 어느 정도의 시간적 여유를 두자. 모두에게 브레인스토밍 회의 결과를 되새겨볼 시간을 주도록 한다. 하지만 브레인스토밍 결과를 잊지 않도록 너무 지연해서는 안 된다. 일주일에 한 번 회의를 하면 팀은 주말 사이 내용을 모두 잊게 돼 다음 회의는 이전 회의를 되짚는 역할밖에 하지 못한다.

참여자

회의가 시작되면 운영자가 필요하다. 당신일 수도 있고 아닐 수도 있다. 여기 또 하나의 모순이 있다. 구조적인 생각은 생각을 죽이지만 구조적이지 않은 생각은 혼란을 가져온다. 회의 운영자는 두 극단주의자들 사이를 오가며 대화를 중재하고 중도를 지켜야 한다. 유기농(이에 대한 자세한 정보는 28장을 참조하라.)은 이 경우에 매우 적합하다.

회의가 실제로 잘 진행되는지 파악하고 나서 더 자세히 설명하겠다.

누구를 회의에 초대할지 결정하는 것도 어려운 부분이다. 팀의 모든 사람을 초대한다면 제 아무리 훌륭한 운영자라도 아무 결과도 얻지 못할 것이다. 작게 시작해서 확장해 나가야 한다. 의견을 가지고 있는 모든 사람들은 회의에 참석하고 싶어하므로 소수만의 회의는 초대 받지 못한 사람들의 기분을 상하게 할 수 있다. 주제가 무엇인지 안다면 그에 관한 교육이나 경험을 가진 사람들을 초대한다. 어떤 주제를 어떻게 풀어가야 할지 모른다면 그냥 운에 맡기고 임의로 초대한다. 엔지니어들 사이에서 어떠한 발상이 떠오를지 예측할 수 없다. 좋은 소식은, 참여자가 변한다는 것은 생산적인 디자인 프로세스임을 알려주는 최고의 신호란 사실이다. 곧 자세히 설명하겠다.

참여자를 선택할 때 방해주의자를 조심해야 한다. 방해주의자는 완전히 대응에만 전념하는 사람이다. 이런 사람들은 모든 새 아이디어를 이전 경험과 연결 지으며 그 아이디어를 '모방한' 것이라고 주장하곤 하므로 쉽게 식별할 수 있다. 이런 태도를 보이는 이유는 다양하다. 초기 제품 설계자였으며 그 설계에서 벗어나지 못하고 있을 수 있고, 이해할 수 없어서 두려워하는 것일 수도 있다. 이유가 무엇이든 이런 사람들은 창조성을 죽이므로 초기 브레인스토밍 회의에 초대해서는 안 된다.

내용

첫 브레인스토밍 회의의 목적은 최근 출시의 고통을 더는 것이다.

어떤 버그의 해결을 미루기가 정말 싫었는가? 어떤 기능을 이번에 완성하지 못했는가? 누가 이 UI(User Interface, 사용자 인터페이스)를 싫어하는가? 모든 사람이? 그럴 줄 알았다. 누가 우리의 고객인가? 첫 번째 브레인스토밍 회의에서는 사람들이 해결하고 싶어하는 5가지 관심 높은 주제를 협의한다.

두 번째 회의는 프로토타입 회의다. 지난 브레인스토밍 회의의 결과를 프로토타입, 종이, 코드, 목록 등의 형태로 나타내는 시간이다. 이전 회의에서 어떤 내용이 협의됐는지 어떤 형태로든 문서로 정리된 것이 있으면 된다. 고객 유형을 정리했는가? 팀이 제품에 대해 싫어하는 5가지는 무엇인가? 여기서의 목적은 회의의 문서화를 통해 일관성을 유지하는 것이다. 이 문서들은 기획안이나 실제 작동하는 프로토타입 형태로 표현될 텐데 지난번에 무슨 일이 있었는지 기억하는 데에 집중해야 한다.

기획 안이나 프로토타입 작업을 하는 경우, 간단히 생각하고 상세화시키지 않도록 한다. 3주차인데 어느 아이콘이 어디에 놓여야 할지 논의하고 있다면 너무 깊이 들어간 것이다. 애플리케이션을 시각적으로 연결해야 할 경우, 나는 와이어프레임을 선호한다. 와이어프레임은 룩앤필(look and feel) 없이 단순히 시각적인 디자인을 보여 준다.

작동하는가?

당신은 랜즈의 창의성 계획 2주째인데 일이 제대로 진행되지 않는다. 아무도 자신의 의견을 물어봐주지 않기에 첫 회의에서 모두들 아무런 말을 하지 않았다. 회의에는 화이트보드 앞에선 당신과 모두의 끄덕임 만이 있었다. 이렇듯 브레인스토밍 내용이 부족하면 이어진 프로토타입 회의도 빈약해지고, 당신은 더 많은 브레인스토밍을 해야 한다. 2주차가 되고 고객이 누구인지에 대해 아직 합의를 보지 못했다면 팀은 서로 소리지르게 된다. 두 번째 프로토타입 회의가 시작되자 모든 사람이 다시 조용해졌다. 누가 큰 소리를 듣고 싶겠는가?

잘했다. 정말.

초기의 브레인스토밍 회의에서 사고가 막히고 문제에 부딪치는 것은 중요하다. 정신적인 조화가 부족한 듯 보이는 이 현상이 바로 혁신의 시초라 볼 수 있다. 하지만 진전이 있는지 확인해야 한다. 한 주가 지날 때마다 확인해 볼 점 몇 가지를 보자.

- **의사 결정이 내려지고 있는가?** 그룹이 의사 결정을 내릴 정도로 잘 협의하고 있는가? 그런가? 그렇다면 다행이다.

- **의사 결정을 재검토하는가?** 그룹은 이전의 의사 결정을 보다 정교하게 만들기 위해 뒤로 되돌아갈 수 있는가? 그렇다면 매우 다행이다.

- **의사 결정을 지속적으로 재검토하는가?** 여기에 문제가 있다. 당신의 팀은 창조성 열반의 경지에 도달했다. 잠시 물러서서 프로세스를 약간 구조화 해보기 좋은 시기다. 지금까지의 의사 결정을 검토

해 구조를 찾아보면 앞으로 전진할 수 있다. 브레인스토밍 회의 결과를 기록하고 있지 않았는가? 이런, 지금이라도 시작하자.

- **참여자가 바뀌는가?** 4주차인데 회의 참석자들이 바뀌지 않았다면 문제다. 큰 프로젝트 작업을 하고 있다면, 처음부터 정확한 브레인스토밍 팀을 고르는 것이 불가능하다. 회의실 밖의 다양한 의견들도 수렴돼야 한다. 회의 참여자들을 바꿔보자.

- **설계에 대한 기본적인 진실이 드러나고 있는가?** 이것이 브레인스토밍의 하이라이트다. 문제에 대한 기본 설계를 정의하는 의사 결정이 내려진다. 이러한 결정은 먼저 제안된 후, 세밀한 검토를 통과해 다른 사람들에게 전달되기 시작한다.

- **상담을 위한 회의인가 일을 위한 회의인가?** 출시를 위한 엄청난 고통의 과정을 막 겪었다면, 팀은 첫 번째 브레인스토밍 회의에서 한풀이를 늘어 놓을 것이다. 괜찮다. 그들에게 이런 기회가 필요하다. 하지만 3주차인데도 아직도 한풀이만 하고 있다면 분위기를 바꿔야 한다.

- **참회의 순간이 있었는가?** 기본적인 진실 발견과 비슷하지만 "이런 젠장, 우리가 완전히 틀렸었네."라는 식으로 더 요란하며 덜 일반적이다. '이런 젠장'이라는 말이 거북스럽지만, 창조적인 프로세스가 될 소지를 보여 주는 좋은 신호다.

- **일정 목록이 줄어드는가 늘어나는가?** 설계 초기 단계라면 늘어나야 한다. 설계 마무리 단계라면 당연히 줄어드는 것이 좋다. 엔지니

어들은 주요 제품 출시 때마다 모든 문제를 해결하고 싶어하지만 절대로 그렇게 되는 법이 없다. 더 나은 제품은 출시를 위협하는 최대의 적이다. 이것이 당신의 프로젝트라면 어떤 주제/아이디어를 해결할지 명확하게 선을 긋고 거기에 집중해야 한다.

내 경험법칙은 당신이 회의 때마다 어려운 의사 결정 하나에 집중하지 않으면 시간을 낭비하게 된다는 것이다. 사람을 제대로 초대하지 못했거나 올바른 운영자가 없는 것이다. 재미난 한 시간의 대화였겠지만 그저 잡담에 그치게 된다.

중단할 시점

회의가 제대로 진행된다면, 자연스레 회의는 한 주제에서 다른 주제로 이동할 것이다. 의사 결정이 내려지고 아이디어가 채택되고, 논쟁이 벌어지고, 프로토타입이 검토된다. 설계에서 심각한 개발 과정으로 옮겨가면서 이런 회의가 점차 사라지는 것을 경험한다. 그렇지 않다면 당신은 아마도 생각하기에 심취해 있을 터인데, 이 말이 좋아 보이겠지만 당신은 대학의 연구원이 아니라 이익 관계자를 위해 일하는 사람이며, 그들은 신제품을 기다리고 있음을 알아야 한다. 한창 개발 중에도 설계를 정교하게 조정할 수 있지만, 회의에서는 질문이 발생하는 것이 아니라 질문에 대한 답변이 나와야 한다.

정체 문제 해결하기

구글은 생각하려면 시간이 필요하다는 사실을 알고 있다. 직원들에게 한 주에 하루씩 개인 프로젝트에 집중할 시간을 준다는 소문이 있다. 계산을 해보자. 구글은 엔지니어링 예산의 20%를 생각하는 것에 투자하고 있다. 이런 프로젝트의 대부분이 쓸모 없겠지만, 구글은 이 프로그램을 통해 두 가지 큰 득을 본다. 먼저, 그 프로젝트 중에는 회사에 가치를 더해줄 수 있는 것이 있다. 아마 20%도 안 되겠지만 더욱 중요한 것은 직원들에게 고민하고 문제에 부딪힐 기회를 제공함으로써 생각하는 문화를 만들고 있다는 데 있다.

당신이 무엇을 하는지, 무엇을 만드는지는 모르지만, 만들어내는 제품에 창조적인 생각을 보여 주지 못한다면 당신, 팀, 제품 모두 정체될 것이다. 브레인스토밍 회의를 시작하라는 것은 난해한 제안임을 안다. 명백히 정의되지 않으며, 진행하기도 어렵고 평가하기도 어렵다. 회의의 결과는 매우 훌륭할 수도 있고 아주 엉터리일 수도 있다. 그 두 가지 결과의 차이는 정말 종이 한 장이다. 행운을 빈다.

15장

몰입

2006년, 사우스 바이 사우스웨스트(South by Southwest)에서 발표를 한 적이 있다. 그때 나는 "벤처 기업을 세우면서 관련성이 없어 보이는 1,000가지가 넘는 의사 결정에 직면하게 된다."라고 말했다. 이런 수천 개의 의사 결정 중, 실제로 중요한 것은 5가지뿐이다. 이 의사 결정들은 회사의 얼굴을 바꾼다. 하지만 내가 어느 의사 결정이 중요한지 파악하는 것이 거의 불가능하다고 믿는다는 사실은 언급하지 않았다. 얼마나 무기력하게 들리겠는가?

주목해보자. 어느 것이 중요한 안건인지 판단하는 데 상당한 노력을 들일 수 있지만, 실은 결정을 내리는 행위 자체가 훨씬 더 중요하다. 경험과 교육을 바탕으로 한 추측이든, 아니면 그냥 본능적인 판단이든 상관없다. 14장에서 의사 결정에 친화적인 환경을 만드는 방법에 대해 많은 설명을 했는데, 팀 내에서 생각하는 상황에 초점을 뒀다. 이번 장에서는 자신만의 결정을 내려야 하는 경우에 대해 설명하려고 한다.

당신을 가장 화나게 만든 이메일을 예로 들어 보자. 멍청한 기술 지원 직원의 이메일이 아니라, 당신이 믿고 있던 동료 등의 사람이 이메일을 통해 당신의 화를 돋구던 경우를 생각해보라. 내가 당신의 사무실에 들어가 당신의 얼굴에 갑자기 주먹을 날렸을 때, 당신이 보일 반응과 유사하게 그 이메일을 똑같이 받아 치고 싶을 것이다. 이런 대응은 동굴에 살며 사냥감만 모으는 석기시대의 동물적인 뇌의 반응이다. 반응이 느리면 잡아 먹히거나 또 한 대 얻어 맞는다.

하지만 이제, 당신은 몰입할 시간이 있다.

몰입이란 자신의 뇌에 생각의 씨앗을 심고 그 씨앗이 아이디어, 사실 등 관련된 여러 잡다한 것과 이리저리 뒤섞이게 만드는 것이다. 몰입은 끝없이 쌓이는 일정에 대응하느라 조금의 여유도 찾기 힘든 바쁜 일상에서는 좀처럼 일어나지 않는 분리된 활동이다. 몰입의 목적은 간단하다. 자신만의 고유한 생각을 하는 것이다. 고민하고 있는 문제가 무엇이든, 뻔한 감정적 분출을 대신해 이를 전략적으로 고려된 생각으로 바꿔줄 작은 요인을 찾으려는 것이다.

감정과 무지

이전의 벤처 시절이다. 나는 마침내 내 위치를 찾아가고 있었다. 2년 정도의 힘든 회사 적응 기간을 거친 후, 드디어 모든 일이 잘 풀려

가고 있었다. 누가 무엇을 하며, 누가 야심을 가지고 있고, 누가 힘든 상태인지 알게 됐으며, 작지만 그럴 듯한 아이디어를 성공적인 제품으로 만들어 냈다. 그러자 상사는 내게 이전과는 전혀 다른 책임을 주기로 결정했다. 한 번도 사용해 본 적 없는 기술로 개발된 새로운 제품을 담당하게 된 것이다. 이 제품은 회사의 전략 변경을 가져오므로 모든 사람이 관심을 갖고 있었다. 이런 관심은 만약의 실패를 더욱 명백하게 할 것이었다. 이 제품은 내 경력을 결정지을 제품이었다.

이런, 난리 났네.

새 프로젝트를 어디부터 시작할지 모를 때와 이메일로 누군가를 공격하고 싶을 때, 한 가지 공통점이 있다. 행동에 앞서 긴 몰입의 시간을 가져야 한다는 거다.

몰입을 능동적 몰입과 수동적 몰입으로 나눠보자. 능동적 몰입은 당신이 방향을 정하고 내용을 수집하는 반면에 수동적 몰입은 아무 방향으로나 나가게 만들고 나머지를 운에 맡긴다. 수동적 몰입에서 진정한 일이 실행된다. 우선 능동적 몰입부터 알아보자.

능동적 몰입

바보 같은 질문을 해보자. 모르는 일을 맡으면 가장 먼저 정보를 찾아야 하는데 아마도 그 일에 대해 벌써 몰입의 시간을 가졌던 사람들이 있을 것이다. 이 사람들은 그 문제에 대해 어느 정도의 사실, 아이디어, 의견 등을 가지고 있으니 모든 것을 들어보도록 한다. 그들과의 대화는 관리자에게 어려운 일이 될 수도 있다. 관리자로서 모든 것을 알고 있듯이 보여야 한다고 생각하는데, "이게 무엇인가요?"와 "어떻게 작동하는 거죠?"라는 질문을 하며 자신이 아무것도 모른다는 사실을 드러내야 하기 때문이다.

아니다. 관리자라고 모든 것을 알 필요는 없다. 모든 것을 알고 있는 것이 아니라 정보를 찾는 것이 관리자의 업무다. 당신은 엔지니어로 가득한 곳에서 일하며, 그들은 세부 사항을 책임지는 대가로 급여를 받고, 지식을 전달할 책임을 지고 있다. 당신이 상사이므로 그들이 내색은 하지 않겠지만, 그들 눈에 당신이 바보처럼 보일 수 있다.

몰입은 처음에는 어색하겠지만, 당신이 던지는 어처구니 없는 질문들은 당신의 관리 뇌에 내용을 하나씩 더할 것이다. 바보 같은 질문들은 실제로 무슨 일이 벌어지는지 파악하는 가장 좋은 방법이다. 더욱이 팀에 대한 질문을 하는 것은 "우리가 하는 일에 관심이 있어 당신의 생각을 묻고 있습니다."라고 간접적으로 알리는 좋은 방법이다.

다른 사람에게 의도를 알린다. 바보 같은 질문을 충분히 하다 보면, 당신이 무엇을 하고 있는지 머릿속에 대략의 그림이 그려지기 시작한다. 완벽한 그림이 아니며, 무지 상태를 벗어났다는 약간의 안도감이 스며든 간략한 스케치에 불과하다. 이제 당신이 중얼거리는 것을 기꺼이 들어줄 사람에게 당신이 제대로 이해하고 있는지 확인해봐야 한다. 당신의 그림에 대해 설명해 보자. 계속 끄덕였다고? 아주 좋다, 제대로 되고 있다. 그저 쳐다만 본다고? 이런, 듣고 있는 그 사람에게 바보 같은 질문을 할 시간이다.

모르는 사람에게 의도를 알릴 때 내 입에서 나오는 단어들은 머릿속에 있는 그림과는 상당히 거리가 먼 것들이고는 한다. 내 생각을 단어와 문장으로 표현하다 보면 머릿속에 있을 때는 발견하지 못한 내 생각의 오류와 격차를 있는 그대로 보여 주게 된다. 다음 단계로 넘어가보자.

적고, 찢어 버리고, 다시 적는다. 타인이 더 이상 당신의 아이디어를 혼란스러워하지 않으면 이제 정리해서 적을 때이다. 당신의 아이디어를 테스트할 수 있는 또 다른 방법이라는 점에서 다른 사람에게 의도를 알리는 것과 유사하다. 타인은 당신이 생각을 말로 표현할 기회를 주었으며, 생각을 적다 보면 아이디어는 완전히 다른 부분의 뇌를 통해 손가락으로 흐른다. 종이 또는 모니터 위의 단어를 보며 다시 한 번 머릿속에서는 알 수 없었던 차이를 발견하게 된다.

이런 차이는 더 많은 멍청한 질문을 해야 함을 알려 준다. 문서를 버리고 잊어 버리라. 휴지통에 버리고 그것을 비우고는 컴퓨터에서 조금 물러나 앉도록 하자. 작성한 문서가 아까울 수 있지만, 우리가 여기서 해결하려는 것을 기억해야 한다. 출근 길에 블루베리 오렌지 맛 머핀을 살지 말지 정도의 결정이 아니라, 매우 중요한 의사 결정을 내려야 하며 그러기 위해서는 가능한 한 여러 번 답을 재검토해야 한다. 작성한 초안을 찢거나 버리면 그 아이디어를 잃게 되지만, 핵심 부분이 두 번째 안에도 나온다면 그 생각은 절대로 잃지 않을 것임을 장담한다.

수동적 몰입

모든 능동적 내용 획득 작업을 끝내고, 타인에게 당신의 생각을 전해보고, 몇 번 적어봤다면, 이 문제에 대한 능동적 작업을 중단해야 한다. 화면에서 포스트잇을 떼고 컴퓨터 바탕 화면에 두 번째 초안을 숨겨두고, 작업을 바로 중단한다. 의사 결정을 내리고, 문제에 대응해야 한다. 능동적 몰입의 모든 물리적인 요소를 없애라고 지시하는 것이지만 당신은 중단하지 않을 것이며 중단할 수 없을 거다. 당신의 뇌가 그렇게 내버려 두지 않는다.

동료에게서 온 그 화를 돋구는 메일로 다시 돌아가 보자. 이러한 메일을 전에도 받아본 적이 있으며 즉각적으로 반응하는 것은 큰 실수임을 알고 있다. 물론 반격을 가하는 것이 너무나도 기분 좋으므로 동물적 뇌는 그렇게 하라고 지시하며 합리화시키겠지만, 화풀이했다는 사실 외에는 해결되는 것이 아무것도 없다. 내 조언은 이전과 동일하다. 시간을 두고 생각하라.

하룻밤 자고 나면 냉정을 되찾고 문제에 대한 당신의 관점을 바꿀 수 있게 된다. 하늘이 무너지는데 잠자리에 들었다가, 다음 날 아침 기분 좋게 깨어나 아무렇지 않게 머리를 들어 올려 하늘을 본 적이 있는가? 어떻게 그런 일이 가능할 수 있을까? 대답은, 당신의 뇌는 절대로 멈추지 않기 때문이다. 게다가 뇌는 무의식적으로 어려운 문제에 대한 훌륭한 해결책을 스스로 간구해 내는 독특한 능력을 갖고 있다. 영감이라 부르든 직관이라 부르든 간에, 부끄럼(!)을 많이 타는 능력이므로 이에 대해 너무 골똘히 생각하지 말라. 이 능력은 아무도 모를 때 최고의 능력을 발휘한다.

몰입에는 시간이 소요된다

내 동료들에게는 말하지 말길 바란다. 나는 아침 출근 40분간의 운전 중 내 급여의 상당 부분을 번다. 커피 한 잔을 들고 차에 타서는 흘러 나오는 음악에 맞춰 이것 저것 생각해본다. "그래, 필립이 어제 나를 감히 건드렸어……. 이제 어떻게 할까?"라는 생각은 절대 하지 않는다. 내 생각은 주춤하다가는 이리저리 마음대로 헤매며 어디서 끝날지 절대 알 수 없다. 전날의 필립 문제에 능동적인 몰입을 한 턱에 내 사고의 방황은 필립과 관련된 어딘가에서 끝나겠지만, 그래도 정신의 여행은 가치 있는 영감을 주곤 한다.

실제적인 충고를 하자면 몰입이란 매우 흐릿한 개념이다. 상사가 중요한 의사 결정에 당신의 의견을 기다리고 있을 때, "무슨 일을 해야 할지 모르겠습니다. 바보 같은 질문을 해보고, 다른 사람에게 말해 보고, 적어 보고, 내던지고, 내가 한 일을 모두 잊어버리려고 합니다."라고 말하라는 것이 아니다. 내 말은 모든 중요한 의사 결정과 문제는 당연히 시간을 들여 신중하게 고려해야 한다는 것이다. 당신이 풍부한 경험을 가지고 있다면 잘 대처하겠지만, 올바른 의사 결정을 위해 판단이 아닌 생각을 해야 하는 상황을 겪게 될 것이다.

몰입은 내 업무 중 가장 좋아하는 부분이다. 몰입이란 창조적인 작

147

업이다. 설계 작업이며 전략이다. 문제에서 감정과 무지를 제거한 후, 독창적인 해결책을 간구해 내가 하는 일에 능동적으로 관심을 갖고 있음을 주위 사람들에게 보여주는 거다.

말콤 사건

'쥬라기 공원'의 인기는 엔지니어 사이에서 정말 대단했으며, 실제 같은 컴퓨터 애니메이션의 가능성이 이 영화를 통해 제시됐다. 엔지니어에게는 이중으로 행복한 영화였다. 어린 시절 좋아하던 공룡에 대한 우리의 향수를 불러 일으켰을 뿐 아니라, 우리가 개발한 도구를 사용해 만들어진 공룡이 출현하는 첫 번째 영화를 보게된 것이다. 그 당시 나는 볼랜드에 근무 중이었고 90년대 초반의 프로그래밍 언어와 애플리케이션을 만들고 있었으며, 그 ILM[13] 직원들은 바로 근처에서 근무하고 있었는데 우리는 꽤 친한 사이였다.

이상하게도 영화를 관람한 지 13년 후, 제프 골드블럼(Jeff Gold-

---

13 역주 Industrial Light and Magic. 모션 픽쳐 시각 효과 회사. 쥬라기 공원의 특수 효과를 맡음.

blum)이 연기한 이안 말콤(Ian Malcolm)의 대사가 기억에 떠올랐다. 그는 쥬라기 SUV에 앉아 고대 식물학자인 로라에게 혼돈 이론을 열심히 설명하다 내 뇌리에 강하게 남는 말을 했다.

그는 로라가 들어올린 손 위에 물 몇 방울을 떨어뜨리며 "어느 방향으로 흐를까요?"라고 물으며 혼란 이론을 설명하려 했다. 물방울은 매번 다른 방향으로 흘렀고 말콤은 이것을 "작은 변형의 원칙, 다시 말해서 손 위의 잔털 방향, 피부의 혈액 팽창량은 매번 동일하지 않으며 결과에 큰 영향을 미친다……."라고 설명했다.

더 자세히 알고 싶어하는 컴퓨터 광이라면 나비 효과에 대해 읽어보도록 한다. 그의 말은 내게 실용적 소프트웨어 설계의 핵심 부분을 보여줬다. 그 영화 이후, 그의 말을 "예상치 못한 방식으로 당신을 힘들게 할 중요해 보이지 않는 사건들."이라고 바꾸었다. 이 사건들은 이안 말콤의 이름을 따서 '말콤 사건'이라고 부르기로 했다.

우리는 바쁘다

실리콘 밸리에 있는 우리 모두는 항상 바쁘다. 새 제품을 만들지 않는다면, 새 제품을 만들어 줄 무언가를 만들고 있다. 회사마다 서로 다른 제품 개발 프로세스를 가지고 있지만, 다음과 같은 주기를 따르기 마련이다.

설계: 개발할 신제품을 브레인스토밍한다. 많은 대화를 나누고 많은

부분을 버린다. 그리고는 대화를 좀 더 한다.

개발: 대화는 줄이고 일에 집중한다. 엔지니어는 일에 집중하고 관리자들은 자신이 무엇을 해야 하는지 고민한다.

배포: 대화가 늘고, 약간의 논쟁이 있고, 관리자들은 싸움을 말리느라 고생하다 보면 어느새 제품이 완성된다.

지금 우리는 설계 단계에 있다고 가정하자. 내가 관리자이고 당신은 엔지니어 책임자이며 다음 버전에 대해 브레인스토밍하고 있다. 다음 버전에 무엇이 필요한지 대략 구상은 해봤지만 정해진 것은 없는 상태다. 정의된 것이 아무것도 없고, 아이디어를 마구 던지며 무엇이 쓸만한지 본다.

아이디어를 골라 분석하고 화이트보드에 정리하며 직접 다뤄보기 전까지는 아무 것도 쓸만한 것이 없어 보인다. 이렇게 하다 보면 기능이 완성된다. 이런 설계 과정을 통해 다음 제품이 정의된다. 우리는 화이트보드에 정리된 기능을 보며 이 기능이 이 순간 이후의 모든 것을 바꿔주리라 믿는다. 흔한 일이 아니니 이 순간을 즐기자.

이것은 말콤 사건이 아니다. 이 순간은 당신이 굉장한 신기술을 처음 이해하게 된 놀라운 순간과도 같다. 이러한 순간이 있어야 영감이 불어넣어진 제품을 개발할 수 있다. 하지만, 아직 말콤 사건을 겪지 않았다. 계속 진도를 나가 보자.

좋다, 이제 우리는 기능을 정했다. 정신 없는 작업이 본격적으로 시작된다. 다음 15분 동안 나머지 기능들이 마구 쏟아져 나올 테니 아직 화이트보드를 제쳐둘 수 없다. 이 정신없는 15분 동안 전체적인 의사 결정이 내려지고 그 내용을 화이트보드에 정리하다 보면 몇 가지 놓칠 수 있다.

놓친 결정 중 하나를 살펴보자. 얼핏 보면, 그리 중요한 의사 결정은 아닌 것 같다. 사실, 다음 제품의 성격을 결정하는 창조적인 광분의 시기에서 볼 때, 그 결정은 실로 작은 것에 불과하다. 회의가 끝나고, 우리는 기능을 정의했다는 희열감을 맛보느라 그 작은 결정을 잊는다.

문제는 이 결정이 작지만 중요하다는 거다. 그 정신없는 첫 회의에 참석하지 않은 사람들에게는 이 잊혀진 결정이 기능을 분명하게 설명하는 데 도움이 될 수 있다. 우리를 제외한 모두에게 해당하는 문제다. 아직 아무도 모르는 이러한 상황이 바로 말콤 사건이다.

말콤 사건 이해하기

한 달이 지났고 개발은 이미 시작됐으며 여러 사람들이 투입됐다. 누군가가 기능에 대한 질문을 했는데 우리가 잊었던 예전의 그 결정이 이에 대한 답변이었다. 별 문제 아니다. 그 질문에 답변하고 계속 진행한다. 1주일 후, QA 직원이 동일한 질문을 한다. 이 질문에 대해 벌써 대답하지 않았었나? 이미 대답했었지. 그래, 어려운 일도 아니니까 또 대답하면 되지. 또 한 달이 지나고 이미 똑같은 질문을 10번은 받았다. "왜 사람들이 이해를 못하지? 대답이 뻔하지 않나?"라고 생각하게 된다.

아니, 그렇지 않다. 그들은 우리의 처음 설계 회의에 자리하지 않았으며, 질문하는 사람들은 차라리 낫다. 정말 심각한 문제는 질문도 하지 않는 사람들이다. 질문에 대해 지레짐작하고 묻지도 않는다. 그들은 "글쎄, 이게 중요했다면 누군가가 내게 말해 줬거나 어디 적혀있겠지?"라고 생각한다.

말콤 사건은 중요해 보이지 않는 사건들이 예상치 못한 방식으로 우리의 제품 출시를 방해하는 경우에 발생한다. 이해가 필요한 의사 결정의 경우, 의사 전달이 제대로 되지 않는 경우다. 모두들 왜 이런 기능이 있는지 의아해하며 시간과 비용을 낭비하게 된다.

제품 출시는 순조롭게 진행될 수 있다. 말콤 사건은 그저 회의 때마다 누군가가 같은 질문을 반복해서 묻는 짜증스런 증상에 머물 수 있다. 하지만 그리 간단하지 않을 수도 있다. 문서화 작업을 하는 직원들이 확인차 질문을 하지 않아 문서가 기능을 제대로 설명하지 못하는 경우일 수 있다.

훨씬 더 나쁜 경우는, 기능을 책임진 개발자가 자신이 해석한 대로 제품을 개발하느라 한 달의 시간을 날려 버린 경우다. 제품을 설치하고서야 개발자에게 당신의 생각이 제대로 전달되지 않았음을 알게 된다.

말콤 사건은 막대한 비용을 지출하게 만들 수 있으므로 이를 피할 방법을 알아 보자.

아티팩트(Artifacts)

이 부분을 읽으며 내내 손을 들며 질문을 하려는 누군가가 있을 것이다. 좋다, 질문이 무엇인가?

"랜즈씨, 당신은 스펙에 대해 말하고 있어요! 기능 스펙이요! 인터랙션 디자인, 시각 디자인, 와이어프레임 등 말이에요! 와이어프레임을 좋아하지 않을 사람이 누가 있어요!"

좋다. 이제 손을 내리시라.

내용을 기록하는 데에는 많은 장점이 있으나 그것을 설명하려는 것이 아니다. 말콤 사건을 피하기 위한 중요한 방법을 설명하려는 것이다.

기억하자. 우리는 제품 출시 전체에 관한 것이 아닌 작은 부분에 대해 설명하고 있다. 겉으로 보기에 대수롭지 않아 보이지만 당신을 곤란하게 만들 작은 세부 사항을 설명하고 있다. 잘 작성된 스펙은 모든 상세 내용을 문서로 정리하는데, 당신은 그 스펙을 작성하고 관리할 시간적 여유가 있는가? 나는 그럴 시간이 없다. 나는 15년간 훌륭한 회사들에서 근무해 왔으나 유용한 스펙을 읽어 본 경험이 두 손안에 든다.

문제는 스펙이 안 좋다는 것이 아니라, 시간을 너무 많이 낭비하게 된다는 것이다. 우리는 시간에 쫓기고 있음을 기억하라. 말콤 사건을 피하려면 가장 먼저 아티팩트를 알아야 한다. 아티팩트는 필수적인 지식을 보여준다. 스펙이 될 수도 있고, 큰 그림이 될 수도 있고, 우선 순위 또는 회사 소유주가 될 수도 있다. 이전에도 경험했겠지만, 이런 지식이 조직 전체에 잘 전달되지 않으면 망한다는 사실을 알 터이니 반드시 아티팩트를 파악해야 한다.

벤처 기업에서 두 번째 버전을 출시하면서 이 교훈을 몸소 체험했다. 초기 브레인스토밍 회의에서 영업 부사장은 성능을 개선해야 한다고 한 시간 넘게 설명한 적이 있다. 우리는 다음에 출시될 버전에는 성능 문제를 해결할 새 애플리케이션 서버가 포함될 것이라고 생각하며 고개를 끄덕였다. 어느 누구도 부사장에게 이의를 제기하지 않았으나 제품이 출시됐을 때 성능이 악화됐다. 이를 알게 된 부사장은 30분 넘게 내 사무실에서 소리를 질러댔다.

우리는 애플리케이션 서버를 6개월 지연시키기로 결정했고, 내가 기록한 모든 기능 목록에 '이번 버전에서는 성능 개선이 없었음'이라고 위에 크게 적어야 했다.

말콤 사건은 포착이 중요한데, 중요하지 않은 것을 찾아내는 기술이 필요하기에 가장 어려운 일이기도 하다. 큰 도움이 되는 조언을 해주고 싶지만, 유감스럽게도 내 조언은 간단하다. 잠재적인 말콤 사건을 파악하는 능력은 힘든 경험을 통해서만 익힐 수 있다. 미안하지만 말이다.

바인더

당신이 겪은 지난 번의 끔찍한 경험을 통해 아티팩트를 찾아 냈다고 가정하자. 이 아티팩트가 반쯤 완성된 UI 설계 그림이라고 가정해 보자. 뭔가를 정리해 놓은 당신의 선견지명은 축하할 일이다. 하지만 이제 어쩔 것인가? 이 그림을 어디에 보관할 것인가? 당신의 프랭클린 다이어리에? 글쎄, 멋지기는 하지만 별 도움이 안 된다. 노트에 잔뜩 기록된 아티팩트는 아무것도 정리하지 않는 것이나 마찬가지다.

성공적인 아티팩트 관리는 말콤 사건을 피하게 해주며, 성공적인 아티팩트 관리는 세 가지 A로 정리된다.

가용성(Availability): 당신의 아티팩트가 중요하다. 당신은 이미 그 사실을 알지만, 다른 사람들도 그럴까? 아티팩트는 관련된 모든 사람이 쉽게 볼 수 있는 곳에 있어야 한다. 위키 페이지, 모두에게 발송된 이메일, 프레젠테이션 등이 있을 수 있다. 당신 회사의 커뮤니케이션 패턴이 무엇인지 모르겠지만 그 커뮤니케이션 정 중앙에 아티팩트를 고정시켜야 한다. "이보게, 이 낙서가 우리의 미래야."라고. 다음 단계로 넘어가 보자.

합의(Agreement): 당신이 아티팩트를 만든 이유는 참신하고 중요한 정보를 발견했다고 믿기 때문이다. 팀이 아티팩트를 제공하는 것은 "나한테 관심 집중!"이라고 말하는 것이며 이것은 아주 중요한 역할을 하게 된다. 아티팩트를 모두가 알게 만들어 말콤 사건을 상식으로 만드는 것이다. 가용성과 유사하다고 생각하겠지만 그렇지 않다. 나는 필립이 주간 상태 보고서에서 "우리는 필립 당신이 원하는 기능을 만들지 않을 겁니다."라고 읽고 난 후 일어날 논쟁과 관련한 이야기를 하는 거다.

이렇게 해서, 당신과 필립은 한판 붙는다. 찬반 논쟁이 벌어지고, 서로 조금씩 양보하다 보면 만사가 해결된다. 필립이 원하는 기능이 아닌 다른 기능을 구현하더라도 필립은 그 이유를 이해하므로 이제 아무 문제가 없다.

정확성(Accuracy): 정확성은 세 가지 중 가장 쉽다. 아티팩트가 조직 전체에 전달되면서 그 내용이 변경될 수 있다. 사람들은 아티팩트를 수정하기 시작하고, 필립은 작은 변경을 요청할 것이며, 이렇게 해서 당신의 아티팩트는 진화하게 된다. 사소한 변경이 처음 버전에 동의했던 사람에게 어떤 영향을 미칠지 절대 알 수 없으므로 아티팩트가 진화하는 사이 이를 검토할 시간을 갖도록 한다.

가용성, 합의, 정확성. 나는 이것들을 바인더라고 부르는데, 사람들을 말콤 사건과 바인드(묶어 주기)하기 때문이다. 사람들은 아티팩트를 보고 읽고 주석을 달면서 아티팩트와 하나가 된다. 이제 더 이상 사소한 정보가 아니라 모두가 알고 있는 상식이 되는 것이다.

성공은 종종 소리 없다

말콤 사건을 피하는 것이 전혀 만족스럽지 않을 수 있는데 그 이유는 이렇다. 당신은 실패의 소리가 요란함을 알고 있다. 하지만 성공은 소리가 없다. 출시가 잘 진행될 때, 출시한 제품을 바로 업데이트 하지 않아도 될 때가 그러하다. 말콤 사건을 피하는 것은, 미래를 예측했어도 아무런 일이 일어나지 않았기에 다른 사람들이 그 사실을 믿어주지 않는 그런 때다.

관리는 눈에 보이지 않는 것을 돌보고 지원하는 행위다. 아무 일도 일어나지 않는 듯할 때 최선을 다하는 것이다. 출시 바로 직전의 긴장감을 남들과 마찬가지로 즐기지만, 우리가 서로 소리를 질러대고, 주말에도 일하고, 어쩔 수 없이 타협에 눈감는 이유는 전적으로 말콤 사건 때문이라고 본다.

17 장

상황 포착하기

    회사의 각 조직은 선호하는 애플리케이션을 갖고 있다. 선호한다기보다는 특정 작업에 반드시 사용해야 하는 애플리케이션이라 볼 수 있다. 자리에서 일어나 사무실의 가 보지 않은 쪽으로 가서 동료 하나를 따라다녀 보자. 누군가가 멈춰서 뭐 하는 짓인지 묻는다면, 그에게 "랜즈씨가 보냈습니다."라고 말하자. 그러면 이해해 줄 것이다.

    회사 내에 다녀 보지 않은 곳을 걸어 다니며 책상 위 컴퓨터 화면을 둘러 보자. 어떤 애플리케이션이 계속 실행되는가. 엑셀인가? 그렇다면 당신은 회계 관련 부서를 지나치고 있을 것이다. 워드가 많이 보이는가? 그렇다면 아마도 법률 부서이거나 기술 편찬 부서일 것이다. 자리가 비어 있나? 영업 부서가 분명하다. 엔지니어 부서에서 가장 일반적인 애플리케이션은 에디터다. 터미널 창이든 세상에서 가장 멋지다고 생각하는 통합 개발 환경이든 간에, 그들이 가장 좋아하는 애플리케이션은 코드 에디터이다. 하지만, 엔지니어들의 진정한 비밀 무기는 이 에디터가 아닌 바로 버전 제어다.

버전 제어의 개념은 간단하다. 프로젝트를 구성하는 모든 파일을 중앙의 네트워크에 보관하는 것이다. 파일 하나를 편집하고 싶은 경우, 에디터에 통합된 도구를 실행하면 내 시스템에 그 파일의 읽기/쓰기 복사본이 하나 만들어진다. 편집 작업이 끝나면 같은 도구를 사용해 파일을 네트워크에 체크인한다. 그래서, 뭐가 대단하냐고?

일반적인 경우 별로 대단할 것이 없다. 별 수고없이 파일을 마음대로 체크인하고 체크아웃한다. 하지만 여러 사람들이 편집하는 파일이 산더미 같은 소프트웨어 프로젝트에서 버전 제어는 효능을 발휘한다. 버전 제어 시스템은 두 명의 엔지니어가 같은 파일을 동시에 체크 아웃하고 변경했을 경우 발생하는 문제를 해결해준다. 변경된 파일을 먼저 체크인한 사람에게는 아무 문제가 발생하지 않는다. 두 번째 사람이 체크인하면, 그 엔지니어는 "이봐요, 이 파일은 당신이 체크아웃한 사이 변경됐어요. 어떻게 할까요?"라는 경고 메시지를 받게 된다. 그러면 사용자는 두 파일을 어떻게 합쳐야 전체적인 일관성을 유지할 수 있을지 알아내야 한다.

버전 제어는 사람들이 서로 부딪치지 않게 막아주는 유용한 교통 경찰 역할을 하지만, 더 멋진 역할은 바로 내가 체크인할 때 사용하는 기능이다. 파일을 그저 단순히 체크인만 하는 것이 아니라 내가 변경한

2부 프로세스가 제품이다

내용에 대해 "랜즈가 정말 대단한 새 함수를 추가함"이라는 정보를 추가할 수 있다. 그러면 파일은 버전 제어 서버에 복사되고 새 버전에 내 이름과 메모를 붙인 후에 파일의 버전 번호를 늘린다.

파일의 모든 버전이 이 시스템에 저장된다는 유용한 점은 잠시 제쳐두고, 변경할 때 함께 저장되는 코멘트에만 집중해보자. 대단한 기능으로 엔지니어링의 비밀 무기라 볼 수 있다. 작업의 모든 버전을 저장할 뿐 아니라, 변경시의 상황이나 배경도 함께 저장해준다. 버전 제어는 우리의 아이디어를 빛나게 만들어 준 생각도 저장한다. "뭐가 참신한 방법이란 말이지?"라고 생각한다면, 딜리셔스[14]와 플리커[15]에 대해 생각해보자. 두 서비스 모두 상황(Context)을 포착하는 기능(태그)을 갖추고 있다. 이 서비스에 새 링크 또는 사진을 추가할 때마다, 자신이 원하는 태그를 추가할 수 있다. 규칙이 없다. 그저 그 링크나 사진과 관련된 아무 단어나 입력하면 된다. 그게 바로 상황이다.

플리커와 딜리셔스를 사용해보면, 콘텐츠의 상황을 포착해 공유할 때 만들어지는 가치를 알 것이다. 오스틴[16]에서 있었던 사우스 바이 사우스웨스트 인터렉티브(South by Southwest Interactive)라는 컨퍼런스에서, 플리커에 행사 사진을 업로드하고 거기에 정성 들여 태그를 다는 사람들을 보며 대단해 하던 적이 있었다. 발표가 끝난 지 30

---

[14] 역주 del.icio.us, 온라인 링크 공유 서비스
[15] 역주 Flickr, 야후가 인수한 온라인 사진 공유 서비스
[16] 역주 Austin, 미국 텍사스 주의 한 도시)

분 후, 플리커에는 내가 방금 전에 본 발표에 대한 태그가 달린 수십 장의 사진이 올라가 있었다.

그래서 어쩌라고?

당신이 지금 참여하고 있는 큰 프로젝트에 대해 생각해 보자. 내 경우에는 지금 쓰고 있는 17 번째 장이다. 나는 흥겹게 타자를 치며 꼼꼼하게 12 초마다 저장 버튼을 누르고 있다. 자주 다운되는 윈도우 애플리케이션을 수년간 사용하다 생긴 버릇이다. 자주 저장하면 곤란한 상황을 피할 수 있다.

이 프로젝트의 상황 정보는 언제 포착해야 할까? 언제쯤 멈추고 내가 방금 적은 것에 대한 생각을 정리해야 할까? 중요도가 높아졌을 때마다이다. 글을 쓰며 이런 순간들을 기록해봤는데 다음과 같다.

1. 아직 미처 다 읽지 못한 버전 제어 관련 글에서 비롯된 새 도입부 완성.
2. 기술 예제에서 위키피디어를 제외시킴. 플리커와 딜리셔스로 충분하다. 위키로 혼동되게 하지 말자.
3. 발견 단락을 이리저리 옮겨본다… 아직 어디에 놓을지 결정하지 못하고 있다. 이 단락에 과도하게 집착하는가 보다.

이런 코멘트가 당신에게는 중요하지 않겠지만 나에게는 중요하다.

162

저장 버튼을 누를 때마다 에디터가 창을 띄우는 것을 즐기는 것은 아니지만, 프로젝트에 중요한 작업이 실행됐으니 변경된 상황을 저장하려는 것이다. 대부분의 사람들에게 익숙한 작업이 아니며, 이 변경 코멘트에 대해 내 엔지니어링 팀에서도 심각한 공방이 있어 왔다. 파일만 체크인하고 싶어하는 게으른 사람과, 코드가 안전하게 버전 제어되는 것도 좋지만 프로젝트가 매일매일 어떻게 변경되는지 아는 것이 더 좋다고 생각하는 사람들 간의 싸움이었다.

나는 결국 상태 보고서를 처리해 줄 기술적 접근을 찾아냈다. 생각이 뚜렷한 바로 그 순간, 상황을 저장해줄 도구 말이다. "지난 주에 일어난 모든 작업을 보여줘."라고 애플리케이션에 요청만하면 된다면 금요일 오후의 상태 보고서 준비 과정이 얼마나 쉬워질까? 그 보고서 만으로도 내가 중요한 순간에 상황 정보를 저장하는 데 훌륭한 동기부여가 될 것이다.

컴퓨터 매니아의 폭로

나는 버전 제어의 광팬이다. 볼랜드의 신참 엔지니어 시절, 제품 기능 구성 업무를 맡고 있었다. 제품이 만들어지지 않으면 누군가가 내게 소리를 질러댔다. 그래서 나는 엔지니어가 프로젝트를 체크인할 때마다 아무리 사소한 변경이더라도 코멘트를 달아야 하는 애플리케이션을 만들었다. 넷스케이프 시절에는 CVS가 웹 애플리케이션을 통해 버그 추적 기능과 빌드 시스템과 통합되는 경이로운 순간이 있었다.

나는 여전히 틴더박스(Tinderbox)를 매우 좋아하며 벤처 기업 시절에는 기존에 사용되던 마이크로소프트의 소스세이프(SourceSafe)를 내던졌다.

버전 제어의 가치를 알기에 거기에 전적으로 의존한다. 매년 다양한 애플리케이션에 대해 더 많은 것을 배우게 된다. 경영진이 프레젠테이션 소프트웨어에 매달리고, 지원 부서 직원들이 엑셀에 마술을 부리는 것을 지켜본다. 모든 사람이 무언가를 만드는 데 매진할 때, 우리는 좋아하는 애플리케이션을 조금 변형하고 버전 제어를 이용해 그들의 번뜩이는 생각을 저장해 둘 도구를 만들 수 있다.

18장

상태 보고서 2.0

벤처 회사에는, 조직 내의 커뮤니케이션을 극적으로 바꾸는 두 가지 변화 점이 있다. 그 중 하나는 직원이 50 명 정도로 늘어날 때 발생한다. 당신이 초기에 합류한 직원이라면 복도에서 낯설은 얼굴을 마주치게 되는 시점이다.

언짢은 일이다. 지금껏, 모든 직원의 이름을 알았을 뿐 아니라 그들이 어떤 사람이며, 무슨 일을 하는지, 어떤 분야에 뛰어난지도 알고 있었다. 하지만 이제는 모르는 사람들이 사무실 곳곳에 있다.

불쾌하지만 조직이 진화하려면 거쳐야 하는 과정이다. 회사가 성장하고 있다는 사실을 인정하고 당신의 그룹에만 관심을 가지기로 결정하자. 지원 부서의 신참들이 무슨 일을 하든 당신이 신경 쓸 바가 아니다. 당신은 엔지니어링 조직을 만들어 나가야 한다.

두 번째 변화 점은 직원이 200 명 정도 된 시기에 발생한다. 첫 번째 변화 점에서 시작된 이 상황은 이제 심각한 문제가 됐다. 개별 그룹이 성장하면서 조직 내에는 독립적인 부서들이 구성됐고, 이 그룹들은 자신의 성장에만 관심을 가지므로 서로 얘기도 하지 않는다. 초기에 조직을 성장시켰던 효율적인 커뮤니케이션은 여전히 계속되지만 단지 그룹 내에서만 이뤄지며 그룹 외부로는 전달되지 않는다.

각 그룹의 리더는 이러한 상황을 알아채게 된다. 같은 주제를 놓고 서로 다른 그룹과 두 번의 회의가 필요하다. 일이 완료되면 리더는 공황 상태에 빠진다. 두 그룹은 서로에 대해 전혀 모르고 있으며 무엇보다도 서로를 알려하지도 않음을 깨닫게 된다.

리더의 공황은 목표, 커뮤니케이션, 팀워크를 다듬는 모든 경영진이 모인 워크숍으로 이어진다. 워크숍이 끝나고 모든 사람이 회사로 돌아오면 누군가는 서로 다른 조직을 연결시키는 임무를 맡고 이사로 승진된다. 커뮤니케이션 개선의 극단적인 방법은 상태 보고서로 조직을 비난하는 것이다.

나는 다양한 규모의 조직을 관리해 봤다. 큰 조직에서는 불가피하게도 내 상사와의 회의에서 내 상태 보고서의 정책이 무엇인지 설명해야 했다. 이런 대화에서는 매번 "죄송하지만, 상태 보고서를 살펴보겠습니다."라고 말했다.

내가 왜 사과를 하는 것이지? 분명한 커뮤니케이션은 이상적이며 상태 보고서는 좋고 투명한 커뮤니케이션이 아닌가? 그렇다. 하지만 내가 사과하는 이유는 상태 보고서 정책을 제도화하고 지원함으로써 "상태 보고서 형식으로 일을 더 복잡해 보이게 만드는 것 외에는 달리 커뮤니케이션을 원활하게 할 줄 모릅니다. 미안합니다. 저는 이 정도랍니다."라고 인정하기 때문이다.

상태 보고서 자체가 나쁜 것은 아니다. 일주일에 한 번 하이라이트(큰 문젯거리), 로라이트(작은 문젯거리), 그 밖의 미해결 이슈 등의 정보를 요구하곤 한다. 아주 간단하다. 이것을 주간 리트머스 테스트라 생각할 수 있다. 새 그룹과 함께 일하는 첫 몇 주간은 팀으로부터 매우 훌륭한 상태 보고서를 받게 된다. 많은 노력이 들어간 자세한 세부 사항과 풍부한 내용이 전달된다. 관리자와 팀이 보고서 작성에 많은 시간을 소모한 게 분명하다. 두 달이 지나자 미적지근해졌다. 내용이 아주 알찬 상태 보고서를 만들어냈던 바로 그 사람들이 이제는 지난 주와 그다지 다를 바 없는 글머리 기호로 정리된 단순한 목록을 만든다. 나는 읽기를 멈췄고, 그들도 보고서 작성을 그만뒀으며, 모두가 상태 보고서를 혐오하게 됐고 또다시 커뮤니케이션이 부족한 상황으로 돌아갔다. 이 문제는 해결되어야 한다.

대상 이해하기

두 부류의 상태 보고서 사용자가 있다. 첫째 사용자는 관리자와 임원들이다. 이들은 모든 돈이 어디로 흘러가는지에 대한 조감도를 보고자 하는 사람들이다. 급여를 지급할 뿐 아니라 조직에 가장 큰 영향을 미치는 사람들이므로 지속적인 커뮤니케이션이 필요하다. 그들에게 현재 상황에 대해 계속 알려줘야 품질 개선을 위해 출시를 2개월 연기하는 것이 가능해진다.

이 사람들은 너무 많은 상태 보고서를 봐야 하니 보고서를 어느 정도 정규화해 어디에 중요한 정보가 있는지 찾느라 헤매지 않게 해주자. 그들은 제공된 정보를 보고 결정을 내릴 수 있어야 한다. 10여 년 동안 상태 보고서를 받아온 관리자들은 별다를 것 없어 보이는 업데이트에서 경고 신호를 매우 능숙하게 찾아내곤 한다.

상태 보고서를 사용하는 또 다른 사람들은 회사의 모두이다. 다시 정리하겠다. 다른 사용자는 당신의 상태 보고서를 읽는 회사의 모든 사람들이다. 설명하겠다.

지금 당장 당신의 상태 보고서를 '적절한 사람들'에게 전송하자. '적절한 사람들'이란 조직, 관리자, 리더의 역할을 가진 사람들과 부서 간의 기능을 이해하고 있어야 하는 사람들이다.

이런 대상과의 문제를 보자.

상태 보고서의 미해결 문제 하나가 4주째 계속되고 있다고 가정하자. 이 문제는 오래 지속되다 못해 당신과 관리자와의 일대일 면담에서 거론될 정도가 됐고, "얼마나 진행됐습니까?"라는 질문에 당신은 고개만 갸우뚱거리며 관리자의 화를 북돋우고 있다. 4주 동안의 미해결 사건의 해결책은 당신 주위에 없는 아무개라는 엔지니어를 찾아 내는 것이다. 그 사람은 당신의 관리 먹이사슬에서 완전히 벗어나 있으나 수주 동안의 문제를 해결해주고 당신을 곤란한 상황에서 벗어나게 해줄 수 있다. 그렇다면, 어떻게 이 사람을 찾을 것인가?

당신의 상태 보고서를 수신하는 사람 중 누군가가 그 미해결 문제에 아무개를 연결시켜 줄 수 있다. 하지만 문제는 아무개를 연결 시켜줄 만한 사람들도 당신과 마찬가지로 상태 보고서에 이미 질려버렸을 수 있다.

3중 수정

당신은 여기서 결정타를 기다리고 있을 것이다. 내가 상태 보고서를 해결할 방안을 가지고 있다고 생각하겠지만, 당신이 변화를 얼마나 적극적으로 수용하느냐에 따라 방안이 달라진다. 상태 보고서를 수정할 3중 전략이 있는데 '3중'을 '많은 일'로 여기는가? 물론 많은 일이지만 당신은 관리자이며 당신의 임무에는 사람 관리뿐 아니라 정보 관리도 포함된다.

내 개인적인 의견으로는, 첫 번째가 가장 도움이 된다. 그룹의 위키를 만들자. 별로 어려운 일이 아니다. 위키가 있으면 문서의 중요한 정보를 불필요한 이메일로 전달하는 대신 위키에 올리라고 지시할 수 있다. 당신이 바로 전도자가 되는 것이다. 정보에 대한 어떤 질문에도 "위키를 확인해 보세요."라고 대답하고, "거기에 없는데요."라는 대답을 들으면 "그럼 추가하세요."라고 대답한다. 기능 설명, 도우미 문서 등 수신함에서 먼지를 뒤집어 쓰고 있는 모든 중요한 정보의 가치가 위키에서 살아난다.

그룹이 위키를 사용하는 목적은 팀의 정보 저장고를 만드는 것뿐 아니라 이를 사용하는 습관을 들이기 위함이다. 정보를 찾아야 할 경우 그들의 사고 과정은 "누구를 방해하지?"가 아니라 "위키에 이 정보가 있을까? 없다면 왜 없는 거지?"가 되어야 한다. 정보를 얻기 위해 팀원들이 서로를 방해하는 것을 긍정적으로 여기지만, 중요한 정보라면 일주일에 세 번씩이나 하던 일을 멈추고 메일 수신함을 뒤지지 않고도 어디선가 찾을 수 있어야 하지 않겠는가?

지금쯤 당신은 우리가 상태 보고서 문제를 건드리지 않았다고 생각하겠지만 실은 이미 그 문제를 해결해나가고 있다. 일단 당신이 위키를 그룹의 표준 정보로 만들면 그 정보는 퍼지게 된다. 다른 팀에서 우리 팀의 정보가 필요할 때 위키 URL을 받으면 그들은 이를 즐겨찾기에 추가할 것이고, 위키가 즐겨찾기될 때마다 조직 내에서의 이 위키의 가치는 그만큼 높아진다. 당신이 약간만 일관성 있게 밀고 나간다면 위키가 상태 보고서를 완전히 대체할 수는 없더라도, 팀의 가상 존재가 될 수 있다. 당신의 위키는 그룹의 최신 정보 소스로 인식돼야 하며, 더 빨리 인식될수록 그 아무개가 당신의 미해결 문제에 대해 신속히 알게 될 것이다.

위키를 정보 소스로 만들었다면 팀이 상태 보고를 올리도록 만들어야 한다. 상태 보고에 웹 블로그를 선호하는 사람들도 있지만 위키도 그 역할을 충분히 감당할 수 있다. 블로그는 최신 날짜 순으로 구성되

2부 프로세스가 제품이다

므로 최신 뉴스가 가장 먼저 나오며 개인이 자신의 콘텐츠를 책임지는 자체 출판 플랫폼 역할을 한다. 하지만, 위키는 아무나 모든 것을 편집할 수 있다는 장점이 있다. 이 둘 사이에 기술적인 우위가 거의 없으나 모두가 볼 수 있는 장소에 상태를 정기적으로 포스팅할 수 있는 것이 필요하다.

모든 사람이 말이다. 상태 보고서를 기밀 또는 비밀로 생각하는 관리자들이 많은데, 당황스런 일이다. 당신의 상태 보고서를 많은 사람들이 볼 수 있도록 공개하면 사람들에게 쉽게 발견되며, 많은 사람들이 보고 있음을 아는 상태 보고서 작성자는 보고서를 더 열심히 작성할 것이다. 그러면 상태 보고서는 회사 전체를 위한 것이 된다.

안타깝게도, 최고 경영진에게는 정기적인 이메일을 계속 보내야 한다. 상태 보고서의 무의미한 전송을 해결하고 싶다고 언급했지만, 당신은 이전처럼 이메일을 계속 보내야 한다. 팀의 정보원으로 위키를 고집했고 팀원들이 자신의 상태를 블로그를 통해 계속 공유하고 있다면 몇 가지 중요한 문제가 해결된 것이다.

먼저, 팀의 모두는 더 이상 1주일 내내 이메일과 인스턴트 메시지에 응답하며 팀이 하는 일에 대해 외부 사람들에게 계속 알리는 수고를 하지 않게 됐다. 위키 링크만 알려 주면 되기 때문이다.

두 번째로, 더 많은 사람들이 더 많은 정보를 얻을 수 있게 됨으로써, 당신은 조직이 더 효율적으로 커뮤니케이션하도록 돕고 있다. 나는 동료들과 앉아 업데이트 회의를 할 때, "그런데 랜즈씨, 이 내용은 당신 위키에 있지 않나요?"라는 말을 듣는 것을 매우 좋아한다.

그렇다 위키에 있다.

세 번째로, 블로그를 참조하면 다음 보고서를 쉽게 만들 수 있기 때문에 상태 보고서를 위한 정보 수집 과정이 수월해진다.

이 보고서를 지속적으로 보내기만 하면 된다.

그 사람들이 너무 바빠 위키에서 정보를 찾을 시간이 없어서가 아니라, 이 문서는 당신이 어떤 일을 어떻게 하는지를 정의하기 때문에 당신이 경영진에게 직접 보내야 한다. 이렇게 정기적으로 정보를 전달하는 것은 당신의 팀의 존재를 알리는 훌륭한 수단이다. "여기 우리 팀이 있습니다. 이렇게 열심히 일하고 있고 많은 일을 맡고 있습니다."라는 보고 자료가 된다.

파급 이론

다시 벤처 기업 시절로 돌아가본다. 우리는 박차 오르는 중이었다. 6개월 간의 제품 출시 협의 후 드디어 제품을 출시해야만 했고, 모두들 데드라인에 집중하고 있었다. 좋은 소식이라면 QA가 자신의 일을 제대로 해왔고 버그 데이터베이스에 많은 일거리가 쌓여 있다는 것이었으나, 나쁜 소식은 몇 개월 동안 어느 누구도 그 데이터베이스를 보지 않았다는 것이었다. 당시의 임시 부사장은 매우 예리했다. 그는 우리의 목표가 양질의 베타 출시임을 알고 있었지만, 해결되지 않은 수많은 버그로 인해 우리가 제품의 품질을 전혀 파악하지 못하고 있음을 또한 알고 있었다.

임시 부사장은 QA 관리자와 기술 지원 관리자, 그리고 나를 회의에 소집했다. "모든 버그를 이런 식으로 추적해 베타 출시까지 얼마나 많은 버그를 해결해야 하는지 알려주십시오."라는 지시를 내리고 자리에서 일어났다. 537개의 모든 버그라니…… 버그에 대해 읽어보고, 이를 다시 만들어 낸 후, 팀이 신중한 의사 결정을 내려야 한다. 개당 평균 5분이 걸린다고 가정해도 버그 추적에만 45시간이 걸린다. 거의 불가능한 작업이었다. 기능을 수정해야 하고, 팀을 관리해야 하고, 2주째 금요일 밤을 새며 토요일에도 계속 근무를 해왔다.

잠깐 화제를 돌려 버그 데이터베이스에 있는 막대한 가치에 대해 논해보자. 내가 일했던 거의 모든 회사에서 제품을 측정하는 믿을 만한 정보원은 버그 데이터베이스였다. 마케팅 문서는 도움이 안 된다. 테스트 계획도 도움이 안 된다. 테스트 사례 데이터베이스는 점차 QA에 대한 개인적인 일정 목록으로 바뀌어 간다. 버그 데이터베이스만이 제품에 대한 정확한 데이터를 제시한다.

나는 이 사실을 알고 있다. 버그 데이터베이스를 효과적으로 검색하면 제품에 대해 가장 정확한 판단을 내릴 수 있음을 알고 있다.

그렇지만 537개의 분석되지 않은 버그라니. 40시간 이상의 버그 뒤처리?

제발, 제품을 출시해야 한다고요.

불가능한 작업을 지시 받았을 때 나의 일반적인 대처 방법은 분석하는 것이다. 분석을 하면 데이터를 얻게 되고 확신에 찬 의사 결정을 내릴 수 있기 때문이다. 그래서 이 작업을 완료하는 데 얼마나 많은 시간이 걸릴지 신중히 생각해 보았다. 5분×537=불가능. 이 단순한 예측은 나를 공포에 떨게 만들었다. 세상에 40시간 동안 버그를 분석한다면 다른 업무 다섯 가지를 어떻게 할 수 있단 말인가? 이런 혼란에 휩싸이자 나는 더 이상 작업에 대해 생각하지 않고 공포에 사로잡혔다.

이때 나의 조언은 '시작하라' 이다.

"그렇지만 랜즈씨…… 테스트해야 할 것이 300건이 넘어요. 그리고 ……."

그만. 빨리 가서 한 건이라도 테스트하자. 지금 당장.

"잠깐만요, 잠깐만요. 랜즈씨. 들어봐요. 이 스펙을 내일 오전 9시까지 달라고 하는데요……."

쉬! 입 다물라. 가서 한 단락이라도 쓰자. 지금 당장.

이게 바로 파급 이론이다.

악역

불가능한 작업을 처리할 때, 나는 먼저 그 작업을 일정 목록에 추가한다.

"여기! 목록에 있네. 아아……. 기분 좋지 않나? 목록에 있다는 것은 언젠가는 완료된다는 것을 뜻하지?" 틀렸다. 일정 목록에 올리는 것은 비평가를 피하는 일일 뿐이다.

모든 이야기에는 악역이 필요한데, 여기서 악역은 바로 비평가다. 비평가란 당신 자신의 마음속에서 들려오는 목소리로, 당신의 인생에 대해 조심스러우면서도 신랄한 분석을 하는데, 최소한 한 번 이상 당신을 곤란한 상황에서 구해 주었기에 강력한 힘을 지니고 있다.

예전의 벤처의 제안은 그대로 받아들이기 힘들도록 너무 근사하다고 말해주던 목소리다. 그 회사를 기억하는가? 놀라운 영입 제안을 거부한 지 3개월 만에 사라져 버린 그 회사. "비즈니스 모델도 이해할 수 없는 이런 회사가 어떻게 이렇게 놀라운 제안을 할 수가 있겠어?"라고 말하던 바로 그 목소리다.

그 비평가는 3년 전에 내 내부의 지름신을 입다물게 만들고 HDTV를 사지 않도록 설득했으며, 팀이 일정대로 일을 완성할 것이라고 강조하던, 말이 빠른 엔지니어링 관리자를 믿지 말라고 했었다. 그는 "빨리 말하는 사람은 자신이 알지 못하는 부분을 감추기 위해 빨리 행동하는 거야."라고 말해줬다. 비평가가 옳았다. 비평가는 그 후 신뢰를 얻었지만 이 경우에 있어서 그는 여전히 악역이다.

불가능한 작업을 일정 목록에 올리는 것이 기분 좋음을 알고 있다. 실제로 무언가를 이룬 것 같은 기분이 들겠지만 단지 충돌을 피했을 뿐이다. 당신이 불가능한 작업을 생각하기 시작하면, 비평가가 끼어들어 "랜즈, 무슨 생각하는 거야? 어느 누구도 출시 2주 전에 기능을 추가할 수 없어!"라는 원론적인 얘기를 할 것이다.

"그래, 알았어. 그 말이 맞아. 그렇지만 상사가 하라는데…… 그 사람이 일단 마음 먹으면 어떻게든 밀고 나갈 텐데…… 어쩌고 저쩌고." 일을 시작해야 할 때인 지금, 당신은 정당화하고 있고, 걱정하고 있으며, 비평가와 논쟁을 벌이고 있다.

일단 시작하라

먼저 불가능한 임무를 분석해 보자. 두 가지 유형의 불가능한 작업이 있다. 먼저, 참기 힘들 정도로 지루한 작업이 있다. 아무런 정신적인 노력이 필요 없는 그저 크기만 방대한 작업이다. 버그 추적과 분석이 바로 이런 작업의 좋은 예다. 정말 어려운 작업도 있다. "이봐 랜즈, 크리스마스까지 신제품이 필요하네. 그래, 지금이 10월이지. 준비됐나? 바로 시작하게!" 이런 지시로 주어진 작업 말이다.

지루한 작업과 힘든 작업 모두 시작하고 봐야 한다. 정말 사소하고 단순한 조언이다. 시작하라.

잠시 시간을 내어 일정 목록을 머리에 떠올리거나 막 작성한 내용을 살펴보자. 한 달 넘게 그대로인 중요한 일들이 얼마나 되는가? 1년 이상된 것이 있다고? 당황스럽겠군, 그렇지 않나? 그것들이 중요하지 않은 것이 아니라 당신이 아직 시작도 하지 않았고 시작하려는 순간 비평가가 "어떻게 시작하려는 거야? 절대로 완료 못해! 어디서 시작할지도 모르잖아!"라며 끼어드는 통에 아직 시작하지 않았을 것이다.

시작하자. 빨리 가서 첫 번째 버그에 대해 읽어보자. 버그가 몇 개 남았는지는 생각지도 말자. 다음 버그로 넘어가서 어떤 일이 벌어지는지 지켜보자. 곧 무언가 계속 진행됨을 알게 될 것이다. 두 개의 버그를 더 처리하고 나면 동기 부여가 됨을 느낄 것이다. 진전 + 동기 = 자신감. 불가능한 작업의 아주 작은 부분이라도 해결되는 것을 보는 순간, 비평가는 자신이 그릇됨을 깨닫고 점차 조용해질 것이다.

반복하라

두 번째 조언은 첫 번째보다 더 간단한 것으로, 반복하는 것이다. 작업을 일단 시작하면, 반복하기는 다소 쉬워지지만 진정 불가능한 작업을 맡게 되면 비평가는 잠자코 입 다물지 않는다.

"우와, 버그 5 개를 끝냈잖아. 이제, 겨우 532 개가 남았네. 힘내!"라며 말이다.

반복과 순환만으로는 비평가를 조용하게 만들지 못한다. 진전이 필요하다. 불가능한 작업에 대해 고민하고 노력하는 순간 대단한 일이 일어날 것이다. 무슨 작업이든 일단 시작하고 나면 비효율성을 발견할 수 있고 과정을 정교하게 조율할 수 있다. "그 코드를 작성하는 데 2 주는 걸립니다."라고 말하던 엔지니어가 그 다음 주에 나타나 "다했습니다."라고 말하게 해주는 밑거름이다. 2 주가 걸리리라 믿었지만 문제에 착수하자 1 년 전에 비슷한 코드를 작성해봤음을 깨닫고 토요일 오후에 약간의 수정을 통해 동일한 기능을 구현해냈다.

작고 지겹도록 불가능한 작업도 마찬가지다. 이전에 각각의 버그를 분석하는 데 5 분은 걸릴 것으로 예측했지만, 50 개의 버그를 추적하고 나자 버그 추적과 분석의 효율이 높아졌다. 버그를 파악하고 기록하는 해결할 수 있는 사람과 전혀 감도 못 잡는 사람을 가려내게 됐다. 제품의 문제점을 배우게 됐고 버그의 중요도에 대해 즉각적인 판단을 내릴 수 있게 됐다. 처음 50 개의 버그를 찾는 데 5 분간의 추적 작업이 필요하던 것이 다음 50 개에서는 1 분이 됐고, 속도가 붙으면서 15 초로 줄어들었다.

처음에는 버그 추적과 분석에 45시간이 필요하다고 생각했던 것이 이제는 약 7시간이 됐다. 내가 1주일은 걸린다고 생각했던 것이 실제로는 하루면 충분했다. 그렇다고 모든 작업 예측을 20%로 줄일 수 있다는 것은 아니다. 불가능해 보이는 작업이 실제로는 그저 매우 어려운 것뿐일 수 있다. 작업을 시작하기 전의 작업 예측은 매우 어려움을 기억하자.

섞어 보기

불가능한 작업을 지시받았다. 주말에 잠도 안 자고 노력한 끝에 그 작업이 불가능하다는 사실을 재확인했다. 이미 작업에 착수했고 반복해봤지만 여전히 그 작업을 어떻게 완성시킬지 전혀 감을 잡을 수 없다. 내 경험을 이야기하겠다.

올 봄, 내 소유 부지의 정리 작업을 위해 몇 명의 일꾼을 고용했다. 그 땅은 오크나무, 덤불 그리고 잡목으로 뒤덮여 접근할 수 없었다. 작업을 시작하며, "그래, 좋아. 정리해보자고."라며 의지에 차있었다. 첫 주말이 지나자 이 정리 작업이 도저히 참을 수 없을 정도로 지루해졌다.

나의 이러한 마음은 세 명의 용역회사 직원이 땅을 정리하기 위해 전기 톱을 들고 나타나자 궁금증을 불러 일으켰다. 그들은 망설이지 않고 시작했으며 계속해서 반복 작업을 해 나갔다. 그리고 무엇보다도, 파급 이론에 있어서 가장 중요한 구성 요소인 '섞어 보기'를 실천하고 있었다.

한 사람은 덤불을 베어 불에 가져가고, 다른 사람은 나무를 베어 넘기고, 또 다른 사람은 넘어진 나무의 가지를 베어냈다. 이렇게 한동안 작업이 진행되더니 그들은 작업을 맞바꾸었다. 이제 덤불 담당이 나무 담당이 되었고, 나무 담당은 가지치기 담당이, 가지치기 담당은 덤불 담당이 되었다. 점심 시간에 "언제 작업을 맞바꾸나요?"라고 묻자, 그들은 "지루해지면요."라고 대답했다.

대단히 아름다운 파급 이론이다. 불가능할 정도로 힘들거나 지루한 일을 하고 있을 때, 지루함 또는 혼란이라는 장벽에 부딪친 자신을 발견한다면 작업을 중단하고 다른 일을 하라. 중단의 이점은 놀라울 정도다.

먼저, 중단은 비평가의 얼굴을 정면으로 한 방 날린다. 그는 당신의 머릿속에 "음, 열심히 작업하지 않으면 큰 문제가 생겨."라고 말한다. 그리고 하기 싫은 그 불가능한 일을 위해 오래 앉아 있다보면 그 목소리는 더욱 커진다.

두 번째로, 하던 일을 중단하고 다른 작업을 하는 것은 당신과 당신의 두뇌에 유익하다. 하는 작업을 모두 중단하고 완전히 새로운 방향으로 전환하게 되는데 뇌는 새로운 것을 좋아한다. 두뇌는 열정을 가지고 새로운 것을 받아들이며 새로운 힘이 솟아날 것이다.

세 번째로, 당신이 중단하고 있더라도, 두뇌는 불가능한 작업을 머리 뒷전에서 계속 처리해준다. 바로 이 때문에 샤워를 하면서 많은 영감이 떠오를 수 있다. 두뇌는 잠시 하던 작업을 중단하고 방황하게 만들어도 될 정도로 똑똑하다. 당신의 두뇌는 그 기능을 이틀 만에 완료하는 것이 얼마나 중요한지 알고 있기에 당신이 인식하지 못하는 순간에도 그 기능에 대한 생각을 계속 하고 있다.

"잠깐, 잠깐만요. 랜즈씨, 이것 보세요. 불가능해 보이는 데드라인이 있는데 작업을 중단하라고요?"

내 말의 의미는, 당신이 불가능한 작업 때문에 자신과 힘든 싸움을 하고 있다면, 싸움이 아니라 다른 문제를 고민해볼 때라는 것이다.

엔트로피가 결국 이긴다

인생이란 조금씩 내 세상을 정리해나가는 끝없는 작업의 연속인 것처럼 보인다. 이 작업들은 전체적으로 보면, 많은 일을 의미하지만, 내 삶의 전체적인 엔트로피, 모든 사건의 실제 양에 비교해 보면, 극히 약소할 뿐이다.

사실, 당신의 세상은 당신이 쫓아가기에는 너무 빠르게 변하고 있으며 이를 두 가지 관점에서 바라볼 수 있다.

■ 과업 관리, 개인 목표, 할 수 있다는 태도 등의 적극적인 마음가짐을 통해 내 세상은 내가 통제할 수 있다고 믿는다. 나는 불가능한 일을 성공적으로 해낼 것이다. 아자!

아니면,

■ 세상을 통제할 수는 없지만 내 자신을 끊임없이 바꾸어 엔트로피
  의 파도를 탈 것이다.

엔트로피 파도 타기는 자신감이 필요하다. 토니 로빈스[17] 식의 연설
가적 자신감이 아니라 불가능에 끊임없이 도전하고 거기에 적응하며
얻게 되는 개인적인 자신감이다.

---

[17] **역주** Tony Robbins. 미국의 유명한 자기수양 작가이자 직업적 연설가

2부 프로세스가 제품이다

이제 이기적으로 변할 시간이다. 앞의 두 개 부는 사람과 제품 관리에 대해 논의했다. 이제 다른 사람에 대해 염려하기에 앞서 당신 자신에 대해 생각해보자. 약간 이기적일 필요가 있는데, 그런 이유로 3부의 첫 두 장은 관리와는 전혀 상관없는 내용을 다룬다. 당신의 이력서를 눈에 띄게 하는 방법, 전화 면접에서 실수하지 않는 방법 등이 설명된다.

그리고 나서 다시 관리로 돌아가 사람들에게 별명 붙이기를 시작할 텐데, 그 버릇에 대한 설명은 이러하다. 대부분 장의 제목은 내용 작성 전에 결정되면 내용의 대부분은 차를 타고 출퇴근하는 동안에 떠오르는데, 차에서 내려 키보드 앞에 앉을 때까지 나의 연속적인 생각을 전부 기억하고 있을 수 없기 때문에 별명을 지어 붙이곤 한다. 별명을 떠올리기만 해도 30분간의 정신적 배회를 기억할 수 있어야 하기에 내용을 잘 설명하는 별명을 붙여야 한다.

3부는 다양한 종류의 별명으로 가득 차 있다. 내향적, 외향적, 유기적, NADD, 자유 전자, 주모자, 점진주의자 등등. 별명 붙이기를 너무 좋아하는 게 분명하다. 하지만 이런 별명들은 간편한 기억 수단일 뿐아니라, 수년 동안 테이블에 앉아 다양한 사람들의 성격의 유사성을 발견해 명명하던 습관의 산물이라 볼 수 있다.

이 별명들은 사람들을 완벽히 설명하기 위함이 아니다. 그저 한 사람을 이해하는 출발점이 되어줄 뿐이다. 사람들은 복잡하기 때문에 우리가 '자유 전자'라 일컫는 사람이 '유기적 완료주의자'일 수도 있다. 팀과 회사 내의 사람들을 파악할 수 있는 정신적 출발점은 기꺼이 제공하겠지만 당신의 할 일이 남아있다. 사람들에게 별명을 붙임으로써 그들을 이질화 하는 것이 아니라, 필요를 이해하고 이를 최대한으로 충족시켜 포용해야 한다.

모든 사람은 당신과 조금씩 다른, 당신의 다른 버전일 뿐이라는 것을 기억하자.

part 3

여러 버전의
당신

인상과 관심

이력서에 대한 가슴 아픈 현실은, 당신이 아무리 많은 시간과 공을 들여 다듬었더라도 나에게 인상을 남기는 데 30초만이 주어진다는 사실이다. 아니, 그보다도 더 짧은 시간일 수 있다. 불공정하고, 정확한 판단이 불가능하며, 평가에 실수가 있을 수도 있다. 뛰어난 팀원을 채용하는 것은 매우 중요하지만, 나혼자 감당하기엔 너무 많은 후보들이 있으며 나는 그 외에도 제품을 만들어야 하고, 내 사무실에 들어오는 수많은 사람들을 관리해야 하는 여러 임무를 맡고 있다.

그러기에 인상(Glimpse)을 남길 수 있어야 한다. 이력서를 검토할 때 진행되는 나의 사고 프로세스에 대해 설명하겠다. 이 프로세스가 올바른지, 효율적인지는 모르겠지만 15년 동안 수천 장의 이력서를 검토한 끝에 도달한 프로세스다.

첫째 관문

당신의 이름. 단순하다. 내가 당신을 알고 있나? 알든 모르든, 내가 알고 있어야 할 사람인지 확인하기 위해 즉시 구글 검색을 해본다. 오, 블로그를 가지고 있군. 아주 좋아.

회사 이름. 당신이 몸 담았던 회사들을 내가 알고 있나? 알고 있다면, 당신이 실제로 하는 일을 살펴보지 않아도, 그 회사를 알고 있다는 사실만으로 어느 정도 안심할 수 있다. 회사를 모른다면, 이력서에서 핵심어를 찾아 대략적인 정보를 얻는다. 음…… 네트워킹이라는 단어가 있군. 그래, 당신은 네트워킹 쪽 인물이군.

업무 설명과 경력. 여기서는 경험과 경력을 알아본다. 얼마나 다양한 직무를 얼마나 오래 했는가? 현재의 직급에서 얼마나 오래 있었는가? 이전에는 어떤 역할을 맡았는가? QA? 아니면 계속 엔지니어였는가? 여기서 뭔가 일관되지 않은 경고 신호를 찾아본다.

기타 관심 분야와 활동. 이것도 통과 관문의 하나다. 50장의 다른 이력서와 당신을 차별화하는 무언가를 찾아본다. 이 부분에 대해서는 잠시 후 더 설명하겠다.

이제 다 됐다. 겨우 10~20초 만에 결정을 내렸다. 면접을 계속 진행할지 여부를 알리는 전화를 이미 걸었을 것이다. 누군가 이력서를 다시 검토해보라고 요청하면 생각해보긴 하겠지만, 이미 나의 기본적인 결정은 내려졌다.

두 번째 관문으로 이동하기 전에, 이력서에서 내가 쳐다 보지 않았고 앞으로도 보지 않을 부분에 대해 얘기해 보자.

직업 목표. 첫 단락일 테지만 나는 이 부분을 건너 뛰었다. "간결한 직업 목표를 작성해야 합니다. 이력서의 가장 중요한 부분입니다."라고 학생들에게 주장하는 이 세상의 모든 직업 상담사들은 내 말을 들으면 아마도 책상을 치며 흥분할 것이다.

물론 그 사람들의 주장이 사실이겠지만, 나는 그래도 읽지 않는다. 쓸모 없어서가 아니라 시간이 부족하기 때문이다. 당신의 이력서가 내 수신함에 들어와 있다면, 누군가가 이미 당신이 우리 팀의 어느 자리엔가 맞을 것이라 생각했기 때문이며 당신의 목표는 이미 내가 알고 있는 바를 말할 것이다. 게다가 직함과 직무 관련 설명은 당신에게 자신이 적합한 사람인지 아닌지 알려준다. 신참 엔지니어 자리가 비어 있는데 당신이 10년 정도의 경력을 가지고 있다면, 당신은 스스로 그 직무에 적합하지 않다고 판단할 것이다.

이력서에 목표를 포함시키지 말라는 뜻은 아니다. 다음에서 보겠지만, 면접에는 나의 이력서 검토 외에도 많은 절차가 있으며, 여러 사람들은 이력서의 서로 다른 부분에 관심을 갖고 검토한다.

기술. 기술 부분은 경력에서 추측할 수 있는 정보이기도 하고, 잘못된 정보가 잔뜩 적혀 있는 경우가 대부분이기에 건너뛴다. 사람들이 모두 기술 부분에서 거짓말을 한다는 것은 아니다. 리눅스란 단어를 직장에서 들어 봤다면 이력서에 '리눅스 사용 가능'이라고 적곤 한다는 말이다. 게다가 지난 경력 부분에서 이미 리눅스에 대해 잔뜩 설명해 놓았으니 당신이 리눅스를 사용할 수 있음을 알고 있다. 왜 내가 중복된 정보를 읽어야 하는가?

강점. 기술 부분과 마찬가지로 이 부분도 일반적으로 건너뛴다. '기술 문제 해결 능력을 여러 차례 입증함'이라는 표현을 보자. 이런 표현은 아무 의미가 없다. 자신이 전략적이라는 말을 전하고자 함은 알겠지만, 이력서를 통해 전혀 입증할 수 없는 점이다. 전화 면접과 2차 면접에서 판단될 부분이다.

완전히 시간 낭비인 기술 부분과는 달리, 나는 이 강점 부분을 면접 후에 읽는다. '촉박한 일정에도 긍정적인 결과를 이뤄낸 기록이 많음'이라고 썼다면, 나는 전화 면접에서 이것이 무슨 뜻인지를 물을 것이고 당신이 우물쭈물하며 제대로 된 대답을 하지 못한다면 강점 단락이 그저 말 뿐이며 실제 강점을 설명하지 않음을 알게 된다.

둘째 관문

첫째 관문에서 전화 면접을 할지 결정할 수 없는 경우, 이력서를 다시 검토한다. 그 목적은 "좋아, 첫 관문에서 내 마음에 드는 내용이 있었어. 그게 진실일까?"의 대답을 찾으려는 것이다. 그리고는 다음과 같은 후속 조치를 취한다.

자세한 경력. 이번에는 지난 몇 가지의 업무 경력에 대해 실제로 읽어 본다. 전부는 아니더라도 2, 3개 정도는 읽는다. 후보자에 대한 이해를 새로이 해보며 경고 신호를 찾는다. 당신이 적은 직무 책임이 직함과 어울리는가? 최근 업무는 얼마나 오래 담당했나? 긴 시간이었다면 그동안 당신이 얼마나 성장했는지 알 수 있는가? 짧은 시간이었다면, 왜 그 회사를 떠났는지 알 수 있는가? 지난 두 업무가 서로 연관성이 있나? 일관성 있게 성장했는가 아니면 이리저리 떠돌아 다녔는가?

직업 경험을 나타내는 경력은 이력서의 핵심이다. 당신을 가늠케 해주는 부분이므로 당신이 어떤 사람인지 그리고 팀에 합류해 우리에게 어떤 득이 되는지 설득력 있게 전달하기 위해 공들여야 한다.

학력. 당신이 대학을 다녔는지 아닌지 처음으로 보게 되는 부분이다. 명문대 졸업이란 사실은 내 의견을 치우치게 한다는 것을 수년을 통해 깨달았기에 일부러 학력은 나중에 본다. 스탠포드(Stanford) 대학이나 MIT 졸업생들은 물론 뛰어 나지만, 그 대학 졸업생 중 다수의 좋은 인력을 채용해본 만큼이나 실패도 많았다.

컴퓨터공학 학위가 없다고 적색 신호는 아니다. 실제로 나는 엔지니어 자리에 물리 전공자를 많이 채용한다. 물리 전공 과정은 컴퓨터공학과 많이 겹친다. 어떤 이과 전공이든 내게는 충분하며 컴퓨터 관련 경력을 가진 문과 전공자도 고려해볼 만하다.

그래서 두 번째 관문은 15~30초 만에 끝났다. 면접 기회로 당신의 인생을 바꿀 수 있는 기회를 당신은 방금 놓쳤다. 다음 사람!

방금 일어난 일이 공정치 못한 이유는 이러하다. 당신은 이력서를 작성하는 데 몇 시간의 공을 들였고 친한 친구들에게 보내 의견을 듣고 수정했다. 여러 부분을 고민하며 논조를 다듬었지만 고용하는 담당자인 나는 30초 동안 10%의 내용만 읽었다.

그렇다고 낙담하지 말자. 선택될 기회를 높여주는 몇 가지 쉬운 방법이 있다.

차별화하라, 하지만 짜증나게 하지 말라

이력서를 단순화하라. 당신의 이력서는 형식을 변경해도 끄덕없어야 한다. 지금 당장 이력서를 열고 일반 텍스트 형식으로 바꿔 보자. 그래도 각 부분이 구분되는가? 경력이 여전히 분명한 형식을 갖췄는가? 각 업무를 언제 시작했고 끝냈는지 여전히 확인할 수 있는가? 여백도 검토해 보자. 어디에서 줄 바꿈이 되는가? 보는 사람이 글꼴을 바꿀 경우 엉망이 될 수 있으므로 줄마다 문장을 끊을 필요없다.

자기 소개(커버 레터)는 추가하지 말라. 나는 절대 읽지 않는다. 채용자들이 나에게 전달하지 않는다. 자기 소개의 핵심은 목표와 경력에 드러나게 하라.

현업 용어를 적절히 사용하라. 당신의 이력서는 나 혼자 읽는 것이 아님을 기억하라. 당신이 빈자리에 어울리는지 여부의 최종 판단을 내가 한다 하더라도 그 이력서가 내게 도달되기 전까지 나만큼이나 바쁜 여러 채용자들의 손을 거친다.

채용자에게 중요한 것은 핵심 단어다. 자바, C++, Objective-C 등, 구체적이고 관련 있는 핵심 단어와 현업 용어가 많을수록 첫 관문을 통과할 가능성이 높아진다.

앞에서 설명했듯이, 많은 사람들은 채용자가 후보를 물색할 때 특정 단어를 이력서에서 찾는다는 것을 이미 알고, 가능한 모든 핵심 단어를 집어 넣는 경향이 있기에 나는 기술 부분의 검토를 생략한다. 이력서에서 "풍부한 자바 경력"이라고 주장한다면, 나는 실제로 당신이 얼마나 풍부한 경험을 가지고 있는지 확인해 보고 싶어진다는 사실을 주의하자. 그에 대해 오랫동안 대화를 나눌 수 없는 핵심 단어 또는 현업 용어는 포함시키지 않는다.

차별화하라, 하지만 짜증나게 하지 말라. 아마도 당신은 템플릿을 사용해 이력서를 만들기 시작할 것이다. 출발점으로 친구의 이력서를 사용할 수도 있다. 좋다. 하지만, 이것을 어떻게 당신 것으로 만들려는가?

내가 이미 수천 장의 이력서를 본 사실을 기억하는가? 거의 모든 표준 템플릿을 다 봤다. MS 워드를 사용했는지, 자신 만의 형식을 만들었는지 보면 알 수 있다. 지금 이 순간에도 나는 수십 장의 대졸 이력서를 넘기고 있는데, 내 눈길을 끄는 것은 뭔가 남과 다른 이력서다. 어떤 이력서는 각 부분 머릿말을 작은 회색 상자로 표시했다. 또 다른 이력서는 보기 좋은 글꼴들을 잘 혼합해 사용해 내 관심을 끌었다.

이력서를 시각적으로 차별화해 내 주의를 끌긴 했지만, 우리는 엔지니어이며 엔지니어에겐 효율성이 가장 중요함을 기억하자. 내가 한눈에 신속히 파악할 수 없을 정도로 이력서를 차별화하면 오히려 역효과가 난다. 시각 디자이너로 지원하지 않는 한, 표준과 기본 형식을 준수하고 당신이 누구인지 알아내는 데 내가 수고하지 않게 만들자.

사람 냄새가 나게 만들자. 볼만한 예로 한 인턴이 '주요 임무 시스템 개발을 위해 엔지니어들을 준비시키고, 기획하고, 관리함'이라고 적었다. 글쎄, 이 인턴이 실제로 뭘 해봤다는 것일까? 솔직히 모르겠다. 이런 유형을 '이력서 가식주의'라 부르자. 이런 이력서는 아무런 정보를 전달하지 않는 것이나 마찬가지다.

주요 임무 시스템이 무엇이었나? 왜 주요하다는 것인가? 어떻게 인턴이 엔지니어를 준비, 기획, 관리 할 수 있는가? 인턴에게 실무 경험을 제공하는 것에 찬성하지만 아무리 최고 인턴이라도 어떻게 주요 임무 시스템을 담당할 수 있겠는가?

이력서 작성에 시간을 들여 사람을 위해 만들자. 현업 용어와 핵심 단어를 적절히 사용해야 여러 채용자들을 통과할 수 있지만, 실제로 결정권이 있는 사람은 나이며 엉터리 이력서는 나에게 아무런 중요한 정보를 주지 못한다. 구체적인 예를 들고 친숙한 어투를 사용하자. 나는 로봇이 아니며 당신이 하는 일에 대해 진정 알고 싶다. 이야기를 듣기 원한다.

관련 없어 보이는 경력도 포함시키라. 고급 기술 경험이 부족한 대졸 후보자에게 해당되는 조언이다. 엔지니어링 경력이 없다고 고민하며, 여름에 보더스 서점[18]에서 일한 경력은 관련 없다고 생각하겠지만 그

---

18 역주 Borders. 미국의 대형 서점

렇지 않다. 어떤 경험을 통해서든 배움이 있기 마련이다.

당신이 C++로 코딩하고 있지 않았더라도, 서점 직원으로서 무엇을 배웠는지 알고 싶다. 첫 번째 직장이었나? 관리자에 대해 무엇을 배웠나? 그 기간 동안에 얼마나 성장했는가? 어떤 직장이었든 일이 얼마나 어려웠는지 내게 설명해 주기 바란다.

인상과 관심

이력서는 당신이 누구인지 정의해 주지 못한다. 이력서는 당신을 완벽하게 그려줄 수 없으므로 자신에 대해 아주 상세하게 설명하려 노력하고 있다면 시간 낭비다. 당신의 이력서는 내게 인상을 남겨주고 내 관심을 끌어야 한다.

인상이란 당신의 최근 경력에서 비롯된다. 가장 중요한 세 가지 성과와 당신의 기술적 강점이 무엇인지를 잘 설명해줘야 한다.

관심을 끄는 것은 더 중요하다. 관심은 내게 질문거리를 남겨준다. '기타 사항'의 한 부분이었을 수도 있다. 전화 면접을 하기로 결정할 수밖에 없을 정도로 뚜렷한 목표는 어떤가? 말을 지어내라는 것이 아니다. 당신이 기억에 남도록 자신을 인상적으로 광고하라는 것이다. 이력서는 사실 증명서가 아니라 취업 의사의 선언문이다.

전화 면접 성공시키기

앞 장에서 설명했듯이, 전화가 울리고 채용인이 전화 면접을 알리는 것은 거의 기적에 가깝다. 그 회사의 누군가가 빈자리에 당신이 어울릴 거라 생각한 것이다. 그 자리를 얻게 될 가능성이 크게 높아진 것이므로 이건 대단한 일이다. 확률이 50%인 것은 아직 아니지만 내 책상에 놓인 이력서였을 때보다는 훨씬 좋은 상황이다.

앞 장에서처럼, 전화 면접 중에 머릿속에서 일어나는 진행 절차를 설명하겠다. 하지만 그에 앞서 먼저 동기부여에 대해 논해보자.

목적

채용 설명 요구서를 받았다. 이 요구서는 내 팀에 빈자리를 간단하게 설명하지만, 그리 자세하지는 않다. 가능한 한 좋은 후보를 다양하게 찾고자 하기에 업무 설명은 매우 포괄적이며 도움이 안 될 정도로 애매하다. 많은 후보를 살펴보려는 것이 아니라, 최대한 많은 기술을 확보하려는 것이다.

빈자리를 찾고 있는 당신에게 이 점은 매우 중요한 사실이다. "업무 설명은 5년간의 자바 경력을 요구하는데, 나는 2년의 경험 밖에 없는데……."라며 괴로워하고 있음을 안다. 너무 걱정하지 말라. 업무 설명은 필수와 권장, 두 가지 기술을 요구한다. 당신은 최소한 필수 요구 사항을 갖춰야 하지만 권장 조건은 걱정하지 않아도 된다. 권장 조건은, 권장되는 혹은 보유하면 좋은 사항일 뿐이다.

게다가 나와 전화 면접까지 준비돼 있으니 내가 당신이 충분히 적합하다고 생각하는 것 아니겠는가? 하지만 나는 몇 가지 확인하고자 한다. 확인할 필요가 없었다면 벌써 회사로 불렀을 것이다. 그렇다면 나는 무엇을 확인하려는 걸까. 이것을 알아내는 것이 바로 당신이 할 일이다.

준비하라

면접 전에, 당연히 관련 정보를 준비해야 한다. 직무 설명을 이미 받았고 전화 면접이 정해진 후에는 내 이름도 이미 알 것이다. 회사와 관련된 제품, 기술에 대해서도 이미 알 수 있으며, 그 밖에도 찾아볼 수 있는 정보가 많다.

정보 사냥에 나서자. 나를 구글에서 검색해보고 내가 하는 일, 무엇에 관심 있는지 등에 대해 어떤 정보라도 알아내자. 이건 스토킹이 아니라, 당신의 직업에 관련한 문제다. 내가 블로그에 글을 쓰는 엔지니어링 관리자라면, 당신은 내가 생각하는 방식을 알아낼 수 있다. 블로그가 없다면 메일링 목록에 글을 올리고 있을 수도 있다. 그것도 자료다. 전화 면접에서 이게 어떤 도움을 줄 수 있을까? 글쎄, 당신이 어떤 정보를 발견하게 될지는 모르겠지만, 수집된 정보는 당신이 지원하는 생소한 직무 환경에 대해 조금씩 설명해 준다. 긴장을 푸는 데도 도움이 된다. 나는 당신의 이력서를 가지고 있지만 당신은 아무것도 가지고 있지 않다. 약간의 조사만으로도 정보를 얻어 정보 부족으로 인한 불리한 입장을 보완할 수 있다.

제품 이름이나 기술을 안다면, 같은 과정을 반복한다. 어떤 제품인가? 판매 성과는 어떠한가? 다른 사람들의 의견은 어떠한가? 한 주 동안 조사하라는 것이 아니라, 한 시간 정도의 배경 조사를 통해 전화 인터뷰시 좋은 질문을 할 수 있도록 준비하라는 것이다. 조사하면서 돋보일 만한 질문거리 몇 가지를 준비하기 바란다. 나는 전화 인터뷰 중에 "저에게 묻고 싶은 게 있습니까?"라고 물을 텐데, 나의 질문 중 가장 중요하다.

다시 처음으로 돌아가기

가장 중요한 질문을 던지기 전, 나는 몇 가지 알아내려 한다. 먼저, 완벽한 경우라면 전화 면접을 건너뛰고 첫 번째 면접으로 회사에 당신을 초대하겠지만, 당신을 이미 알고 있는 경우가 아니라면 이런 일은 좀처럼 일어나지 않는다. 내가 알고자 하는 것을 살펴보자.

우리는 대화가 통하는가? 몇 가지 간단하면서 친근한 질문으로 대화가 시작될 것이다. 날씨가 될 수도 있고 당신의 과외 활동이 될 수도 있다. "정말 서핑을 해요? 나도 그런데! 어디에서 서핑을 하나요?" 이런 질문거리는 사소해 보이지만 서로 대화가 통하는지 확인하는 기회다. 대화가 어색하게 흐른다고 벌써 끝난 것은 아니다. 아니, 어색한 정도에 따라 다르다. 5분이 지났는데 여전히 아무 말도 하지 않고 있는가? 이런, 그렇다면 문제가 크다.

또 하나의 가벼운 대화. 이제 대화는 당신의 이력서가 나에게 남긴 질문 사항에 집중된다. 이력서마다 질문이 달라지므로 어떤 질문일지 예측할 수 없다. 내 앞에 당신의 이력서가 놓여 있듯이 당신 앞에도 이력서를 놓도록 한다. 후속 질문이 무엇이든, 나는 여전히 우리가 어떻게 대화하는지 파악하려 하고 있다.

이 말은 당신이 질문에 대한 대답에 집중해야 함을 의미한다. 바보같이 들리겠지만, 내 질문을 제대로 이해하지 못하겠다면 5분간 대답하다가 나에게서 "어, 난 그것을 물은 게 아닌데요."라는 말을 듣느니 미리 확인하는 것이 좋다.

우리는 여전히 서로에게 조율하고 있다. 5분이 지났는데 여전히 서로의 대화 방식에 맞추지 못하고 있다면, 내 마음속에서는 노란색 경고등이 깜박이기 시작할 것이다. 대단한 대화일 필요는 없더라도 대화에 진전이 있어야 한다.

본문으로 들어가기(본격 게임). 우리는 전초전 단계를 벗어났고 이제 어려운 질문이 던져질 것이다. 이 질문은 수수께끼도, 기술적인 것도 아니며, 당신이 내게 이야기 할 기회를 주는 것이다. 나는 당신이 전화로 모르는 사람에게 복잡한 생각을 제대로 설명할 수 있는지를 확인하려 한다.

실제로 어떤 질문이 될지 알 수 없지만, 내가 질문을 던졌을 때 당신은 준비되어 있어야 한다. 재빠르고 분명한 대답을 원하는 것이 아니다. 대화하는 방법과 사고하는 방법을 보여줄 이야기를 원한다. 대부분의 엔지니어링 자리에 훌륭한 화술이 필요하지는 않다. 대단한 연변술을 바라는 것은 아니지만, 당신의 이력서를 보다가 떠오른 나의 질문에 자신 있게 대답할 수 있어야 한다. 그 질문에도 우리가 지적인 토론을 벌이지 못한다면, 과연 어떤 방법으로 대화가 가능할지 나는 의문이 들 것이다.

당신 차례. 전화 면접을 시작한 지 20분이 됐다. "내게 궁금한 점이 없습니까?"라며 당신에게 바통을 넘길 것이다. 이것이 내가 가장 좋아하는 질문이라고 동료에게 말하면, "당신 게으르군요? 다른 질문이 생각 안 나니까, 가장 단순한 방법을 택하네요."라고 할 것이다. 맞는 말이다. 쉬운 질문이긴 하지만 자신이 맡을 일에 관심이 없는 사람은 고용하지 않으므로 반드시 필요한 질문이기도 하다. 질문이 없다고 한다면 '나는 별로 이 자리에 관심이 없어요.' 라는 뜻으로 들린다.

잘 짜인 질문은 당신이 이 자리에 진심으로 관심 갖고 있음을 보여 준다. 우리의 30분의 대화 시간 외에도 이 자리에 대해 생각해봤음을 보여 준다. 지난 20분 동안의 대화에서 질문을 짜내볼 수 있지만 전화 면접 전에 준비한 질문을 던지면 깊은 인상을 남길 수 있다. 이런 질문은 당신의 의지와 관심을 보여 준다.

마무리

이제 끝났다. 상당히 빨리 지나갔다. "어떻게 됐지?"하는 궁금증이 들 것이다. 면접이 어떻게 진행됐는지 확인하는 몇 가지를 보자.

길고 어색한 침묵. 면접을 진행하는 데 애를 먹었나? 긴 침묵이 있었나? 그렇다면 우리는 서로 맞지 않은 것이다. 완전히 망친 것은 아니겠지만 절대로 긍정적이진 않다.

삐걱거린 대화. 서로 의견이 달랐을 때는 어떻게 됐는가? 서로 토론을 했는가 아니면 완전히 충돌했는가? 전화 면접에서 기대 이상으로 자주 일어나는 일이지만 그렇다고 나쁜 것만은 아니다. 당신이 내가 듣고 싶은 얘기만 하기를 바라진 않지만, 우리의 의견이 서로 상반된 경우 당신은 이를 어떻게 처리했는가? 30분의 전화 면접에서 후보자가 한 판 붙자고 한다면, 그 사람이 회사에 들어 오고 나면 얼마나 자주 부딪칠지 걱정된다.

어떤 느낌이 들었나? 수치화시키기 가장 힘들지만 매우 중요하다. 대화가 계속 이어졌는가? 무언가를 배웠는가? 나는 내 팀의 문화를 대표하므로, 나에게 30분이 고통스러웠다면, 당신을 고용해서 팀은 어떤 고통을 겪을지 걱정이 된다.

구체적인 다음 단계. 어떻게 면접이 마무리됐는가? "우리는 다른 후보자도 면접 중이니 다음 주에 연락하겠습니다."라고 즐거운 어조로 내가 말했는가? 좋다. 하지만 당신은 "당신을 고용하기로 했습니다." 또는 "다른 팀원과도 얘기 나눠보도록 합시다."라는 식의 구체적인 다음 단계에 대해 들어야 한다. 구체적인 다음 단계는 전화 면접이 성공했다는 증거다. 내가 마무리로 당신에게 이런 정보를 주지 않는다면 묻도록 하라. 내가 머뭇거린다면 문제가 있다.

이력서와 마찬가지로, 전화 면접의 목적은 당신을 고용하도록 설득하는 것이다. 익명의 채용 이메일 주소에 당신은 이력서와 함께 희망을 보내본다. 전화 면접을 하게 됐다면, 전화 면접 30분보다는 그 이전에 어떻게 준비할지 고민해야 한다.

전화 면접은 이력서가 아닌 당신이 직접 자신을 소개하는 시간이다. 또 한 번의 짧은 인상을 주는 것이지만 고용 절차에 자신이 직접 적극적으로 참여하게 되는 첫 번째 기회다.

22장

90일 동안

새 직장에서 인재 채용 허가 결정 통지를 받으면, 아직 동료가 누구인지, 어떤 일을 하게 될지, 그곳을 얼마나 좋아하게 또는 싫어하게 될지 알 수 없어 고민에 빠진다. 누군가에게 전화를 걸어 의견을 물어보자. 믿을만한 친구가 그 일을 권한다면 믿어보자. 그 회사의 기반이 탄탄하다고 꿈에 부풀지 말자. 짧은 면접으로는 새 직장에서의 당신의 삶이 앞으로 어떠할지 미리 점칠 수 없다.

당신의 가장 친한 친구에 대해 내게 설명해 보라. 내가 그 사람에 대해 알아야 할 5가지를 생각해보고 이를 소리내어 읽으라. 이 목록이 당신의 친구를 제대로 설명해주는가? "그는 나를 위해 무엇이든 할 것이다."라는 말을 들었다. 왜 그런가? 왜 그가 당신 편인가? 그 5가지 내용의 배경은 무엇인가? 내가 그에 대해 알고 싶은 내용은 바로 이러한 것이다.

새 팀원들은 각자 말하고 싶은 이야기가 있겠지만 그 내용은 목록으로 정리되어 있지 않을 것이다. 어떤 사람은 이야기를 흔쾌히 전해 주겠지만, 다른 사람들은 할 이야기가 있다는 사실조차 감출 수도 있다. 모든 사람이 당신과 그들의 이야기들을 공유하기 전까지 당신의 면접이 끝났다고 볼 수 없다. 진실은 저 멀리 있고 당신이 막 시작한 새 직장이 당신에게 정말 맞는지 아직 알 방법이 없다.

신중하게 그리고 새롭게

먼저 긴장을 풀도록 한다. 학교에 처음 등교하던 날처럼, 첫 주의 첫 날에는 오버하기 마련이다. 사람들은 출근 전날 밤마다, 아침에 입고 갈 옷을 꺼내놓지 않는다. 하지만 당신은 떨리는 마음을 진정시키기 위해 미리 준비할 것이다. 침대 한쪽 끝에 잘 놓인 옷은 통제할 수 없어 보이는 이 상황을 당신이 통제할 수 있다고 말해준다.

긴장을 풀라. 누군가를 고용하는 데 업계 평균 90일이 걸린다. 신참 관리자들은 이 말을 달가워 하지 않는다. 새 TO를 받으면 괜히 들떠서는 순식간에 누군가를 찾는다. 그래, 당신의 신속함을 높이 산다. 하지만 그 다음 일은 내 책임이 아니다.

이 기간은 당신의 새 직장에도 해당된다. 당신은 90일, 그러니까 3개월 동안 입사 후의 면접을 끝내야 한다. 지금부터 90일 뒤의 날짜에 X 표시를 해두자. 모르는 것에 대해 초조해하지 말고 긴장을 풀고 많이 들도록 한다. 당신이 계속해서 옷을 골라두며 긴장한 태도로 조심스럽게 행동하는 한, 새 팀은 당신에게 신뢰를 갖지 못할 것이다.

당신은 5개 정도의 회사를 거쳤고 이제는 사람을 알아볼 줄 알 것이다. 하지만 문제는 그 본능이 왜곡돼 있다는 것이다. 이런 본능은 과거의 경험을 바탕으로 한 것이며, 새 직장은 당신이 처음 경험하는 곳이다. 자신의 본능에 의존하지 않으면 새 직장에서 더 많은 것을 배울 수 있다. 처음 90일을 위한 목록을 제시하겠다.

1. 늦게 퇴근하고 일찍 출근하라

동료들의 프로필을 만들어 보자. 사람들을 이해하고 그들의 일상을 지켜보는 데서 시작한다. 언제 출근하는가? 작업에 착수하는 데 시간이 얼마나 걸리는가? 저 사람은 잠시 커피 마시러 가는가? 아니, 아니다. 지각한 것이군. 이 사람은 무언가를 완료하기 전에는 자리를 뜨지 않는군. 커피를 마시러 4시 30분에 가네. 저 사람은 커피를 마시지 않는다고? 정말로? 왜 그렇지? 이렇게 오랜 시간 사람들을 지켜보다 보면 정보를 얻게 되고 각 팀원들의 관심사와 욕구를 알게 된다.

2. 모든 점심 식사 초대에 응하라

출근을 시작하고 첫 몇 주간 사람들은 당신을 대접하려고 할 것이다. 당신을 껴주고자 노력할 텐데 그들이 누구든 보답하도록 한다. 앞으로 만나지 않을 수도 있는 이런 사람들과의 점심에 합류하면 많은 이야기거리가 생겨날 수 있으며 당신은 지금 그런 이야기가 필요하다.

3. 약어에 대해 항상 질문하라

회사 내에서 모두 동일한 언어를 사용한다는 것은 정말 다행이다. 하지만, 첫 번째 임원 회의에서 한 마디도 알아듣지 못한 이유는 무엇일까? 각 팀은 자신의 고유함을 나타내는 여러 약어와 은유를 사용하기 때문인데, 당신은 이것을 이해할 수 있어야 한다. 업무에 적응하려면 이런 언어를 반드시 이해해야 하며 확실하지 않다면 몇 번이고 물어보도록 한다.

4. 정말로 멍청한 말을 하라

반가운 소식은 이 조항이 있든 없든 당신은 멍청한 말을 할 것이라는 사실이다. 그래도 괜찮다. 이런 멍청한 말은 당신이 업무 초기임을 보여 주는데, 모두들 웃음을 멈추고 나면 당신이 모든 것을 제대로 알고자 노력함을 깨닫게 될 것이다.

5. 술자리를 함께 하라

점심을 함께 하는 것과 비슷하지만 더 중요하다. 누군가와 점심을 함께 하는 것은 공적인 상황의 연속이지만 술자리 초대는 누군가 "이봐요, 마음 터놓고 얘기해 봅시다."라고 하는 것이다. 진짜 이야기는 점심이 아니라 술자리에서 오간다.

주의: 다음 세 가지가 마지막에 열거된 데에는 이유가 있다. 당신이 어느 정도 신뢰를 쌓기 전에 해서는 안 되는 행동이며, 아직 채 얻지 못한 당신에 대한 믿음이 위태로워지지 않으리라는 확신이 필요하다.

6. 누군가에게 할 일을 지시하라

지금까지 언급된 것은 듣기와 질문하기에 관련이 있었다. 이번에는 무언가를 말하는 것인데 중요한 점은 누군가에게 할 일을 말한다는 것이다. 누구에게 무엇을 말할지는 모르지만, 여기서의 목적은 자신의 영향력을 발휘해보고 시험해보라는 것이다. 조직에 대한 당신의 이해를 시험해보고 당신의 말이 사실인지 확인해본다. 지시란 당신의 본능을 회사의 방향과 일치시키는 것이며, 당신의 지시는 당신의 첫 영감이라 볼 수 있다. 그 영감을 믿자. 적절한 사람에게 지시하고 모두가 이때를 기다리고 있었음을 깨닫자.

7. 논쟁을 하라

가장 위험한 행동 항목이지만 매우 놀라운 결과를 가져올 수 있다. 6번을 행동에 옮길 경우 일어날 확률이 높다. 누구와 무엇에 대해 논쟁하느냐는 상황에 달렸다. 당신의 조직이 분쟁을 어떻게 생각하느냐를 알아야 한다. 당신이 굽히지 않아도 이해해주는가? 다른 사람들도 논쟁에 참여하는가? 누가 중재하는가? 체면을 구기지 않고 논쟁을 벌일 수 있는가? 이 팀은 솔직하게 논쟁하는가? 아니면 수동적인 공격을 가하는가? 이런 논쟁에서 두 가지 중요한 사실을 배우게 된다. 그룹이 어떻게 의사 결정을 내리는지 알게 되고, 그들의 열정과 정도에 대해 더 잘 이해하게 된다.

8. 당신의 계파를 찾으라

논쟁, 점심, 술자리, 야근 시 동족을 발견할 것이다. 당신의 본능을 공유하는 몇 안 되는 사람들이다. 당신의 할 말을 미리 알며 당신을 이해하는 사람들이다. 이 사람들은 다수가 더 좋은 결정을 내릴 수 있음을 알기에 논쟁을 환영한다.

파를 가르고 팀을 분열하라는 것이 아니다. 당신의 계파는 배타적이 되어서는 안 된다. 이 계파는 당신의 완성되지 않은 영감과 이야기를 공유하고 이를 즐겁게 완성시켜 줄 사람들이다. 이런 계파는 시간이 지나야 만들어진다. 왠지 모르게 편하고 당신과 맞다고 생각되는 사람들에게 끌리게 되는데, 그들이 테스트 기간을 거치기 전에는 계파에 낄 수 없다. 당신 계파로 동참시키려면 90일 목록을 몇 번 거치고 충분한 이야기를 나눠 봐야 한다.

마무리 면접

처음 면접 과정 중에 중요한 질문을 미처 묻지 않았다는 것이 아니라, 면접 후에도 물어봐야 할 여러 가지가 있다는 뜻이다. 당신은 자신의 이력서이자 참조이자 평판 자체다. 당신의 구직 면접은 모든 질문을 묻고 모든 이야기를 듣기 전까지는 끝난 것이 아니다. 이 특정 그룹의 독특한 구조를 제대로 이해하기까지 끝나지 않는다. 안정적이고 복잡한 커뮤니케이션 구조를 형성한 것은 조직도가 아니라 미묘한 개인들이다.

당신의 구직 면접은 당신이 사람들과 어떻게 교감할지에 대한 프레임워크를 갖기 전까지 끝난 것이 아니다. 그들의 목표뿐 아니라 개인적인 특성도 이해해야 한다. 당신의 처음 몇 주간 그들이 말하는 내용은 그들의 실제 생각이라기 보단 당신이 새로 온 사람이란 사실을 기반으로 한다. 90일 이후에 하는 말이 진실이다.

당신의 구직 면접은 당신이 팀의 일원이 되기까지 끝난 것이 아니다.

23장

주도자

착각에 빠지지 말자. 누군가를 채용하는 것은 모험이다. 구글은 후보자를 장기간 집중적으로 면접하는 것으로 유명하다. 구글 면접이 아무리 까다롭더라도 누군가를 채용하기로 결정하는 것은 여전히 도박이라 볼 수 있다.

대체 어떤 사람을 고용한 것인지 수개월 동안 알 수 없다.

잘못된 사람을 고용하는 실수를 피할 수 없다는 것은 아니다.

나의 경우, 후보자에게서 가능한 한 많은 정보를 얻어내는 것이 도움이 된다. 좋은 질문거리를 준비하기보다는 가능한 한 다양한 사람들이 후보자를 만나보게 한다. 다양한 관점을 가진 여러 사람들이 찾아낸 정보는 채용을 할지 여부의 결정을 내리는 최고의 정보가 된다.

핵심 면접 팀

후보자가 만나야 할 핵심 그룹이 둘 있는데 그 중 하나는 당연하면서도 종종 순조로이 진행되지 않는다. 팀의 모두가 각 후보를 면접해야 한다. 심통 부리는 엔지니어 데이브가 면접에 관심이 없다고 우기더라도 그를 매번 포함시켜야 한다.

면접은 팀 활동이며 후보에 대해 모든 사람의 의견을 얻지 못하면 다양한 관점에서 평가할 기회를 놓친다. 게다가 데이브가 빠지게 되면 "데이브의 의견은 중요하지 않아."라는 암묵적인 메시지가 팀에 전달될 수 있다. 그 메시지를 "왜 데이브는 동료 될 사람에게 신경 쓰지 않는 것이지?"라는 질문과 결합해 보면, 팀 모두가 후보를 면접해야 할 이유를 충분히 이해하게 될 것이다.

다른 핵심 면접 그룹은 좀 까다롭다. 이 사람들은 주도자 역할을 하는 당신이 믿는 면접 팀인데, 그들이 거부 의사를 밝히면 모든 것이 끝이다. 당신은 이 주도자들에게서 대부분의 의견을 얻는다. 동료들의 면접도 중요한 정보를 찾아주며 채용할지에 대한 당신의 결정에 큰 영향을 미치지만, 주도자들은 상수(constant)라고 볼 수 있다. 주도자가 "이 사람은 당신 팀의 분위기를 바꿀 거야."라고 말한다면 그들은 거의 틀린 경우가 없기에 그 말을 믿을 것이다. 면접에는 주도자 그룹이 세 가지 있다.

기술 주도자

소프트웨어 개발에서, 기술은 가장 정확히 평가되어야 하지만 실수가 잦기도 하다. 엔지니어들은 기술력은 뛰어나지만 사회성이 좋지 않기 마련이다. 아무리 팀의 최고 엔지니어라도 사람을 잘 대하지 못하는 사람이라면 최악의 기술 면접관이 될 수 있다는 말이다. 후보가 데이터베이스 정규화에 대해 제대로 알고 있는지 파악하도록 그 엔지니어를 보내면, 그는 어려운 질문을 받게 될 후보자보다도 더 긴장할 것이다.

기술력을 갖춘 당돌한 주동자를 찾자. 대화법, 비전, 성격 등도 물론 중요하지만, 당신이 엔지니어링 관리자인데 기술 능력을 평가하지 못한다면 곤란하다. 그렇게 된다면 코딩은 쥐뿔도 모르면서 입만 살은 QA를 고용하게 될 것이다. 저런!

기술 주도자를 찾기란 어렵지 않다. 당신의 면접에서 누가 기술적으로 가장 난감한 질문을 했었는가? 어려운 기술 질문이 던져지지 않았었다면, 다른 엔지니어링 그룹 주변을 맴돌며 당돌한 기술자를 찾아보자. 자신의 분야를 잘 알며 기꺼이 후보자의 능력을 확인해줄 그 사람이 분명 있을 것이다.

문화 주도자

두 번째는 문화 주도자다. 이들은 후보자에 대해 팀의 분위기와 맞는지, 회사의 색깔에 맞는지 두 가지를 확인한다. 후보의 성격을 이해해야 하는 능력이기에 측정과 가늠이 어려워 문화 주도자보다는 기술 주도자 찾기가 수월하다. "그래 이 친구는 C++의 왕이야."라고 하자. 그렇지만 "실력은 대단하지만 너무 오만해서 팀의 다른 사람들을 무시하지는 않을까?"라는 질문이 생길 수 있다.

문화적으로 맞는다는 것은 팀의 분위기에 맞는다는 것이다. 당신의 팀은 함께 기능하는 하나의 집단이며, 새로 채용되는 사람도 그 집단 내에서 일해야 한다. 문화 주도자는 "이 사람은 팀에서 동떨어지지 않고 잘 어울리며 기여하는 사람이 될 것입니다."라고 말해 주는 사람이며, 팀의 분위기를 가장 잘 대변해 주는 사람이고 후보자를 파악할 수 있는 사람이다.

비전 주도자(전략적 아니면 전술적?)

마지막으로 비전 주도자가 있다. 후보자의 전망을 파악해준다. 이 사람이 성장하고 있는가? 세상을 바꾸겠다는 포부가 있는가? 안정을 추구하고 있지는 않은가? 당신의 팀에 어떤 사람이 필요한지 나는 모르지만 당신은 알고 있으니 채용이 전략적인지 아니면 전술적인지 직접 따져봐야 한다.

전략적인 채용은 자신의 일정과 의견을 밀고 나가는 사람을 찾는 것이다. 그들은 자신이 맡은 일과 거기에 관련된 다른 사람과의 네트워킹에 적극적이며, 맡은 일을 어떻게 할지 누구에게나 장황하게 설명하려 할 것이다. 전략적인 사람은 짜증날 정도로 강도 높은 일정으로 주위 사람을 괴롭게 만들 수 있다.

전술적으로 채용된 사람은 "우리는 데이터베이스 직원이 필요해."라는 명백히 정의된 요구를 충족시키는 사람이다. 전략적인 채용에서처럼, 전술적으로 채용된 사람도 자신의 분야를 잘 알고 있지만 그게 아는 전부다. 또한 일정을 밀어 붙이는 데에 관심이 없다. 조용히 자신의 과업을 완수하기를 바랄 뿐이다.

당신이 누구를 채용해야 하는지 전혀 알 수 없으므로 어떤 채용 방식이 더 적합한지 판단해줄 수 없다. 비전이 무엇인지, 능력을 올바로 판단해줄 사람은 누구인지가 무엇보다 중요하다. 관리자는 팀의 비전을 책임지므로 관리자가 비전 주도자가 되는 것이 이상적이라고 본다. 팀이 원하는 바를 알고 있을뿐더러 진로를 정의하며, 채용될 사람이 회사에 융합되려면 일찍이 그의 비전을 알 필요가 있기 때문이다. 전략적으로 채용된 사람은 당신의 팀이 신속히 변화하지 않으면 오래 머물지 않을 것인 반면에, 전술적으로 채용된 사람은 관련 업무를 지속적으로 제공해주는 한 자신의 위치에 만족할 것이다.

팀의 동의

팀과 주도자가 후보자 면접을 마치고 나면 모두 모여 생각을 나눠 봐야 한다. 이메일로 피드백을 보내게 하거나 복도에서 만나 의견을 물어 봐서 시간을 절약하려 하지 말고, 반드시 면접 피드백 회의를 가져야 한다. 채용을 최종 결정하는 것은 담당 관리자이지만 후보를 면접한 모든 사람들은 한 표를 행사할 권리가 있으며, 모두의 의견을 듣지 않고서는 그 한 표가 실제로 행사되지 않는다.

어떤 일이 벌어지는지 지켜보자. 모든 사람을 회의실에 소집한다. 피드백을 들으며 메모하고 누군가 의견을 말할 때 이미 말한 사람들이 어떻게 추가적인 정보를 제공하고 자신들의 의견을 바꾸는지 지켜보자. 이 과정이 바로 합의 도출이다. 의견은 정보를 통해 형성되며 그룹은 집합적인 의사 결정을 내린다. 그렇기 때문에 모든 팀원이 면접에 참여해야 한다. 채용은 당신의 결정이더라도 팀의 의견을 수렴하지 않는 것은 어리석은 짓이다.

바보가 되라

바보가 되어야 할 때도 있다. 올바른 채용인데도 팀에 맞지 않는 경우가 그렇다. 팀의 의견보다는 주도자의 의견을 따른 결과다. 예전의 회사에서, 재능은 있지만 심술궂은 설계자가 있었는데 그룹 내에 부정적인 분위기를 형성하곤 했다. 그룹 전체에 그의 태도가 번져갔고, 2년이 되자 변화가 필요했다.

새 기운과 시각을 찾아 지역 대학을 돌아다녔다. 내 문화 주도자는 내가 채용했던 첫 번째 엔지니어 중 한 사람인데 그를 채용하던 당시 나는 존경하던 엔지니어 관리자에게 가서 "면접에서 후보자가 팀 문화에 맞는 사람인지 누가 가장 잘 판단해 줄까요?"라고 묻자 "프랭크입니다."라는 답을 받았다.

나는 그룹의 문화를 바꾸기 위해 프랭크를 문화 주도자로 정했다. 면접 과정에서 대학생을 검토하는데, 피드백 회의는 예상한 대로였다. "너무 어려요! 이 기술에 대해 몰라요! 이 어린 친구를 업무에 적응시키려면 부담이 너무 커요." 고참 엔지니어의 성향과 문화를 그대로 물려 받은 그룹의 반응과 프랭크의 의견이 완전히 대조적이었다. "그는 참신합니다. 우리의 문화와 코드가 잘 맞습니다. 이 친구와 일해 보고 싶습니다."

채용 의사 결정에서 그룹과 대조적인 의견을 내는 것이 그룹 피드백 회의에 좋지 않다고 생각하겠지만 아니다. 그룹의 모두에게 당신의 생각을 조심스럽게 설명하며, 그들의 계속되는 부정적인 피드백을 오히려 당신의 주장에 대한 근거와 설명으로 사용해 볼 수 있다.

"그 피드백 기억해요? 소리 질렀던 것 기억해요? 논쟁이 지겹지 않습니까?"

그래도 여전히 속을 수 있다.

그래도 여전히 속을 가능성이 있다. 당신이 찾은 최고의 주도자들을 거쳤더라도, 누군가를 고용하는 것은 큰 모험이다. 전화 면접과 두 번의 사내 면접에서 후보를 완벽히 파악할 수 있다는 생각은 말이 안된다. 당신이 얻는 것은 성향일 뿐이다. "긴박한 상황은 어떻게 대처하죠?"라는 질문을 하겠지만 진짜 긴박한 상황이 닥치기 전에는 그들의 진정한 반응을 알 수 없다.

채용해야 한다. 그룹을 늘리고 성장시켜야 하며 그러기 위해 이력서와 약간의 대화만으로 새로운 사람에 대한 모험을 해야 한다. 훌륭한 주도자와 팀 면접이 후보자에 대한 직접적인 데이터를 수집하는 가장 좋은 방법이라고 믿겠지만 거기에 만족해서는 안 된다. 그들의 블로그를 읽어 보자. 오픈 소스에 공헌을 하고 있는지 확인하자. 그가 쓴 글을 읽어 보자. 직접적인 면접으로 그 사람을 어느 정도 이해해 볼 수 있지만 추가적인 정보는 당신이 이상한 사람을 고용하는 위험을 줄여 줄 것이다.

24 장

NADD

『남부의 총(Guns of the South)』이라는 책의 요지는 솔직하지만 다소 불쾌하다. 남북전쟁 시절, 남군이 다량의 AK-47 소총을 갖추고 있었다면 어떻게 됐을까? 간략히 말하자면 남부가 가뿐히 이겼을 것이다. 저자 해리 터틀도브(Harry Turtledove)는 시간을 되돌린다거나 재미난 공상 과학 요소를 가미하는 대신, "아자! 남부가 이겼다! 근데 저 사람들은 노예 제도를 어찌 할 셈이지?"라는 상상에 집중한다.

남북전쟁에 관심 있는 사람들은 이 책을 좋아하겠지만, 나처럼 컴퓨터광의 집중 결핍 장애(nerd attention deficiency disorder, NADD) 증상을 가진 사람에게는 적합하지 않다. 이 책이 남북전쟁 이후 시기의 생활상과 도덕상을 가상으로 치밀하게 그렸다는 사실을 알게 되자, 갑자기 졸리기 시작했다. 쿨… 쿨…….

이 책이 좋은 읽을거리이겠지만, 나는 "대체 이 장은 언제 끝나는 거야?"라며 책을 앞뒤로 몇 번이고 뒤적였다. 책을 거의 다 읽었을 때쯤, 미래로부터 시간 여행자가 나타나 첨단 과학 장비로 '따단' 하고 남북을 통일시키지 않을 것임을 알게 되자 실망했다. 리(Lee) 대통령이 교훈을 얻었고 노예 해방을 했다는 것은 마음에 들지만, 레이저도 안 나와? 뭐야!

보라, 나는 컴퓨터광이다. 나는 짧고 간결하고 강렬한 문장으로 표현된 속사포 같은 내용을 원한다. 내게 쿠플랜드[19]나, 캘빈과 홉스[20]나, 아시모프[21]나, 왓치맨[22]을 달라. 나는 NADD에 심각하게 감염되어 있기 때문에 이런 유쾌하고 통렬한 글을 원한다.

당신이 아직 내 글을 읽고 있다면 아마도 당신 역시 NADD 증상을 가지고 있을 것이다. 어디 한 번 알아보자.

이 책 읽기를 잠시 멈추고 컴퓨터 앞에 앉는다. 마지막으로 컴퓨터 앞에 앉았을 때 몇 가지 일을 하고 있었는가? 나는 채팅 룸에서 터미널 창을 열어 두었었고, 음악을 듣고 있었고, E*TRADE[23]에서 주식을 보고 있었고, 웹 사이트 하나를 살펴보고 있었고, '주말의 영화'를 보

---

19 역주 Coupland, 캐나다 작가. 1991년 전세계 베스트셀러가 된 'X세대: 가속 문화 이야기'라는 소설의 저자이며 X세대라는 단어를 유행시킨 사람이다.
20 역주 Calvin and Hobbes, 미국인 만화가 빌 와터슨의 연재 만화.
21 역주 Asimov, 러시아 태생의 미국 작가로 공상 과학 분야의 거장으로 알려짐.
22 역주 Watchmen, 미국 작가 앨런 무어의 그래픽 소설.
23 역주 인터넷 주식 투자 사이트

고 있었다. 그게 전부가 아니다. iChat[24]을 열어 두었었고, 배경화면
에는 ESPN.com[25]에서 스포츠 예고편이 다운로드되고 있었고 두 개
의 메모장이 열려 있었는데, 나중에 일정 목록에 정리되어야 할 내용
들을 적어두고 있었다. 아! 그리고 이번 24장도 다시 쓰고 있었다.

이것 보라. 이것은 멀티태스킹이 아니다. 컴퓨터광 집중 결핍 장애
의 극단적인 예다. 나는 동시에 최소한 5가지의 일을 하지 않으면 컴
퓨터 앞에서 아무 일도 할 수 없다. 당신의 경우도 나와 비슷하다면,
당신도 이 증상을 가진 것이다. 좋다.

컴퓨터광 진단

어머니가 처음 나에게 NADD 진단을 내려 주셨다. 80년대 후반이
었는데 어머니께서 내 침대로 저녁을 가져다 주고 계셨다. 나의 IBM
XT 컴퓨터(내가 완전 컴퓨터광임을 보여주는 컴퓨터의 원조다!)로 원시
적인 채팅 창에서 즐거이 친구들에게 타자를 쳐대며, 음악을 들으며(아
마도 'Flock of Seagulls'와 같은 고리타분한 음악을 듣고 있었을 것이
다.), 음소거를 해놓고 '백 투 더 퓨처(Back to the Future)'를 보고 있
었다. "너는 어떻게 이리도 산만한데 집중할 수 있니?"라고 어머니께서
묻자 나는 "이 모든 소리가 들려야 집중할 수 있어요."라고 대답했다.

---

24 역주 애플 컴퓨터에 내장된 메신저 프로그램
25 역주 미국의 온라인 스포츠 사이트

NADD 가 있는지 여부는 신기술에 대한 목마름을 채우기 위해 당신이 미디어 홍수를 어떻게 처리하는지와 직접적으로 연관된다. 아마도 다음 중 한 가지 방법을 택했을 것이다.

1. 고립을 선택했다. TV 가 없으며, 이번 장을 읽고 있지도 않을 것이다.
2. 중도를 지킨다. 컴퓨터에 열려 있는 창 숫자를 세어 보라 하면 "이메일을 읽는 창 하나."라고 대답하거나, 이 장을 읽은 후에 확인하려고 어디에 메모해둘 것이다. 당신의 위치에서 손을 뻗으면 닿는 곳에 아마도 당신의 일정표 노트가 있을 것이다.
3. 나와 같은 지경이다. 탭 브라우징, 탭 채팅[26] 을 하며 항상 음악을 듣고, TV 를 본다. NADD 환자여, 환영한다.

주변에 NADD 가 있다면 마찬가지로 쉽게 찾을 수 있다. 간단한 테스트 방법이 있다. 친구의 컴퓨터에 앉아서 바탕 화면에 있는 것들을 건드려보라. 아이콘을 이리저리 옮기고 창 크기를 조정한다. 친구가 가만히 보고 있다면 그는 NADD 가 없다. 하지만 불안해 하며 머리를 만지작거리고, 당신이 아이콘을 오른쪽으로 12 픽셀 옮기는 것을 보며

---

26 **역주** 탭 브라우징, 탭채팅: 여기서 저자는 부라우저에서 탭을 여럿 실행하고 메신저에서도 탭을 여럿 열어 동시 작업하는 것을 말한다.

안절부절 한다면 그는 분명한 NADD 다. 즉시 그의 컴퓨터에서 손을 떼라.

환경 전환

　NADD 의 강점이 멀티태스킹이라고 생각할 텐데, 맞다. NADD 환자들은 놀라운 멀티태스킹 능력을 보이는데, 그들의 진정한 기술은 실은 환경을 순간적으로 전환하는 것이다.

　환경 전환은 NADD 를 이해하는 관건이 되는데, 아주 간단한 개념이다. 집중하려면 시간과 에너지를 투자해 두뇌가 적절한 상태에 놓이게 해야 한다. 일요일 오전에 '뉴욕 타임즈(New York Times)'를 읽는다고 생각해 보자. 커피를 가지고 와, 편안한 파자마 차림으로 소파에서 읽고 싶은 기사를 읽는다. 이 모든 것이 당신의 환경이다.

　열심히 기사를 읽고 있는 당신에게 미안하지만 나는 당신 손에서 신문을 뺏어 찢어 버리고 CNN[27] 을 켠다. 거기서도 당신이 읽던 내용과 동일한 이야기가 나오고 있을 테니 말이다.

　방금 무슨 일이 일어난 것이냐고?

　당신은 환경 전환을 경험한 것이다. 동일한 정보를 듣게 될 테니 그리 심각한 전환은 아니었다. 단지 TV 라는 다른 매체로 옮겨갔을 뿐이다. 화면 아래에는 짜증나는 뉴스 머리말이 지나가며 소식을 전한다.

---

27 역주 CNN, 미국의 뉴스 채널

당신 손에서 신문을 뺏은 것은 잊어버리고, 정보를 읽는 것에서 보는 것으로의 정신적 전환에 대해 얘기해 보자. 전환에 약간의 시간이 걸리겠지만 당신과 같은 NADD 환자들은 그 전환을 눈치채지 못한다. 실제로 그들은 지금 이 순간에도 다양한 미디어를 통해 뉴스를 접하고 있을 것이다.

NADD 환자를 차별화하는 것은 환경 전환이 투명하다는 점이다. 그들은 환경을 전환하는 능력이 잘 발달되어 있는데, 그 동안 엄청난 소음 속에서 관련 내용만을 구분해 듣는 연습을 해왔기 때문이다.

하지만 누구나 멀티태스킹을 할 수 있으며, NADD 환자들은 신속한 정보 획득과 처리라는 뚜렷한 목적을 가지고 있는 것 뿐이다.

NADD 활용

NADD 증상을 가진 사람들을 정보에 집착하는 것처럼 설명했는데 실제 그러하다. 그렇지 않고서는 매 순간 전달되는 미디어를 어떻게 전부 처리하겠는가? 당신의 통제 능력이 향상되어 왔을 것이다. 좋은 소식이 더 있다. NADD에 감염되지 않은 사람들은 우리가 집중하지 못한다고 생각한다.

그만 좀 산만하게 클릭 해멜래요? 당신 때문에 골치가 아파요.

아니, 항상 산만한 것이 아니다. NADD 환자는 자신이 원할 경우에는 놀라울 정도의 집중력을 발휘한다. 집중하는 데 다른 사람보다 오랜 시간이 걸릴 수는 있지만 일단 집중하면 굉장하다.

웹은 NADD 환자를 염두에 두고 설계됐다. 블로그든 이를 구성하는 RSS가 됐든 웹은 NADD를 고려한다. 훌륭한 웹 페이지는 "배우고 싶은가요?"라는 질문보다는 "얼마나 오래 당신의 관심을 받을 수 있죠?"라는 질문을 기반으로 설계되어 있다.

NADD는 당신의 경력을 더 발전시킬 수도 있다. 벤처 기업에서 일해 본 경험이 있는가? 소프트웨어를 출시해 본 경험이 있는가? 마지막 몇 주가 어땠는가? 모두들 미친 사람처럼 이리저리 뛰어다니며 일하는 이 시기를 '소방 훈련'이라고 부른다. NADD는 이런 상황을 관리하는 최고의 능력이다. 상황을 순식간에 전환하는 데의 소모를 최소화하는 능력이기 때문이다.

당신이 현재 있는 빌딩이 화재로 무너진다면 NADD 환자를 재빨리 찾기 바란다. 그들은 대피구가 어디인지 뿐만 아니라 연기를 피하는 방법과 고층 건물 화재에서 살아남는 확률에 대해서도 알고 있을 것이다. 어떻게 이 신참 소프트웨어 엔지니어가 그 모든 것을 알고 있을 수 있지? 누가 알겠냐마는, 아마도 2년 전에 블로그에서 읽었을 것이다. 아니면 뉴욕에 있는 그의 메신저 친구가 소방수일 수도 있다. 그게 중요한가? 그가 당신의 생명을 구할 수도 있고, 당신이 새까맣게 타버리기 전에 별 도움 안 되는 사실들을 계속 떠들어 댈 수도 있는데 말이다.

단점

NADD에 대해 좋은 점만 말했는데, 단점도 분명 있다.

먼저, 세상의 모든 정보를 소화하는 데 많은 시간이 걸리며 놓치는 사건도 있을 것이다. 그런 사실이 화가 나겠지만, 그래서 다른 중요한 소식들을 끊임없이 찾게 만든다.

또한, 모든 것을 다 아는 사람처럼 행동할 수 있다. 그렇게 하지 않도록 하자. 대부분의 사람들은 분명하지 않은 사실, 쓸모 없는 정보, 복잡한 수식에 대해 잘 알지 못한다. 그들은 그런 정보 없이도 행복하며 모든 사람들이 최신 뉴스를 알고자 하지 않는다.

당신이 NADD 환자라면 NADD 증상이 없는 사람들과 잘 어울리지 못할 것이다. 당신의 단편적인 지혜를 나누어 주려다 4분만에 "이런, 이해도 못하잖아."라며 포기하는 경우가 종종 있을 것이다. 그들이 이해를 했더라도 당신의 초등학생 수준의 집중력으로 인해 그 사실을 깨닫지 못할 수 있다.

당신이 NADD 환자든 아니든, 한 가지 사실을 알아야 한다. NADD는 사라지지 않는다. 80년대와 90년대에 NADD를 만들어 냈던 세대는 NADD가 없던 세상을 모르는 세대로 대체되었고, 이들은 자신들의 고유한 방식으로 주위 사람들을 짜증나게 하고 있다.

25장

동굴 속의 컴퓨터광

해외 여행 첫 며칠 동안 나는 성격이 괴팍해진다. 시차 때문이 아니라 달라진 환경 때문이다. 내 물건이 어디 있는지 모르면 초조해진다. 게다가 사람들이 영어를 할 줄 모르고, 화장실에 변기가 두 개 있고, 몇 시인지 전혀 알 수 없는 상황이라면 내 기분이 왜 이렇게 엉망이 되는지 이해할 것이다.

3일째가 되자 비데라는 단어도 알게 되고 이탈리아 식의 'R'과 'U' 발음도 열심히 익혔다. 재미있지만 환경이 달라진 사실이 머릿속을 떠나지 않는다. 내가 일할 수 있는 친숙한 곳이 그리워진다.

동굴

나에게는 동굴이 있다. 우리 집의 일부인데, 내가 벽을 붉은색으로 칠한 것이 아니다. 처음부터 그런 상태였다. 동굴에 들어오는 대부분의 사람들은 벽을 보고 놀란다. "이 벽은 너무 어둡네요. 어떻게 이렇게 붉은색으로 둘러쌀 생각을 했죠?" 나는 고개를 끄덕이며 씩 웃고는 다음 방으로 안내한다. 나는 내 동굴을 좋아한다. 이 붉은 벽은 나를 편안하게 해주는데, 이게 바로 동굴의 역할이다.

동굴은 내 지능의 원천이다. 부엌은 내가 먹는 곳이고, 침대는 잠자는 곳이며, 동굴은 생각하는 곳이다. 모든 사람은 일종의 동굴을 가지고 있다. 도구가 가득 찬 차고든, 주방 기구로 가득 찬 부엌이든, 집 어디엔가 있다.

컴퓨터광의 동굴은 독특한 점이 있다.

책상 위의 인터넷에 접속 된 컴퓨터: 인터넷에 접속되지 않은 컴퓨터는 값비싼 DVD 플레이어와도 같다는 사실은 최근에야 깨달았다. 내 맥북(MacBook) 앞에 앉아 인터넷이 되지 않으면 "그럼, 게임밖에 못 하잖아?"라고 생각하곤 한다. 동굴에서는 인터넷이 생명이다. 인터넷은 어두운 공간을 바깥 세상과 연결시켜 준다.

문 또는 소음 감쇄 헤드폰처럼 세상과 단절시켜 주는 기능: 이런 기능은 대화를 하고자 하는 배우자나 가족들을 불쾌하게 한다. 곧 더 자세히 설명하겠다.

자질구레한 컴퓨터광의 주변 물품들: 컴퓨터광마다 취향이 다르겠지만, 동굴에는 최소한 한 개 이상의 컴퓨터 주변 물품이 있게 마련이다. 내 앞에는 나를 노려보는 돌을 깎아 만든 북극곰이 있다. 크리스마스에 받았던 듯한데 10 년째 나와 함께 한다. 이 놈이 없었다면 나는 이 글을 쓸 수도 없었을 것이다.

음료수: 나만의 버릇일 수 있지만, 음료수 없이는 동굴에 자리잡지 못한다. 내 손에는 지금 피츠(Peet's) 맥주가 들려 있다. 오후에는 물 한 잔이고, 저녁에는 와인이나 맥주다. 음료수를 마시는 것은 지난 30 초를 돌아보는 잠깐의 정신적 휴식이다. 내가 방금 무엇을 적었지? 뭘 말하려는 것이지? (꼴깍) 그래. 다시 집중하자.

잘 정리된 배치: 이것은 NADD(22 장을 참조하라)와도 연결된다. 나는 내 동굴의 레이아웃에 대해 잘 알고 있다. 매달 청소부가 와서 집을 청소해 주는데 청소부가 다녀간 후마다 모니터를 조정하고, 펜을 옮기고, 종이를 다시 쌓는데 30 분이 걸린다. 누군가 집을 청소해주는 것은 좋지만 내 물건에는 손을 대지 않았으면 좋겠다.

경치: 음료수와 마찬가지로 경치는 정신적 쉼터이며 관점을 잠시 전환해주는 탈출구 역할을 한다. 사무실의 모든 사람이 창문을 원하는 이유이다. 지위의 상징이 아니라 탈출구이다. 창문을 갖기 위해 엄청난 노력을 하던 사람들을 봤다. UCSC 에서 일하던 당시 내 관리자는 반지하 사무실 벽에 창문틀을 붙여놓고는 그 뒤에 세상 곳곳의 포스터를 붙여 두곤했다. 내가 UCSC 를 떠날 때는 '티파니에서의 아침'의 여주인공인 오드리 헵번의 포스터가 붙어 있었다. 동굴이라는 이름은 어둡고 습한, 괴물에게 잡혀 먹힐 듯한 장소를 떠올리게 한다. 하지만 동굴의 목적은 단절이 아니라 창조다. 그 이유를 설명하겠다.

무아지경

나는 매 주말 아침이면, 일어나자 마자 2층으로 가서 컴퓨터에 앉아 지난 한 주간 세상에 무슨 일이 벌어졌는지 알아본다. 큰일이 벌어지지 않았음에 안심되면, 부엌으로 가서 원두를 갈고 물을 끓인다. 물이 끓는 동안 컴퓨터로 돌아가 나의 관심을 끌던 내용들을 이것 저것 훑어본다. 오늘 아침에는 글꼴 연구에서 시작해 무선 헤드폰 정보로 이어졌다. 알고 보니 SONY 사의 무선 헤드폰이 좋지 않다는군…… 그런가 보지.

물이 끓고 있네! 부엌으로 가서 프렌치 프레스에 뜨거운 물을 붓고 내가 좋아하는 컵을 꺼낸다. 3분은 기다려야 하니 다시 컴퓨터로 돌아간다. 근데, 왜 SONY 헤드폰이 안 좋지? 음질이 좋지 않은가? 디자인이 별로인가? 둘 모두인가 보군. 커피가 준비됐을 테니 다시 부엌으로 갈 시간이다. 컵에 김이 나는 커피를 붓고는 다시 내 동굴로 향한다.

복잡해 보이지만 거의 본능적으로 움직인다. 무아지경에 빠지기 위한 절차일 뿐이다. 무아지경이라는 정신 상태에 대한 많은 자료가 있기에 여기서는 무아지경이란 영감이 생겨나는 깊은 창조공간이라고만 표현하겠다. 당신이 아름답고, 유용하고, 재미있다고 생각하는 모든 것은 누군가의 무아지경의 시간을 통해 만들어졌다.

내가 성공적으로 아침 일과를 거쳐 무아지경에 빠지게 되면, 내 동굴은 출입금지다. 진심이다. 동굴에 침입해 나의 무아지경을 방해하는 것은 '제국의 역습' 영화 중에 마구 날뛰며 "다쓰 베이더는 루크 아버

지래! 다쓰 베이더는 루크 아버지래!"라고 영화의 결말을 미리 말해버리는 것과 마찬가지다. 분위기를 망치는 동시에 대단한 창조적인 작업을 방해하는 것이다.

나는 전화를 받지 않는다. 전화벨 소리가 들린다면 동굴의 구성에 문제가 있다. 당신이 들어와 내일 공원에 가자고 말해도 나는 듣지 않는다. 당신을 무시한다는 말이 아니라 귀중한 두뇌 회전을 무아지경에 투입하고 있기에 실제로 당신의 목소리를 들을 수 없다는 말이다. 그렇게 깊숙이 무아지경에 빠지게 된다.

문을 닫고 미친 듯이 타자를 쳐댄 지 벌써 네 시간이 된 것도 모르고 있다. 정말 내가 아는 것은 커피 컵이 비어 있을 때와 화장실에 가야할 때 뿐이다.

하지만 당신이 나의 무아지경 상태를 성공적으로 뚫고 들어왔다면 내가 매우 괴팍한 태도를 보이며 아니, 당신에게 호통을 칠 것이다.

호통

이 부분은 내가 사과를 해야 한다.

어느 누구도 고함을 듣기 원하지 않는다. 당신은 오늘 오후에 서핑을 가기로 한 약속 때문에 나의 작업이 언제 완료되는지 확인하기 위해 들어왔던 것뿐이다. 하지만 나는 여전히 무아지경 상태고 기사를 쓰고 있다. 당신은 대체 누구고 무엇을 원하는 거야? 호통은 당신의 존재가 지금 나의 화를 돋구었음을 알려 주는 높은 언성이며 노려봄이다.

옳지 않음을 알지만 이렇게 생각해보자. 당신이 다가와 내 뺨을 때린다면 나는 "왜 때린 거야?"라고 묻지 않을 것이다. 그 상황을 분석하려 하지 않을 것이다. 내 본능은 순수하고 원초적이고 즉각적일 것이다. 바로 반격을 가할 것이다.

이런 비이성적인 반응은 구시대적인 두뇌 신경 때문이다. 400만 년 전에는 가능한 한 빨리 반격을 가해야 진화할 수 있었다. 더 빨라야 먹히지 않기 때문이다. "뭐가 이성적인 대응이지?"라고 스스로에게 묻기 보다는 "즉각적으로 대응해야 돼."라는 반격 응답이 두뇌에 번뜩인다. 무아지경을 침범한 것에 대한 반응도 즉각적이고, 비이성적인 대응을 하게 만드는 두뇌 신경을 자극하는 것 같다.

호통은 옳지 않으며 사회적으로도 용납되지 않고 30초 후에는 내 자신의 행동을 후회할 테지만, 20년 동안의 컴퓨터광 생활로 인해 이 버릇은 고쳐지지 않는다. 하지만 이를 조절하는 방법을 배웠다.

놀이터

노력을 해도 항상 무아지경에 빠지지는 않는다. 음료수를 마시고 음악을 선곡하며 무아지경 이전의 과정을 모두 거친다. 책상 위의 5가지 중요한 물건을 약간씩 조정하고 WOW(World of Warcraft)를 시작한다.

이것은 무아지경이 아니라…… 놀이터다. 겉보기에는 무아지경과 비슷하지만 정신적으로는 다른 일을 한다. 무아지경이 아이스하키 결승전을 향한 노력과 비슷하다면, 놀이터는 전날 6 시간 동안 헬스장에서 운동하는 것과 마찬가지다. 정신력을 기르고 있지만 실제로는 아무일도 하지 않고 있다.

규칙은 이렇다. 다른 사람이 마음대로 놀이터를 방해할 수 있지만, 나의 무아지경에도 놀이터처럼 마음대로 들어온다면 당신은 앞으로 나를 못 볼 것이다. 내 방에 들어와서 무언가를 물어보는데, 반쯤 벗은 요정이 내 컴퓨터 화면을 뛰어다니고 있다면 마음껏 방해해도 된다. 하지만, 무아지경을 방해하는 것은 문제가 있다. 내가 화내고 나서 진정이 되면 놀이터처럼 보였던 상황이 사실은 무아지경이었음을 당연히 설명하긴 하겠다.

다른 장소

컴퓨터광들은 제대로 보상 받고 있다. 우리는 유용한 기술을 안정적으로 만들어내 큰돈을 번다. 우리도 분명 예술가이지만 패턴, 반복, 구조와 효율성의 예술이다. 우리의 집과 마음의 놀이터가 이런 식으로 만들어지는 것은 어쩌면 당연하다.

이런 장소에 있는 위험은 모든 안정적인 장소에 있는 위험과 같다. 안정감에 빠지면, 다른 곳에서는 가장 흥미로운 일이 일어나고 있다는 사실을 잊게 된다.

26장

회의에 참석하는 성격들

　최악의 회의였다. 참석자 명단이 잘못된 것은 아니었다. 올 사람들이 왔고 모두 똑똑한 사람들이며 의사 결정권을 가진 이들이었다. 주제가 지루하거나 잘못 정의된 것도 아니었다. 문제는 이 회의가 절대로 마무리되지 않을 것이라는 데 있다.

　1년 전쯤에 책임 엔지니어 한 사람이 우리의 애플리케이션 서버 계약서에서 '지원이 2년 후에 종료됩니다.' 라는 글을 보고 요란을 떨며 회의를 소집해서 다시 한 번 큰일이라고 요란을 떨었다. 우리 모두는 큰일이라는 데 동의했다. 일정 목록이 만들어졌고 후속 회의가 정해졌지만, 우리는 모두 "큰일이 벌어져도 우리가 할 수 있는 일이 있다."라는 긍정의 태도를 갖고 있었다. 목적을 갖고 달리는 동료들이 있는 것은 매우 좋다.

1년이 지난 지금, 우리는 아직 아무것도 바꾸지 않았다. 놀랍게도 1년전 경고를 했던 책임 엔지니어도 이 회의에 참석하고 있다. 그는 이 회의가 최악의 회의라는 사실을 알기에 한 마디도 하지 않을 것임을 장담한다. 새 서버 애플리케이션으로 전환하려면 어떤 일을 해야 할지 9개월 전에 알고 있었지만, 정말 두려운 작업이었다. '시작하기 전까지는 알아야 할 것의 반도 알 수 없는' 상황이었으며 일의 시작에는 회사의 운명이 달려 있었다. 일단 전환 작업을 시작하면 되돌아갈 수 없을 것이기에 의사 결정을 내리지 않을 부사장을 포함한 모든 사람은 두려움에 떨고 있었다.

지난 12개월 동안 매월 우리는 같은 회의를 했다. 이게 문제고, 저런 위험이 있고, 이건 우리가 아는 사실이고, 저건 우리가 모르는 일이고 등의 지난 달의 회의 내용을 모두 다시 기억하기 위해 검토하느라 30분이나 걸렸다. 모두들 고개만 끄덕이고 있고 나는 점차 발이 저리기 시작했다. 그런 다음에는 돌림 노래처럼 같은 질문이 다시 던져지고 대답이 나왔다. 한 말을 또 하기 지겨워진 수석 엔지니어는 더 이상 관여하지 않는다.

사람들이 있어야 회의가 되지만, 흥미로운 점은 회의는 스스로 자신을 구성한다는 것이다. 회의에 나타나는 사람들의 역할, 특성, 성격이 있는데 수많은 회의를 참여하다 보면 동일한 요소가 계속 보임을 알 수 있다. 그 요소의 정체를 알게 되면 회의를 이해하는 데 도움이 되며, 역할을 알게 되면 시간을 절약할 수 있다.

거물

슬로건: 모두 나에 대한 것.

거물은 모든 사람이 말하는 대상이고 결정권을 가진 사람이다. 이 사람이 말을 하면 회의의 모든 사람이 듣는다. 회의는 무언가를 원하는 사람들과 그 무언가를 주지 않으려는 사람들 간의 권력 다툼이다. 회의에 참석해서 무언가를 얻고자 한다면 먼저 거물을 찾아야 한다. 이 사람은 회의 소집의 원인이며 이 사람이 누군지 모른다면 당신은 중요한 배경을 놓치게 된다. 이 사람은 쉽게 찾을 수 있다. 누군가 논쟁거리를 던지면 모두 누구를 쳐다보는지 지켜보면 된다.

거물에 대해 조심해야 할 두 가지가 있다. 먼저 그들이 자신의 일을 알고 있는지 확인한다. 일반적인 안건으로 계속 진행되는 회의의 경우에는 역할이 분명하지만, 일회적 회의에서는 거물이 자신의 역할에 대해 제대로 알고 있다고 장담할 수 없다. 거물이 갖고 있는 자신의 역할을 보여주는 분명한 아젠다 만이 모든 사람에게 자신이 의사 결정자임을 알려주는 가장 확실한 단서다.

두 번째로 거물이 참석하지 않은 경우에 무엇을 해야 할지 알고 있어야 한다. 15분이 지났는데 도와주기로 한 수석 부사장이 참석하지 않았다. 발언을 원하는 8명의 다른 참석자가 있더라도 일정을 다시 잡는 것이 최선책이다. 시간 낭비하지 말자.

노트북 래리

슬로건: 미안해요, 뭐라고요?

래리는 의외로 발견하기 쉽다. 자기 앞에 노트북을 열어 놓고 있다. 바로 그다. 노트북을 연 사람이 많다면 고개를 계속 끄덕이는 사람을 찾아보자. 듣고 있지 않는 그 사람이 바로 래리다. 래리는 나를 화나게 만든다. 정기적인 회의에는 참석하지만 75%의 내용이 자신과 관련 없음을 알고 있기 때문에 자신의 일을 하려고 노트북을 들고 온다. 절반은 듣고 절반을 흘리며 실제로는 일도 하지 않고 있다. 일하지도 않고 듣지도 않는 완전히 생산성을 저하시키는 존재다.

래리에게 노트북을 치워 달라고 하자. 초대받은 회의에 적극적으로 참여할 수 없다면 참석하지 말아야 한다. "랜즈, 랜즈, 랜즈, 노트북으로 필기하고 있다고요." 아니, 그럴 필요 없다. 회의 요약을 해야 한다면 한 사람을 지정해서 정리하면 된다. 그리고 내가 말하는 것을 잘 못 알아 듣겠다고 위키피디아를 찾지 말고 내게 직접 질문하라.

도움이 되는 회의는 연설이 아닌 논쟁이 벌어지는 것이다. 내가 말하는 동안 당신이 동의하지 않거나 이해하지 못한다면 고개를 끄덕이지 말고 내게 항의해야 한다.

아무래도 좋아씨

슬로건: 회의에 참석하는 것만으로도 좋아요.

왜, 아무래도 좋아씨가 회의에 있는 거지? 전혀 도움이 안 되며 중요한 회의에 자신이 포함된 사실만으로 만족해 한다. 도움도 안 되고 방해도 안 된다.

아무래도 좋아씨에 대해 풀어야 할 문제는 누가 이 사람을 회의에 초대했는지 알아내는 것이다. 왜 아무래도 좋아씨를 회의에 초대해 비용을 낭비하는가? 그를 초대하지 않더라도 그는 화내지 않겠지만, 다른 누군가가 화날 수도 있다. 왜 그는 아무래도 좋아씨를 초대했을까? 자신이 참석할 수 없어서 정보 수집 차원으로 보낸 것일까?

아무래도 좋아씨를 내쫓기 전, 그가 회의에 있는 이유를 먼저 알아내자.

재잘 재잘 패티

슬로건: 입을 다물 수 없어요.

마찬가지로 쉽게 눈에 띈다. 절대로 입을 다물지 않기 때문이다. 단한번도. 여기서의 문제는 시간이다. 재잘 재잘 패티는 간결하게 생각을 전달할 수 없기 때문에 입을 열 때마다 모든 사람을 소외시킨다.

먼저 재잘 재잘 패티가 아무래도 좋아씨인지 파악해야 한다. 다행히 재잘 재잘 패티가 말하게 하는 데는 문제가 없다. 당신은 잡음이 어느 정도까지 용납될지 판단해야 한다. 재잘 재잘 패티가 있어야 한다고 판단했다면 다음으로 할 일은 그 입을 조절하는 것이다.

재잘 재잘 패티의 입을 다물게 하는 방법은 그 사람이 듣고 싶어하는 방식의 긴 과정을 통해 질문을 던지는 것이다. 하지만 질문 자체는 그 사람이 수다를 떨며 다시 묻지 못하게끔 간결해야 한다. "QA를 어떻게 하고 있죠?"라고 질문하는 대신에 "재잘 재잘 패티양, 당신의 테스트 계획과 현재의 테스트 결과를 봤는데, 제품의 품질에 대해 우리에게 알려 줄만한 간략한 평가가 있다고 들었어요. 간단하게 평가한 결과를 알려줄 수 있겠죠?"라고 하는 것이 좋다.

이런 장황한 요청문을 만들어 내는 것이 바보같이 느껴지겠지만 재잘 재잘 패티에게 잘 정의된 내용을 제공하는 동시에 모든 사람의 시간을 절약해준다.

경고: 회의에서는 재잘 재잘 패티와 절대로 논쟁을 벌이지 않도록 한다. 재잘 재잘 패티의 천성적인 수다에 감정까지 더해지면 그 회의는 이미 끝장난 것이다. 그 사람은 자신의 생각의 끝을 알지 못한다. 감정이 섞이기까지 한다면 아마도 절대로 끝나지 않을 것이다.

통역가 팀군

슬로건: 모든 약어를 다 알아요. 난 원최남(완전 최고인 남자)!

팀군은 많은 도움이 되는 두 성격 중 하나를 가진 사람이다. 그의 역할은 간단한데 주변 모두의 언어를 사용한다. 어떤 문제에 대해 하드웨어와 소프트웨어 쪽 사람들이 함께 모이면, 팀군은 소프트웨어 약어도, 하드웨어 약어도 통역해 줄 수 있다. 서로 다른 부서의 사람들이 모인 경우 팀군이 반드시 필요하다.

그가 통역하는 주제에 대해 중립을 지키는지 주의해야 한다. 그가 편견을 가진다면, 자신의 취향대로 통역할 것이므로 당신 편이라면 다행이지만 그렇지 않다면 당신 만의 팀군을 찾아야 한다.

합성가 샐리

슬로건: 그가 말하는 것은……

내가 샐리를 정말 좋아하는 이유는 회의를 끝내기 때문이다. 두 가지 유용한 성격 중 또 하나를 가진 샐리는 대화가 얼마나 복잡하든 상관없이 파악해 논의된 내용의 핵심을 뽑아낸다. 다양한 사람들이 모인 큰 그룹 회의에서는 샐리가 있어야 한다. 논의되는 내용을 놓치지 않으며 발언의 상대적 중요도와 발언자에 대해서도 정리할 수 있기 때문이다. 누가 거물인지, 재잘 재잘을 어떻게 침묵하게 만들지 알며 누구나 아는 뻔한 사실을 말하는 듯 보이지만 실제로는 회의를 진행시키는 원동력이다.

팀군의 경우처럼, 샐리가 편견을 가지고 있다면 자신이 원하는 대로 정리할 것이다. 또한 샐리는 자신의 능력에 자만해 권력에 심취할 수 있다. 자신이 거물이라고 생각하기 시작한다면 당신은 또 다른 문제를 겪게 된다.

말 돌리기 전문 커트

슬로건: 하늘은 팬케이크예요.

커트도 찾기 쉽다. 그가 하는 말은 알아듣기 힘들다. 커트를 찾게 되면 가장 먼저 아무래도 좋아씨인지 파악해야 한다. 질문할 때마다 그는 입을 움직이며 대답을 하고 있긴 하지만 내용은 전혀 알아들을 수 없으므로 쉬운 일이 아니다. 부디, 통역가 팀군이나 합성가 샐리가 도와주기만을 바랄 뿐이다.

최악의 상황은 거물이 말 돌리기 전문인 경우다. 생각보다 이런 경우가 많다. 가장 흔한 경우는 매우 다양한 조직 그룹이 모인 경우다. 엔지니어와 경영진이 브레인스토밍한다고 생각해 보자. 경영진 모두는 자신이 조직의 어떤 사람과도 잘 지낼 수 있기를 바라지만 일상 업무에 있어서 서로 다른 언어로 이야기하곤 한다. 양쪽 끝에 말 돌리기 전문 커트가 마주 앉았을 경우에는 통역가나 합성가 없이는 더 이상의 회의가 불가능하다.

뱀

슬로건: 내가 실제로 거물이야. 쉬시시시!

어떤 거물들은 숨어 있고자 한다.

경영진과의 중요한 회의에서 샐리가 일어나 일정을 정하고 래리에게 노트북을 치우라고 한 후 회의가 시작된다. 말 돌리기 전문 커트가 일어나 무언가 알 수 없는 말을 하고 통역가 팀이 끼어들어 오른쪽 귀퉁이에 있는 중역에게 통역 해준다. 아! 당신이 거물이구먼. 오른쪽 구석에 집중하자.

회의가 계속 된다. 아무래도 좋아씨가 재미있는 말을 하자 모두들 웃지만 모두들 회의에서 이 얼간이가 빠지기를 바란다. 마침내 회의는 정점에 도달했고 의사 결정이 내려져야 하므로 모든 사람의 머리가 거물에게로 향한다. 잠시 기다리는데, 그의 말은 "뱀? 당신 생각은요?"이다.

뱀은 숨어 있는 거물로 왼쪽 구석에 앉아 있었다. 숨어서 거물이 아닌 체하고 있었다. 관심이 집중되는 것이 싫었을 수도 있고 자신을 숨겨 전략적인 우위를 가지려 했을 수도 있다. 어쨌든 거물인 것만은 틀림없다. 다행히도 그가 몇 번의 행동을 보이고 나면 그의 정체가 회사에 알려진다.

최악의 회의로 다시 돌아가자. 참석하자마자 문제를 파악했기에 후속 회의에는 참석하지 않았던 그런 회의다. 우리는 엔지니어링 부사장이 거물이라고 생각했지만 문제는 그가 전혀 거물 역할을 받아들이려 하지 않았다. 매우 중요한 안건을 논의 중이었으므로 그 부사장이 회의를 주도하지 못할 것을 알아챘을 때 바로 CEO를 잡아야 했다. 벌어지는 일을 파악하는 합성가 샐리가 없었나 보다고 생각하겠지만 아니다. 그 역할은 바로 나였다. 나는 중요한 생각들을 포착하고 모든 사람이 알아듣도록 반복하며 회의를 진전시키려 노력했지만, 거물이 자신의 역할을 거부했기 때문에 아무 진전이 없었다.

회의 시작 45분 만에, 나는 이전에 하지 않았던 행동을 처음 했다. 더 이상 시간 낭비를 하고 싶지 않아 내가 반드시 있어야 하는 회의에서 나와 버렸다. 일어나 밖으로 나가며 문을 쾅 닫아 버렸다. 비즈니스에서는 절대로 하지 말아야 할 감정적인 행동이었지만 나는 내 시간을 낭비하는 것을 용납할 수 없다.

27장

점진주의자와
완벽주의자

   나는 최근 우리 제품 하나의 문제 해결 방법을 놓고 동료와 설전을 벌였다. 여담으로, 이메일을 통해서는 절대로 논쟁을 해결하지 못하니 시도도 하지 말라고 충고한다. 대문자로 프로그램 관리자에게 악악거리면 너무나도 많은 것을 잃게 된다. 이메일로 문제를 해결하려 하지 말고, 일어나 복도를 나가 직접 찾아가 얼굴을 맞대고 말하자.

   그 동료와의 이메일에서 흥미로운 점은 문제 대처 방법에 대해 의견이 대립된 것이 아니라 얼마나 많은 일을 해야 할지에 대해 논쟁을 벌인 것이다. 논쟁을 벌이며 문제를 해결하는 데 있어서 사람들은 점진주의와 완벽주의 두 가지 접근 방식을 보인다는 사실을 다시 한 번 깨달았다.

   점진주의자는 현실주의자다. 문제를 해결하고 제품을 출시하는 데 무엇이 필요하며 가능한지 잘 알고 있다. 그들은 얼마나 많은 리소스를 사용할 수 있는지, 주어진 문제와 관련한 정치적 상황, 누가 어떤 정보를 갖고 있는지도 파악하고 있다. 일반적으로 모든 비밀을 알고 있으며 그 사실에 대해 인정받고자 한다.

완벽주의자는 이상주의자다. 주어진 문제의 해결 방법은 '제대로 해결하는 것'임을 잘 알고 있다. 그들의 원칙은 "문제 해결에 이왕 시간을 들인다면 3개월 내에는 다시 손보지 않아도 되게 한다."이다. 예전에 나는 아키텍트가 진정한 완벽주의자라고 생각했지만 요즘에는 생각이 달라졌다. 아키텍트는 성격이 밝혀진 유일한 부류일 뿐 그런 성격은 조직 내 어디에나 존재한다.

앞의 얘기로 돌아가보자. 실제 문제는 관련성이 좀 떨어지는데 그 배경은 이러하다. 동료가 제품의 문제를 발견해 이를 보고했다. 나는 핵심 문제는 해결하지 못하지만 우리의 일정에 무리가 없는 작은 조치를 제안했다. 동료는 "문제를 해결하지 못한다면 왜 이 작업을 해야 하나요?"라고 물어 왔고 나는 "이 문제를 해결할 시간이 없습니다. 아예 못하는 것보다는 낫다고 봅니다."라고 대답했다. "이건 아예 안 하는 것보다 못합니다!"라는 그의 응수에 나는 침묵했다.

그가 원초적인 문제는 제대로 파악했다. 하지만 왜 내 해결책의 가치를 이해하지 못하는 것일까? 바로 점진주의자와 완벽주의자 간의 차이라 볼 수 있다. 누가 틀리고 누가 맞고의 대결이 아니라 둘 다 옳은 사이의 대결이다. 이상하지만 말이다.

올바른 정도에 대해 논쟁을 하는 점진주의자와 완벽주의자 사이에서 어떻게 합의를 볼 수 있겠는가? 그들이 논쟁을 하도록 놓아두되 서로 잡아 먹지 않게 하라. 여기가 바로 관리자인 당신이 개입할 부분이다.

중간 지점 어딘가

먼저, 점진주의자와 완벽주의자의 논쟁의 주제는 무시하자. 그 문제가 중요하기는 해도, 우리는 여기서 두 독특한 관점이 제공하는 가치를 끌어내고자 한다. 누가 어디로 움직여야 하는가가 중요하다. 점진주의자가 완벽주의자 관점으로 이동해야 할까? 아니면 반대일까? 어느 경우이든, 의견 충돌 해결의 가장 간단한 방법을 사용해야 한다. 바로 공통 분모를 찾는 것이다. 공통 분모는 "서로 다른 철학이 서로에게서 무엇을 필요로 하는가?"를 생각하면 쉽게 찾아진다.

비전이 필요한 점진주의자

점진주의자의 큰 특징으로는 그들이 하루에 하는 어마어마한 일의 양을 들 수 있다. 얼마나 많은 회의에 참석했고 얼마나 많은 버그를 해결했는가? 그들은 점심시간에 엔지니어링 관리자와 마주쳐 중요한 가십거리를 알게 됐다는 사실에 뿌듯해 한다. 행동하고, 행동하고, 또 행동한다.

점진주의자는 목적이 없어 보일 수 있지만, 그 명칭을 생각해 보면 끊임없이 앞으로 전진하는 사람임을 알 수 있다. 점진적으로 말이다.

그렇다면 이 모든 행동 뒤에는 어떤 목적이 있을까? 그들의 목적은 무엇인가? 내가 만나본 점진주의자들에게서 확인한 바로는 그들의 모든 행동의 방향이 확실한 것은 아니다. 너무 바빠 보여 방향을 확인하기 힘든데 그렇다면 그들이 그렇게 바쁜 이유는 무엇인가?

점진주의자와는 시작에서 완료까지의 계획을 정의하거나 확인해봐야 한다. 보통 다음 회의 이후는 생각하지 않으므로 이 작업이 그들에게는 어려운 일이 될 수 있다. 크게 보게 해주면 그들이 일반적으로 갖지 못한 관점을 갖게 된다. 이것이 바로 완벽주의자의 역할이다.

실행이 필요한 완벽주의자

완벽주의자는 바닥을 보고 머리를 흔들며 "더 이상 나빠질 수 있을까?"라고 중얼거리며 인생의 대부분을 보낸다. 완벽주의자는 주어진 기술 또는 제품 문제에 있어서 어떤 일을 해야 할지 정확하게 알고 있다. 문제는 그들이 즉각적인 해결책뿐 아니라, 2년과 5년이 걸리는 해결책도 알고 있다는 것이다. 그런데 5개년 해결책은 즉각적인 해결책을 완전히 바꿔 버리므로 다른 사람들이 문제를 제기한다. 완벽주의자를 제외하고는 아무도 5개년 해결책을 이해하지 못한다.

자신이 부족하다고 느끼는가? 나도 그렇다.

이제 당신이 완벽주의자 입장이 되어 보자. 점진주의자들이 속사포처럼 퍼부으면서 결국에는 실패할 것이 뻔한 단기적인 계획을 밀어붙이는 모습을 본다. 그러니 사람들이 복도에서 소리를 지르고 있지.

전략적인 비전을 가지고 있는 완벽주의자는 보통 기업과 사람에 대한 일반적인 감각이 부족하다. 그들은 머릿속에 5개년 로드맵을 가지고 있지만, 일을 진행하기 위해 필요한 12명의 사람들에게 그 계획을 어떻게 밀고 나갈지 알지 못한다. 이래서 완벽주의자는 외골수라고 잘못 오해를 받곤 한다. 그들이 분명 까다롭긴 하지만 자신만을 위한 것이 아니다. 진실을 설득하는 대화법과 사람을 대하는 기술이 모자랄 뿐이다.

커피 중독

점진주의자와 완벽주의자에 대한 절대적인 모습을 설명했는데, 당신이 알아야 할 중요한 변종이 있다. 이들은 핵심 인성이 변형된 것이다.

점진주의자는 행동에 중독되어 커피를 많이 마신다. 이 중독이라는 말은 점진주의자들이 절대로 아무것도 끝내지 못한다는 의미다. 완료란 더 이상의 행동이 없음을 의미하므로 그들에게 완료라는 개념은 없다. 여기서 조심해야 할 경고 신호는 점진주의자가 어려운 문제에 맞닥뜨리면, 그들은 그 문제를 해결하기보다는 끊임없이 새로운 방법을 제시하기만 한다는 것이다.

완벽주의자는 생각에 중독되어 커피를 많이 마신다. 점진주의자와는 달리, 완벽주의자는 문제를 심도 깊게 생각하고 있기 때문에 실제로 아무것도 말하지 않는다. 당신은 완벽주의자에게 계획을 파악할 충분한 시간을 주어야 하지만, 시간이 상당히 흘렀다면 그들이 과연 실천할 수 있을지를 파악해야 한다.

조용한 완벽주의자는 말이 전혀 없는 것이 아니라 계획이 완성될 때까지 말하지 않는다. 완벽주의자가 창조적인 전략 무아지경에 빠질 경우 문제가 생기는데, 이때 그들은 실천보다는 고민을 더 중요하게 생각할 수 있기 때문이다.

아직 보이지 않는가?

매우 간단한 퍼즐이다. 한 사람은 일을 완료하는 데 필요한 모든 기술을 가지고 있지만 무엇을 해야 할지 모른다. 다른 사람은 무엇을 해야 할지 정확히 알지만 어떻게 할지 모른다. 관리자로서 당신의 역할은 이런 성격들을 찾아내 연결시키는 것이다. 서로의 강점을 이해하게 되면, 전략과 전술을 완벽하게 모두 갖춘 팀이 된다.

점진주의자이면서 관리자인 나는 그룹의 완벽주의자로부터 무언가를 찾으려 한다. 테이블 건너편에 앉아 그들의 눈이 이렇게 말하는지 살펴본다. "이봐요. 당신이 어떤 사람인지 알아요. 그다지 당신을 믿지 않지만 당신이 하는 일이 필요하니 여기에 팔을 꼬고 앉아 있습니다. 우리가 서로 어떻게 해나갈지 알아보죠."

점진주의자와 완벽주의자 모두 공통된 목적으로 정의될 수 있다. 둘 모두 작업이 완료되길 바란다. 그렇기 때문에 모든 기업에 반드시 필요한 사람들이다. 논쟁을 벌이겠지만 팀에 필요한 논쟁이다. "우리가 해야하는가 말아야 하는가."하는 우려가 아니라 "이 일을 완성합시다,

이 일이 되게 만듭시다, 제대로 만들 수 있게 합시다."라는 논쟁이 되어야 한다.

28장 유기농과 기계공

연필을 들고 당신의 마지막 관리자 세 명의 성과 이름을 적어보자. 그 이름을 잠시 보며 이 사람에게 보고 하던 몇 개월 또는 몇 년의 기억을 되살려 보자. 그 사람들 각각에 대해 생각나는 대로 의견을 말해 주기 바란다. 당신의 의견은 다음 세 가지 중 하나일 것이다.

나는 이 사람이 좋아. 최고였어. 내 일에 필요한 모든 것을 가르쳐 줬고 아직도 한 달에 한 번쯤 계속 연락 하고 있다. 그는 내 스승이다.

뭐 그저 그랬지. 나를 성장시켜주진 않았지만 그렇다고 힘들게 하지도 않았다. 많은 것을 배우지 못했지만 그렇게 괴롭지도 않았지. 그가 무슨 일을 했는지 잘 모르지만 날 내버려 뒀으니 됐다.

정말 최악이었어. 정말 지옥 같았다. 주간 일대일 면접이 정말 싫었다. 한 시간을 준비했어도 쓸데없는 이야기만 해댔고, 마치 서로 다른 언어로 말하는 듯했다. 무엇을 원하는지 알 수 없었고 설사 알았더라도 그가 너무 싫어 시키는 일을 절대로 하고 싶지 않았다. 그를 난처하게 만들고만 싶었다.

최악의 관리자에 대해 말해보려 하는데, 당신의 판단이 옳았을 것이다. 서로 다른 언어로 말했을 것이며, 그 역시 당신만큼이나 좌절하고 있었을 것이다.

일개 직원이든 관리자든, 직장에서는 동료와 상사와 함께 일해야 하며, 이 둘과 대화하는 방식은 서로 다르다. 동료와는 진실을 말한다. 함께 고생하며 일하는 입장이기에 서로 거짓된 대화를 할 필요가 없다.

관리자와는 방법을 말한다. 방법에는 조직의 목표를 달성하기 위해 우리가 해야 할 일이 포함된다. "진정으로 스펙을 작성할 것입니다. 아주 좋은 것이 나올 것입니다." 또는 "말씀을 드리자면요, 주말에도 일을 할 것입니다." 등 어떤 어투이든 당신이 관리자와 대화하는 방식이다. 내용도 다르고 논조도 다른데 최악의 관리자와 함께 일하고 있다면 당신은 대화 방법을 제대로 사용하지 못하고 있을 수 있다.

관리자에게 말하는 방법을 이해하려면 그들이 어떻게 정보를 얻는지 파악해야 하는데, 유기적 또는 기계적인 방법이 있다.

가려운 곳 긁기

가장 먼저 당신이 유기농과 일하는지 아니면 기계공과 일하는지 알아내야 한다. 모든 문제를 매우 복잡한 가려움증으로 생각하면 된다. 일반적인 가려움이 아니라 복잡한 가려움이며, 긁는 데 상당한 노력이 필요하다. 긁기 시작할 때 기계공과 유기농 마음 속의 생각을 보자.

기계공: 가렵군. 좋아. 이 가려움은 익숙해. 사실 2001년 1월에도 이런 가려움증을 경험했어. 먼저 그때의 가려움에 대해 쓴 노트를 봐야겠군. 아주 좋아. 도표가 필요하군. 여기 수평 축은 행동 항목으로 서로 다른 긁기 시나리오를 측정하고, 여기 수직 축은 서로 다른 시나리오에 대한 우리의 진행 상황을 측정할 거야. 이제 회의를 열어 위원회를 소집해야지……

유기농: 이런, 가렵군. 흠…… 짜증나네. 이봐 프랭크, 가려운데…… 어떻게 생각해? 그래, 내가 생각하던 대로군. 이 가려움, 왠지 친숙한데…… 퇴근길에 이 가려움에 대해 깊이 생각해 봐야겠어. 근데 매리가 어디 있지? 가려움에 대해서는 그녀가 최고이니 아마도 무슨 아이디어가 있을 거야…… 구글에 검색해보면 어떤 정보를 찾을지 궁금하군. 오, 이거 보게……

기계공은 차근차근 전진한다. 구조적인 방식으로 정보를 신중히 수집하고 찾기 쉽게 저장한다. 조용히 관찰하고, 약속을 지키며, 그들의 행동은 예측이 가능한데, 유기농을 매우 짜증나게 한다.

유기농은 어디에나 있다. 소란스러우며 유머 감각이 있다. 쓸데없는 질문을 하고 말할 때는 몸을 가까이 숙이곤 한다. 어려운 상황에 직면해도 여유로운 미소를 짓는 턱에 그들이 미쳤다고 생각할 수도 있다.

직장에서 일어나는 대부분의 개인 간 마찰은 다음 시나리오로 요약해 볼 수 있다. 유기농과 기계공이 책상 맞은편에서 서로를 노려보며 다음과 같이 생각한다.

기계공: 이 자식은 걸어 다니는 폭탄이야.

유기농: 이놈은 너무 거만해.

둘 모두 서로의 '예절의 범위'를 벗어나는 행동을 하기 때문에 둘 다 옳다고 볼 수 있다. 이 사실을 아는 것만으로도 문제의 절반은 해결된 것이다. 다른 절반은 서로 대화하는 방법을 알아내는 것인데 어려운 부분이다.

4년 전의 벤처 회사에서의 일이다. CEO는 나를 이사로 채용했고 엔지니어링 부사장을 맡을 사람을 계속 찾고 있었다. 여담으로, 당신이 입사할 때 누구 아래서 일 할지 모르는 채로 이직을 하는 것이 얼마나 안 좋은지 경고해야겠다. 장래의 관리자와 갖는 30분 동안의 면접은 이직을 할지 말지를 결정하는 매우 중요한 요소다. 바로 다음과 같은 이유 때문이다.

엔지니어링 부사장이 몇 개월 후 채용됐고 똑똑한 친구처럼 보였다. 훌륭한 기술 배경까지 갖췄고, 좀 조용한 것 같았지만 내가 요란하니 서로 균형을 맞출 수 있겠지라고 생각했다. 우리의 첫 일대일 면담에서, 나는 내 큰 노트북을 들고 그의 방에 들어가 앉았는데, 젠장, 그는 세심한 관리자였다!

"이 일은 어떻게 되어 가나요? X 씨는 어때요? Y 씨는요? XYZ 작업은 완료 됐나요? 아니라고요, 왜요? 왜 또 그런 거죠? 정말 왜 그런 거죠?" 질문, 질문, 질문에 정보, 정보, 정보…… 이 사람은 내가 앉아 일은 안 하고 웹 서핑만 한다고 생각하는 건가? 그래 랜즈, 숨을 깊이 들이쉬자. 이번 주부터 근무했으니 정보를 수집하려는 것뿐일 테니 이해하자. 내가 일을 제대로 하고 있다는 것을 알게 되면 나아지겠지.

근데 아니었다.

한 달이 지났고 질문 공세는 계속됐다. 이놈이 마구잡이 질문으로 나를 괴롭히는 턱에 나는 그의 사무실을 나설 때마다 1주 72시간의 근무 시간에 아무 일도 하지 않은 느낌만 들었다. 그래 이 사람은 세심한 관리자야. 그래서 무엇이 달라지지? 나는 여전히 매주 그의 사무실을 나오며 내 자신이 아무런 쓸모도 없다고 생각할 것이다. 그는 완전히 기계적이다. 그래서 어쩌라고?

기억하자. 기계적인 관리자는 정보를 구조적으로 수집한다. 사람을 대하는 데 능숙하지 못하며 왼쪽 뇌를 사용해 정보를 획득한다. 당신의 관리자가 기계적인 사람이라면, 정보를 구조적이고, 잘 설명된 일

3부 여러 버전의 당신

관성있는 방식으로 전달해야 한다. 그래서 나는 기계적 관리자를 위해 상태 보고 템플릿을 만들었다. 제품 정보로 시작해 각 제품과 관련된 정보를 열거했다. 그 다음에는 그룹별로 계약직 현황, 요청 상태, 휴가 등의 인사 문제를 정리했다.

매주 일대일 면접 24시간 전, 이 템플릿을 이용했다. 이것이 면담을 앞둔 내 첫 작업이었는데 그 주의 콘텐츠로 내 머리를 꽉 채우곤 했다. 지난 주 대화 내용을 기억해내고 중대 관건에 대한 최신 정보를 준비했다. 일대일 1시간 전에는, 그 데이터를 다시 보고 세밀하게 검토했다. 일대일 시간이 되면 준비한 출력물로 시작했다. 요점에 충실했으며 준비한 템플릿의 내용에서 이탈하지 않았다. 날짜, 정보, 이정표 등 실질적이고 구체적인 동일한 구조를 매주 사용했다.

일관성. 구조. 그가 매우 좋아하는 것이었다. 그의 질문을 미리 예측했기에 그가 물어볼 것이 없는 날은 뛸듯이 기뻤다.

부사장은 기계공이었으며 모든 문제를 처리해줄 수 있는 구조를 원했다. 하지만 나는 유기농이다. 나의 일대일 면담은 "이봐, 요즘 어때?"로 시작되는데 팀원들은 어리둥절해 한다. 팀원들은 내 사무실을 나가며 우리가 의미 없는 얘기를 나눴다고 생각할 수 있지만, 사실 나는 신중히 정보를 수집하고 있었다. X라는 질문에 당신이 어떻게 반응했는가? 어떤 질문을 했는가? 그렇다. 나는 마구잡이 질문으로 쓸데없는 내용을 모으는 것처럼 보이겠지만 실은 기계공보다 더 많은 정보를 수집하곤 한다.

여기까지는 나의 경험일 뿐이며 당신의 경우는 나와 다르겠지만 조언 몇 가지를 하겠다.

유기농과 함께 일 한다면……

즉시 눈치 챌 수 없더라도 그들이 계획을 가지고 있음을 믿어야 한다. 개방적인 태도로 멍청히 있지 말라. 유기농은 좋은 네트워크를 갖추고 있기 때문에 어떤 일이 벌어지는지 잘 파악한다.

당신도 유기농이라면 함께 창조적인 광란을 벌이게 될 것이기에 일대일을 즐길 것이다. 주제는 매우 다양할 것이며, 지겨워지면 그 주제는 금방 사라져 버린다. 일처럼 느껴지지 않을 것이다.

당신이 기계공이라면 유기농 관리자 때문에 혼란스러울 것이다. 당신은 체계와 구조를 잡아주는 미시적 관리를 선호하기 때문이다. 함께 일했던 대부분의 유기농 관리자들은 그런 체계를 잡아주며 기계공적인 면을 보여주기는 했지만, 이것은 그들의 본질적인 성향이 아니므로 주의해야 한다.

유기농은 이리저리 바쁘게 이동하느라 세심하지 못한 것은 분명한 사실이다.

기계공과 함께 일한다면……

앞에서 말한 것처럼, 기계공 관리자는 당신이 문제를 구조적으로 접근한다고 느끼기 전까지는 문제를 해결하고 있음을 믿지 않는다. 그 사람의 구조적인 두뇌를 충족시키려면 풍부한 데이터를 제공해야 한다. 기계공 관리자가 매번 같은 질문을 하며 당신이 그 질문에 제대로 대답하는 것 같지 않다면, "대체 당신이 무엇을 물어보는지 정말 모르겠습니다."라고 털어놓아야 한다.

당신이 유기농이라면 기계공 관리자가 당신을 믿지 않는다고 생각할 텐데, 사실이 그러하다. 기계공처럼 행동을 해야 그의 신뢰를 얻을 수 있다. 연습이 필요한데 당신은 역할을 따라할 좋은 모델을 이미 갖고 있다. 자신을 기계공으로 바꾸라는 것이 아니라, 기계공처럼 말해 기계공 관리자를 안심하게 만들라는 거다. 일단 그의 신뢰를 얻고나면 당신은 다시 유기농으로 돌아갈 수 있다. 그러면 기계공 관리자도 문제삼지 않을 것이다.

기계공이 유기농에 영감을 줄 수 없음은 기정 사실이다.

유의사항

점진주의자와 완벽주의자 경우에서처럼, 가장 위험한 유기농/기계공 유형은 이랬다 저랬다하는 사람들이다. 개인적으로 기계적 유기농이 최고라 생각한다. 이런 사람들은 유기농처럼 정보를 수집하지만 기계공의 뛰어난 체계성과 조직성을 갖고 있다. 모르는 것이 없고 절대로 잊어버리지 않는다. 진실로 그러하다.

유기적 기계공은 두려운 존재다. 대단한 지식을 가지고 있지만 그 모두를 꿰어줄 유기적 끈이 없는 듯이 보인다. 바로 이점이 두려운 것이다. 끈은 있고 목적도 있지만, 당신에게서 감추고 있다. 유기적 기계공은 당신이 뒤를 쫓다 드디어 그들을 파악했다고 자신하는 순간, 모든 것을 바꿔버린다. 정말 짜증난다. 아니, 정말 좋다!

해답은 중간이다

기계공과 유기농의 마찰은 시간 낭비다. 조직 내의 마찰은 비즈니스보다는 개인의 별난 성격에 초점이 맞춰지며 많은 시간과 비용이 낭비된다. 관리자이든 동료이든, 유기농/기계공 대결에 끼게 되면,

"순수한 기계공 조직은 영감이 부족하고 순수한 유기농 조직은 완전히 혼란 그 자체다."

라고 되새기자.

유기농은 직관과 열정으로 기계공의 맹점을 보완해 주며, 기계공은 서투른 유기농이 전속력으로 달려들 수 있는 건강하고 탄탄한 기반을 마련해 준다. 바로 이것이 팀에 필요한 정신이다.

29장

내향적인, 외향적인 그리고 전체론적인

관리자 계층에는 모든 종류의 무시무시한 직함이 있다. 엔지니어링 관리자, 수석 엔지니어링 관리자, 엔지니어링 이사, 엔지니어링 부사장, 최고 기술 경영자(CTO; Chief Technology Officer) 등등. 이런 직함들이 조직도에 있는 사람들의 위치를 알려 주는 데에는 도움이 되지만, 그 사람이 실제로 무엇을 책임지는지, 어느 분야에 관심 갖는지에 대해 별 다른 정보를 주지 못한다. 하지만 당신이 관리자이든 일개 직원이든, 그들의 관심 분야를 알아내 거기에 신경을 써야 한다.

싫든 좋든 당신의 상사는 당신의 경력에 많은 영향을 미치며 매달 당신의 월급을 결재한다. 당신이 다른 곳으로 이직 할지라도 마찬가지로 거기에도 상사가 있으며 당신이 알 수 없는 그들만의 계획을 가지고 있다.

나름대로의 계획을 가진 세 가지 종류의 관리자가 있다. 일선 관리자, 중간 관리자, 중역 또는 수석 관리자다. 이 직함들은 그 사람이 조직도의 어디에 있는지 잘 알려주지만 실제로 하는 일과 무엇이 그들에게 동기를 부여하는지는 알려주지 않는다. 그렇기 때문에 다른 명칭이 필요하다. 계층 구조를 암시하는 명칭으로 우리를 혼란하게 하지 않을 이름이 필요하다.

비전 계층 구조

관리자의 아젠다를 이해하려면 그가 무엇을 원하는지 이해해야 하는데, 가장 좋은 방법은 그가 하루 종일 무엇을 생각하는지 파악하는 것이다. 무엇에 관심을 집중하는가? 하루 종일 어디에 정신을 쏟고 있는가? 아마도 그는 세 방향 중 하나일 것이다.

내향적 관리자: 이런 유형의 관리자는 하나의 제품 또는 기술을 맡은 작은 팀을 책임진다. 내향적인 관리자의 비전은 팀과 제품에 집중되어 있다. 이 관리자는 조직 내에서 다른 일이 벌어지고 있음을 알지만, 자신의 팀이 외부 팀과 관련되지 않은 한, 다른 부서의 일에 관여하지 않는다.

내향적 관리자는 신참인 경우가 대부분이지만 예외도 있다. 일부 경험이 많은 관리자들이 직접 코딩 작업을 하고 팀과 가까이 일하기 위해 이러한 환경에 머무르는 경우가 있다.

전체론적 관리자: 일반적으로 전체론자는 경영층의 중간이다. 내향적 관리자의 비전은 개별 팀에 초점을 두는 반면에, 전체론은 조직 전체를 향한다. 그들은 관리자의 관리자이며, 여러 제품과 팀을 책임지는 경향이 많다.

전체론적 관리자의 주요 업무는 조직의 모든 곳에서 어떤 일이 벌어지는지 파악하는 것이다. 실제로 회사를 운영하는 사람들로, 모든 것에 관심을 가진다. 그렇기 때문에 그들은 사무실에 앉아있지 않고 이곳저곳 돌아다니며 정보를 수집한다. 이런 끊임없는 정보 수집은 그들이 오히려 얄팍하다는 인상을 준다. 중간 규모의 기업에만 해도 엄청난 양의 정보가 있으며 그 모든 정보를 소화하려면 너무 많은 시간이 소요되어 다른 업무를 병행할 수 없으므로 수집한 정보의 깊이가 얄팍할 수밖에 없다.

잠깐, 이 전체론적 관리자들도 제품을 출시해야 하지 않나? 아니다. 여러 제품이 있지만, 그 제품을 제시간에 스펙 그대로 만들어줄 내향적인 관리자들을 고용했기에 다음 번에는 어떤 제품을 만들어야 할지, 누가 그 일을 맡을지 판단하는 데 집중한다.

외향적 관리자: 부사장, CEO와 같은 고위 경영자다. 그들이 관심을 갖고 있는 부분에 대해 많이들 오해한다. 최우선 순위가 회사 운영이라고 생각할 것이다. 그렇지 않다. 회사의 안녕은 전체론적 관리자의 책임이다. 전체론적 관리자는 복도에서 대화를 나누고, 내부의 경쟁 정보를 수집하고, 능력 있는 내향적 관리자에게서 필요한 것을

얻어내느라 하루 종일 시간을 보낸다.

　외향적 관리자의 비전은 바깥 세상에 집중되어 있다. 회사의 인지도 및, 고객, 금융 회사, 세계와의 관계 개선을 위해 노력한다. 그렇기 때문에 그들을 본사에서 좀처럼 볼 수 없다. 전체론과 내향적 관리자가 얼마나 대단한 일을 하고 있는지 외부 사람들에게 알리고 다닌다. 외향적 관리자가 회사 내의 일상적인 일에 신경 쓰지 않는다는 것이 아니며, 그런 일을 잘 맡아 해낼 재능 있는 전체론적 관리자를 고용했다. 매일 회사에 나가 회사를 운영해야 하지는 않지만 그들에겐 회사에 대한 책임이 있다. 어려운 역할이다.

아젠다 혼동

　관리자는 두 개의 직함을 가질 수 있기 때문에 이런 직함들은 많은 혼동을 준다. 자신이 붙인 직함이 있고, 조직에서 바라보는 관점의 직함이 있다. 건강한 조직에서는 이 둘이 서로 동일하지만 대부분의 조직은 건강하지 못하다.

　예를 들면, 조직에서는 내향적 관리자라고 판단했는데 자신을 전체론적 관리자라고 착각하는 사람이 있을 수 있다. 이 경우 그 사람은 "이 제품이 일정대로 출시되지 못할 겁니다."라며 걱정하는 당신에게 신경 써야 할 때에 전략적 우위를 찾아 복도를 헤매고 있을 것이다. 이것은 기회일 수도, 문제일 수도 있다. 당신의 관리자가 자신의 주요 업무에 관심을 가지지 않는다는 것은 문제지만, 당신이 거기에 관심을 가진다는 것은 기회를 뜻한다.

직함이 주어졌지만 사용되지 않는 경우에도 혼동될 수 있다. 내향적 관리자가 전체론적 관리자로 진급한 경우는 어떠한가? 과연 이런 관리자가 어떻게 해서 당신을 힘들게 만들 수 있을까? 아마도 어떤 행동을 해서 당신을 괴롭히는 것이 아니라 행동을 하지 않아서 힘들게 할 것이다. 내향적 관리자는 27번 빌딩 내의 정치적 음모에 대해서는 무관심하며, 제품을 설계하고 출시하며 세부 사항에 파고들기 원한다. 문제는 27번 빌딩을 둘러싼 정치적 음모가 결국 당신의 제품의 장래에 영향을 미친다는 것이다. 당신의 관리자의 관리자가 코딩에만 관심이 있어 부서 간 회의에 참석하지 않은 사건으로 당신이 자리에서 밀려나게 될 수 있다. 안타깝게도 말이다.

최악의 혼동은 아마도 뜻밖으로 세심하게 관리되는 경우일 것이다. 미시적으로 관리되고 있다면 먼저, 당신은 불필요한 작업을 하고 있으며, 그 일을 하도록 요구한 사람이 비합리적이라고 느낄 것이다. 둘 모두 당신이 옳다. 세심한 관리는 때때로 관리자가 한 관리 등급에서 다른 등급으로 승진할 때 발생한다. 실적 발표 직전에 공황 상태에 빠진 외향적 관리자가 내향적 관리자처럼 행동하는 것일 수 있다.

문제는 모든 사람이 그가 외향적 관리자임을 알고 있다는 사실이다. 그는 외향적 관리자로 보이며, 어투도 그러하다. 그의 비이성적인 행동으로 CEO와 만날 기회가 생긴 것은 모두들 좋아하겠지만, 왜 그가 자신이 맡은 회사 운영 임무를 뒷전에 두고 있는지 의문이 생길 것이다.

성장을 지켜보자

내향적에서 전체론적으로, 전체론적에서 외향적으로의 전진은 전략적인 전진이다. 신참 관리자는 한 제품의 품질에 신경 쓰는 것에서 시작해, 계속 성장해 나가며 회사 전체의 안녕에 신경 쓰기에 이른다.

이런 성장을 지켜보는 것은 당신의 성장에도 도움이 된다. 그가 이런 성장에 대해 얼마나 신경을 쓰고 있는지, 이것을 자신의 성장 기회로 보는지 아니면 팀의 성장 기회로 보는지 여부를 판단하자. 신참인 내향적 관리자는 전체론과 외향적 관리자가 휘두르는 책임과 권력을 지켜보며 업무를 터득해 나가는데, 당신은 이때 그들을 신중히 지켜봐야 한다. 한 축에는 '팀을 위한 이득'이 있고 다른 축에는 '관리자를 위한 이득'이 있다. 자신만의 이득을 얻는 데 시간을 보내는 젊은 관리자는 이기심 때문에 언젠가는 팀을 위기에 빠뜨릴 것이다.

자신이 발견한 정보를 당신에게 제공하는가 아니면 자신만이 소유하는가? 매주의 임원 회의에서 무언가를 배우지 않는다면, 당신의 관리자는 이기적인 사람일 수 있다. 성장에 신경 쓰지 않을 수 있다. 성장에 무관심한 관리자는 팀을 성장시키지 못하므로 좋지 않은 환경이다. 아니면, 당신의 내향적 관리자는 과거에 전체론 또는 외향적 관리자로써의 경험에서 호되게 당한 사람일 수도 있다. 끊임없는 정보 수집에 지쳤거나 코딩을 사랑하는 대단한 엔지니어일 수도 있다. 개인적으로, 이런 유형의 내향적 관리자는 풍부한 경험을 가지고 있으므로 훌륭한 직원이자 경영자라고 본다. 문제는, 그들이 자신의 경험을 당신에게 전달하고 당신을 성장시키는가 하는 것이다.

　내가 선호하는 환경은 전체론적 관리자와 전체론적 관리자가 되려는 내향적인 사람들로 구성된 팀이다. 경험이 많고 꾸준한 내향적 관리자가 믿을 만하기는 하지만, 다음 일을 맡을 준비가 된 직원들의 열정을 더 좋아한다. 그들의 다음 일이 내 자리가 된다고 해도 말이다.

30장

자유 전자

볼랜드 시절로 돌아가 본다. 우리는 윈도우용 파라독스(Paradox) 개발을 서두르고 있었다. 당시 나는 데이터베이스 생성과 변경 기능을 테스트하는 QA 엔지니어였다. 엔지니어링 동료인 제리도 열심히 일하고 있었지만 그는 아무 성과를 내지 못하고 있었다.

우리는 1.0 제품 개발의 중, 후반 단계에 있었으며, 대부분의 엔지니어들이 개발에서 버그 수정 모드로 서서히 이동하고 있었지만 제리의 경우는 달랐다. 여전히 구현만 반복하고 있었다. 일을 절대 완료할 수 없는 사람에게 중요한 업무를 맡겨 아주 곤란한 상황에 처한 것이다.

제리에게 먼저 잠시 쉴 시간을 주자. 그는 훌륭한 프로그래머였지만 두 가지 큰 문제가 있었다. 윈도우용 프로그래밍을 해본 적이 없어, 코딩을 하면서 배우는 중이었다. 또 다른 문제는 제품이 1.0 버전이라는 점이었다. 이 책의 13장의 제목이 '버전 1.0'이었는데 원래의 제목은 '버전 1.0, 세상에 나는 살아 돌아가지 못할 줄 알았어요.'였다. 1.0은 실로 불가능할 정도로 어려운 시기이며 윈도우 코딩 경험 부족과 합해 그는 당연히 곤란을 겪을 수밖에 없었다.

그렇지만 제리는 자존심이 있었다. 자신이 이 모든 것을 해낼 수 있다고 믿었지만 그의 코딩 결과를 보자 '접시 위에 널려진 음식 쓰레기 같은 코드'라고 부를 정도로 난잡했다. 그는 코드를 이리저리 이상한 방식으로 옮겨 버그를 수정하려 했는데 이건 마치 어린 아이가 엄마에게 브로콜리를 먹은 것처럼 보이기 위해 접시 위에서 음식을 이리저리 옮겨 놓은 것과 같았다. 실제로 바뀐 것은 아무것도 없고 그저 다르게 보일 뿐이다. 이런 코딩 방식을 '꿈으로 코딩하기'라고 부를 수 있겠다.

제리가 무언가를 수정할 때마다 우리는 그 기능에서 또 다른 심각한 문제를 발견했다. 버그를 수정할 때마다 조금씩 진전이 있기는 했지만, 기본 아키텍처 자체에 문제가 있었기에 상황이 좋지 않았다. 진행 상태에 대해 물으면 그의 변명은 너무나도 장황하고 그럴듯했다. 시간을 조금만 더 가지면 진정 해결할 수 있다고 순진하게 믿고 있었지만 그의 능력 밖이기에 시간을 더 가져도 해결될 수 없는 문제였다.

당신이 관리자라면 엉터리 제품을 출시하면 안되므로 뭔가 크게 바꿔야 한다. 세상에는 이런 변화를 통해 많은 수익을 올린 기업들이 있다. 엉터리 제품을 출시하게 되면 결국에는 '아무개 컴퓨터 회사'에서 아무도 관심 갖지 않는 들어 본 적도 없는 제품을 개발하며 살아가게 될 텐데 아무도 그런 삶을 원하지 않을 것이다.

두 단계에 걸쳐 문제를 해결해야 한다. 제리의 태도를 변화시킨 후 기적을 바라야 한다. 먼저 쉬운 것부터 설명하겠다. 제리가 필요하다. 그 복잡한 코드 덩어리가 어떻게 돌아가는지를 아는 유일한 사람이며 사소한 버그 정도는 수정할 수 있다. 엔지니어링 관리자는 제리를 앞혀 놓고 양에 집중해야 한다고 말했다. 해결되지 않은 작고 사소한 버그가 여기저기 넘쳐났는데 제리가 그 정도는 처리할 수 있다. 물론 그런 일을 맡게 되어 자존심이 상했겠지만, 작업에 진전이 있고 완료 가능성을 보게 될 때 사람들은 일을 더 잘 하게 되며 제리도 곧 몇 주 만에 의욕에 넘치게 됐다.

제리가 제 역할을 하게 됐지만 우리는 또 다른 문제에 직면했다. 출시까지 6개월밖에 남지 않았는데 서로 연동되는 기능의 주요 부분이 거의 작동하지 않았다. 이런 경우에는 특별한 재능이 필요하다. 그 재능은 자유 전자다. 자유 전자는 당신이 만날 엔지니어 중 가장 생산적인 엔지니어다. 더 자세히 설명하지 않아도 당신의 머릿속에는 이미 누군가가 떠올랐을 것이다.

자유 전자는 코딩에 아무 문제가 없다. 애플리케이션을 바닥부터 시작해 완벽하게 작성할 수 있으며, 주말 사이에 프로그래밍 언어 하나를 배우고, 엄청나게 복잡한 코드 덩어리를 완벽히 분석해내고 실제로 작동하게 만든다. 이런 자유 전자를 중심으로 전체 비즈니스를 구성할 수 있을 정도로 정말 대단한 사람이다.

자유 전자에는 고참과 신참이 있는데, 둘 다 비슷한 생산성을 보이지만 고참 버전은 정치적, 그리고 사회적으로 더 깨어있다. 기술이 우선인 조직에서는 많은 CTO들이 이 범주에 들어간다. 썬마이크로시스템스의 빌 조이(Bill Joy)와 같은 사람들이다. 고참 자유 전자가 인공위성 띄우기와 같이 어이없는 소리를 할 때도 있지만 그들이 입을 열면 무조건 경청하자.

신참도 그런 능력을 가질 수는 있지만 취미 생활로 자신만의 운영체제를 개발하던 사람들이라 다른 사람과 어울리는 경험이 부족하다. 신참 전자는 당신이 관리자로서 고용할 수 있는 최고의 직원이다. 20년 동안 이런 사람을 두 명이라도 고용했다면 관리자의 역할을 잘 하고 있다고 볼 수 있다.

관심과 후원

운이 좋게 조직에 자유 전자가 한 명이라도 있다면, 그 엔지니어는 독특하다는 것을 기억해야 하며 팀의 다른 엔지니어들과 다른 방식으로 관심을 보여주고 후원해야 한다.

계속 참여시킨다. 엔지니어링 그룹에는 연구와 개발이라는 두 가지 주요 업무가 있다. 자유 전자가 개발에도 뛰어나기는 하지만 진정한 가치는 연구에 있다. 그들은 첨단을 달린다. 자유 전자를 개발 업무에 너무 오래 머물게 하면, 곧 지루해져 팀을 떠날 것이다. 모든 엔지니어가 최신 기술에 대해 알고 있어야 하지만, 자유 전자는 그 최신 기술이 무엇인지 정의하는 이들이다. 자유 전자가 떠나는 것은 팀의 생산성의 큰 손실이다.

방향이 틀린 자유 전자는 잘못된 결과를 가져온다. 진행하던 프로젝트 하나의 몇 가지 메모리 오류 버그 문제를 자유 전자에게 맡긴 적이 있다. 조용히 고개를 끄덕이던 그는 한 주 동안 작업에 착수했다. 그가 돌아왔을 때 버그는 수정되어 있었고 전체 데이터베이스 계층도 재작성되어 있었다. 두 명의 엔지니어가 6개월에 걸쳐 설계했던 코드가 7일 만에 완전히 바뀐 것이다. 그가 대단한 일을 한 것 같아 보이겠지만, 실은 사소한 업데이트 작업이 필요했을 뿐이며, 이 완전히 바뀐 새 데이터베이스 계층을 테스트할 인력이나 시간이 없다는 사실을 알면 당신도 어이가 없을 것이다.

자유 전자는 뚜렷한 설명 없이 작업을 실행치 않는 경우가 있다. 자유 전자는 모든 것에 강한 의견을 가지고 있지만 이런 의견을 좀처럼 꺼내지 않을 수 있다. 옳다고 생각지 않는 것을 하도록 지시하면 그들은 하지 않을 것이다. 마음껏 지시해보라. 최악의 경우, 당신이 자유 전자에게 저장 기능 완성을 요청하고 그가 동의를 했더라도, 자리에 돌아가 자신이 하던 일을 그대로 하고 1주일 후, 기적을 기대하는 당신에게 "아직 하지 않았어요."라는 말을 할 수 있다. 그들은 당신의 요청이 쓸데없다고 생각했던 것이다.

1주일이 더 지나고 당신이 머리를 쥐어 뜯고 있다보면 그 기적이 필요하지 않았으며 아무런 일도 하지 않은 것이 옳았음을 알게 될 것이다. 당신의 자유 전자는 이미 그 사실을 2주 전에 알고 있었으나 당신에게 두 시간에 걸쳐 설명하고 싶지 않았을 뿐이다. 처음에는 이 사실이 화나겠지만 적응될 것이다.

결국은 팀이다. 이 모든 조언은 당신의 자유 전자를 대상으로 한 것이지만 그들이 제아무리 천재라고해도 그들 역시 팀의 일부라는 점을 잊지 말자. 내 조언을 팀의 다른 사람들보다 자유 전자에게 특별한 대우를 해주라는 것으로 해석해서는 안 된다. 팀에 자유 전자가 있다는 사실을 너무 내세울 필요는 없다. 그 사실은 이미 모두가 알고 있다.

다시 제리에게 돌아가서

볼랜드 시절, 버나드라는 자유 전자가 있었다. 그가 코드를 이리저리 바꿔 놓기 전까지 그가 무슨 일을 하는지 알 수 없었다. 그의 사무실은 책으로 가득했고 말이 많았지만 실제로 보여 주는 것은 거의 없었다. 허풍선이라고 생각하고 있었다.

버나드는 금요일 오후 제리의 코드를 만지작거리기 시작했다. 그 다음 주 월요일, 나는 내 기능 테스트 매트릭스를 처음으로, 그의 코드에, 실행해보게 되었다. 그 주 말까지 우선순위가 높은 다수의 버그를 수정했고 제리에게 맡겨진 부분까지 수정하기 시작했다. 그 다음 주가 되자 버나드의 속도에 맞추기 위해 나는 미친 듯이 버그를 찾아내야 했다.

바로 이것이 자유 전자의 위력이다.

31장 조직을 정비하는 규칙

이런 경험이 있을 것이다.

밤 10시가 조금 넘은 지금, 상사로부터 '우리 얘기 좀 합시다.' 라는 메일을 받았다. 30초 후 '회신: 우리 얘기 좀 합시다.' 라는 회의 제안 메시지 외에는 더 이상의 정보가 없다. 화면을 보며 앉아 무슨 일인지 궁금해 한다. 회사에는 정리 해고에 대한 소문이 없었고 잘 돌아가고 있다. 관리자와의 만남이 필요할 정도의 행동이나 말 또는 글을 쓴 일도 떠오르지 않는다. 도대체 무슨 일일까?

다음 날 약속 시간이 될 때쯤이면 당신은 벌써 12시간은 족히 고민해봤고 아마도 지난 6개월 동안 했던 모든 일을 되짚으며 상사가 어떤 당황스러운 질문을 해도 답변할 수 있게 준비했을 것이다. 그의 사무실로 들어서자 그는 이미 당신을 쳐다보고 있고 그의 앞에는 조직도가 놓여 있다.

이제 무슨 일인지 알게 됐다. 조직이 재정비된다는 것이다.

당신의 상사는 조직 정비에 일가견이 있는 사람이다. 바로 본론으로 들어가 한 팀이 다른 곳으로 이동될 것이라고 말한다. 그는 그 이유를 설명하고 당신의 의견을 묻는다. 당신이 몇 마디 하고 나면 "이 일은 많은 것에 영향을 주기 때문에 지금껏 말하지 않은 것입니다. 이제 모든 것이 안정을 찾았습니다."라는 어이없는 말을 할 것이다.

하! 잘도 그렇겠군, 말도 안 돼.

당신의 상사가 어떻게 거짓말을 한 것인지 설명하기 전, 먼저 조직 정비, 다시 말해 구조 조정이 무엇인지 정확히 이해해보고 그 혼란을 어떻게 헤쳐 나갈지 조언을 하겠다. 구조 조정은 정리 해고가 아니다. 정리 해고는 구조 조정의 일환으로 일어날 수 있지만 부작용이지 원인이 아니다. 구조 조정은 팀과 제품을 변경해 회사 전략 변화에 맞추려는 것이다. 어떤 종류의 변경일까? 알 수 없다. 제품의 목표 시장이 변했거나 경제가 좋지 않은 것일 수 있다. 요점은 경영진의 누군가가 "구조 조정이 필요합니다."라고 판단했고 족히 몇 개월은 혼란이 있을 거라는 사실이다.

다음은 조직 정비의 혼란 속에서 유용한 몇 가지 규칙이다. 살아남기 위한 팁이기도 하다.

규칙 1: 자신의 역할을 파악한다

구조 조정의 낌새가 보일 때, 당신에겐 선택의 여지가 주어진다. 어떻게 참여할 것인가? 가만히 물러나 그냥 지켜볼 것인가, 아니면 그 혼란에 적극적으로 동참할 것인가? 당신의 선택에 앞서 재정비의 정도를 측정해봐야 한다.

당신은 자신의 부서가 어떻게 될지에 특히 관심이 높겠지만 구조 조정에는 기회도 함께 온다는 점을 기억하자. 구조 조정이 당신의 팀에는 아무 영향을 주지 않더라도, 당신 부서의 오랜 구조적 문제점을 상사에게 제기해 볼 수 있는 기회다.

구조 조정은 조직을 매우 유연하게 만든다는 점에서 기회를 어필한다. 조직 전체 관리자들은 당신과 마찬가지로 "이 문제를 지금 해결 해야 해. 그리고 이왕 하는 김에 저 문제도 해결해야지."라고 생각하고 있다. 당신이 계획을 갖고 있다면, 변화를 기다리고 있다면, 재정비 중에는 당신의 제안도 함께 추진될 수 있는 기회가 높으므로 적극적으로 제기하자.

모든 사람이 줄다리기를 하는 동안 그저 지켜보는 것으로 만족한다 해도 관심을 쏟을 거리는 많다.

규칙 2: 사람들은 공황 상태다

조직 내의 대다수가 구조 조정에 대해 알게 된 시점부터 실제 구조 조정이 일어나기까지는 상당히 길고 고통스런 시간이 흐른다. 직원들이 회사에 대한 기본적인 질문을 해대는 힘든 시간이다. 누가 어디로, 왜 옮겨가게 되는가? 정리 해고도 있을 것인가? 왜 이런 일이 일어나며 모든 것이 끝나도 내 자리가 온전할 것인가?

팀이 조직 재정비에 대해 알기 전까지는 이런 질문이 전혀 없었다. 최대 고민이 데드라인이었던 즐거운 무지 상태에서 일하고 있었다. 이제 그들은 조직의 내일이 어떻게 될지 걱정하고 있지만 그 결과는 아무도 모른다.

상사가 당신에게 했던 말을 생각해 보자. "이 일은 많은 것에 영향을 주기 때문에 지금껏 말하지 않은 것입니다. 이제 모든 것이 안정됐습니다." 다시 읽어보자. "이 일은 많은 것에 영향을 주기 때문에"와 "이제 모든 것이 안정됐습니다." 그의 모순된 말을 당신은 들었다. 사실을 알려주고자 했지만 그의 시도는 오히려 당신을 공황 상태로 만들었다. 그의 사무실을 나가며 "저 사람은 실제로 무슨 일이 벌어질지 모르고 있어."라고 생각할 텐데, 당신이 옳다. 그는 아무것도 모른다.

어느 누구도 내일 어떤 일이 벌어질지 모른다는 사실은 공황 상태를 불러 일으킬 수 있으므로 당신은 신중히 귀 기울여야 한다.

규칙 3: 네트워크가 미쳐 돌아간다

구조 조정에 대한 루머의 원동력은 사람들의 네트워크다. 간단히 말해, 사실로 시작된 정보는 점차 루머로 변질되어 전달된다. 어디 한번 볼까……

엔지니어링 부사장은 그녀의 스탭인 엔지니어링 관리자에게 "그들은 테드씨 수하에 새 하드웨어 그룹을 만들고 있습니다. 직원을 어디서 충당할지 모르겠지만 다른 그룹에서 일부를 데려오는 방법을 생각해 볼 수 있습니다."라고 말했다. 부사장이 무슨 말을 했는가? 상당히 명백한 사실을 전달했을 뿐이다. 자신의 스탭에게 미리 정보를 전달하고자 한 것뿐이었다. 계속해서 보자.

엔지니어링 관리자는 자신의 스탭인 수석 엔지니어에게 "테드가 새 그룹을 만들기 때문에 우리가 몇 사람 잃게 될 수 있습니다."라고 말한다. 그가 뭐라고 말했지? 사실에서 시작해 자신의 팀의 인원이 감축될 것이라는 의견을 덧붙였다. 왜 이런 말을 한 것일까? 수년간 회사에서 근무하며 이런 일이 어떻게 진행되는지 경험했거나 그냥 추측한 것이다. 네트워크는 공식적으로 가동되기 시작한다. 더 지켜보자……

수석 엔지니어는 자신의 친구에게 "우리 그룹에서 몇 사람 떨어져 나가 테드 그룹으로 가게 될 거래. 어휴, 나는 테드가 정말 싫어."라고 말한다. 이제 네트워크에서 번져나갈 루머가 완성된 것이다. 간단한 예지만 인간의 기본적인 특성을 잘 보여준다. 우리는 어떤 일이 벌어지는지 알고 싶어하지만 제대로 알지 못할 경우 우리가 원하는 대로, 생각하는 대로 이야기를 만들어내는 경향이 있다. 당신이 정보 생산 과정에 자신의 의견을 추가하고 편견을 덧붙이면, 결국에는 조직 전체에 루머만 돌게 된다.

구조 조정이 아닌 경우, 사람들 사이에서 정보가 그다지 변질되지 않으므로 네트워크를 믿을 만 하지만, 일자리에 대한 내용인 경우, 네트워크는 완전히 폭주하게 되고 전혀 다른 내용이 전달된다. 어떤 내용이든 믿기에 앞서 독립된 정보원으로부터 그 정보를 확인해야 한다. 기자들처럼 말이다.

규칙 4: 구조 조정은 오래 걸린다

당신이 구조 조정에 대해 들은 시점부터 실제 완료될 때까지 당신이 생각했던 것보다 네 배는 더 오랜 시간이 걸린다. 구조 조정은 너무 오래 걸린다. 계획이 수립되고, 관련된 사람들이 동의하고, 피드백에 따라 조정되고, 예산에 맞추고, 경영진의 일정에 맞춘 후에나 실제 진행 부서에 전달된다. 이 공식 절차가 계속 진행되는 동안, 복도에서의 불안스런 대화는 계속되고, 불순한 목적으로 네트워크를 이용하려는 정치적인 행동이 나타난다. 이 모든 행동은 더 많은 정보가 프로세스에 추가되고 변형되게 만든다.

여기의 내 조언은 당신이 선택하는 역할에 따라 달라진다. 당신이 이 게임에 참여하기로 했고 밀고 나갈 계획이 있다면 이 기간 동안 계속 관여해야 한다. 상사의 "끝났습니다."라는 말을 믿지 말자. 그 자신이 그렇다고 생각할 뿐이다. 그는 플랫폼 엔지니어 팀의 필이 몇 가지 계획을 더 추진 중임을 모르고 있다.

관측자 역할을 선택했다면, 의자에 앉아 그 소동을 지켜볼 것을 권한다. 당신은 아직 안전하다는 사실에 안심하고, 설사 재정비가 당신에게 영향을 줄지라도 긍정적인 방향일 것이라고 생각하며 그 사실을 즐기기 바란다. 창문이 있는 새 사무실을 달라고 요청하는 것도 잊지 말자.

높으신 분 누군가가 새 조직도를 회사 전체에 돌리기 전까지 재정비는 끝난 것이 아니다.

규칙 5: 대부분의 사람들은 구조 조정을 원한다
(다만 이를 인정하고 싶어하지 않을 뿐이다)

구조 조정은 현재 조직의 상태가 불만인 사람들에게 기회를 준다. 앞에서 말한 것처럼, 관계자들은 구조 조정 계획 소식을 듣는 순간, 자신이 원하는 방향으로 네트워크가 움직이도록 조정한다. 거기에 사람들이 가십을 좋아한다는 사실까지 결합되면 그럴듯한 가상의 구조 조정이 만들어진다.

단순한 방관자라면 복도와 회의실 안에서 오가는 얘기가 짜증날 수도 있지만 대부분의 사람들은 이런 이야기를 듣고 싶어한다. 누가 옳기게 되나? 정말? 이런, 절대 그럴 리 없는데. 그 사람은 바보인데! 멍청한 짓을 하는군! 어떤 이유에서인지 재조직에 대한 대화는 반란에 대한 대화처럼 들리기 시작한다. 사람들은 떠벌리고 싶은 마음을 억제하지 못한다.

구조 조정에 대해 가장 큰 잡음을 내는 이들이 실제 결과에는 거의 영향력을 행사하지 못한다. 경영 팀이 전략과 정치적 아젠다를 고민하고, 누가 누구를 위해 일할지 계획하고, 제품 개발에 대해 고민하는 동안, 이 사람들은 어두운 곳에 숨어 소문을 퍼뜨린다.

단 하나의 규칙: 인내

당신의 팀 내에서 논쟁이 많았던 마지막 결정을 기억해보자. 팀 멤버들의 반대에 모든 사람이 좋아하지는 않지만 결국 동의하게 된 타협안을 내느라 사실과 의견을 오가며 한 주를 보냈던 그 중요한 의사 결정을 말하는 것이다.

이제 그 의사 결정에 회사 전체를 끌어들이자. 그 의사 결정이 무엇인지는 중요하지 않다. 실제로 중요한 것은 사람들이 많으면 믿을 수 없을 정도로 천천히 움직인다는 것이다. 이것이 관료주의이든 집단 사고이든 간에, 큰 그룹이 함께 일하는 경우, 너무 천천히 움직이므로 아무 일도 일어나지 않는 것처럼 보인다.

구조 조정은 회사 전체에 영향을 준다. 모든 사람이 의견을 가지고 있기에 당신에게 낯 설은 집단적 사고일 수 있다. 당신이 자신의 자리, 팀, 경력에 대해 걱정하는 것은 알지만, 가볍게 숨을 들이 쉬고 인내하며 할 일에나 집중하라.

32장 해외 하청 위험 요소

하루에 나쁜 소식이 두 가지 있었다. 하나는 산 호세 머큐리 뉴스 (San Jose Mercury News)가 전한 미국 학생들이 해외로 일자리가 옮겨지는 것을 걱정해 컴퓨터 공학을 배우려 하지 않는다는 것이며, 또 하나는 우리 집의 거실에 대학생들이 앉아 그 뉴스 소식을 그대로 전하며 "예, 컴퓨터 공학을 공부하고 싶지만, 모든 일자리가 인도로 가고 있다고 들었어요……."라고 한 것이다. 음…….

해외로의 일자리 이동에 대한 이슈는 지난 5년간 내 머리를 떠나지 않았다. 힘들었던 벤처 기업 시절, 엔지니어링 부사장은 QA 그룹을 해외로 옮겨 비용을 절감하려 했다. 나는 파트너 모색 책임을 지고 있었는데 결국 세 개의 벤더와 협의를 시작했다.

하지만 실패했다. 그것도 참담하게 실패했다. 우리 엔지니어링 조직이 원격 조직을 지원할 방안이 없음을 곧 깨달아 실제 비용에 대한 협의도 시작하지 못했다. 우리도 바보가 아니었고 그들 역시 바보가 아니었다. 우리는 벤처 기업이었고 대부분의 벤처 기업은 제품 출시라는 한 가지 일에만 미친 듯이 매달린다. 그리고 제품 출시는 해외에 맡길 수 없다. 다만 프로세스를 맡길 수 있을 뿐이다.

프로세스. 관리자용 비즈니스 용어로 창조성에는 저주와도 같은 말이다. 그렇다, 나는 오피스 스페이스[28]에 나오는 것과 유사한 회의에도 참석해봤다. 누군가가 차트와 그래프를 계속 보여 주며 관리 팀에게 '프로세스 개선'에 대해 말한다. 맙소사, 아직도 안 끝났나? 나는 일해야 하는데 말이야.

문제는 월 스트리트[29]는 프로세스를 사랑한다는 사실이다. 그들은 IBM과 같은 기업들을 절대적으로 존경한다. 제품 때문이 아니라 좋은 품질의 제품을 반복해서 출시할 수 있게 해준 프로세스 때문에 그 회사의 주가가 높이 평가된다. 투자자들은 회사가 계속해서 성공할 수 있는지 여부를 "운이 좋은가 아니면 잘 하는가?"라는 질문으로 판단한다.

각종 대차대조표 자료를 검토하는 회계 인력들은 프로세스를 비즈니스의 '무형 자산'으로 생각한다. 분기 말에 당신이 벌어들인 돈을 계산할 때 보면, 모든 것을 가능케 해준 것은 설계, 개발, 제품 출시를

---

28 역주 office space, 90년대 소프트웨어 회사를 배경으로 한 코미디 영화
29 역주 Wall Street 여기서는 금융권이라는 의미를 가짐

둘러싼 무형의 프로세스이기 때문이다.

　프로세스는 지루하고 재미없다. 프로세스는 이 지점에서 저 지점으로 이동하려면 반드시 거쳐야 하는 분명하고 작은 일들의 확인 목록이다. 프로세스는 예측 가능성이며, 사람들이 일을 마칠 수 있게 해주는 공통의 프레임워크이며, 인력과 제품 확장에 도움이 된다. 간단한 예로, 당신의 새 집에 대한 청사진을 생각해 볼 수 있다. 얼마나 많은 사람들이 다양한 의견을 갖고 다음에 무슨 일을 할지에 대해 서로 관련 없는 수백 가지의 작은 의사 결정을 내리는지 알고 있는가? 건물을 설계도 없이 짓는 경우를 상상해보자. 아마도 10배의 돈과 5배가 넘는 시간이 걸릴 것이다. 운이 좋다면 말이다.

　크고 성공적인 회사들은 많은 프로세스를 갖고 있고, 회사의 제품 개발 프로세스를 위해 크고 굵은 바인더, 순서도, 관련 언어 등이 만들어져 있다. 프로세스는 창조성을 예측 가능하게 해준다. 그래서 만약을 위해 회사들은 은행에 엄청난 돈을 예금해 둔다. 이런 회사들은 확장한다. 제품을 출시하려면 무엇을 해야 할지 알고 있다. 돈이 어디로 지출되는지 상세하고 화려하게 설명하는 자료들을 통해 프로세스를 분석하는 프로세스를 가지고 있어 제품 출시 비용에 대해 잘 알고 있다. 이렇게 해서 해외 하청(오프쇼링; offshoring)이 시작됐다. 이사회의 중역들이 파이 차트를 거론하며 "우리가 기술 지원에 1.2억 달러를 쓴다고요? 이런, 인도에 하청을 준다면 1천만 달러면 될 겁니다"라고 소리치는 와중에 나온 아이디어다.

초기에 아우소싱을 도입한 기업들은 시차, 좋지 않은 네트워크 연결, 문화 차이 등으로 인한 여러 어려움을 겪었다. 하지만 미국 펜실베니아주 동쪽 어느 도시의 프로세스를 떼어다가 지구 반대편의 어딘가에 적용시키는 데에는 큰 문제가 없었다. 기업 프로세스는 잘 정의된 장치와 같고 최종 생산품은 미국이든 대만이든 어디서 생산되든 엄격한 스펙을 따라 제조되므로 제품에 별다른 문제가 없었다.

지금쯤 당신은 걱정이 될 것이다. 회사에 출근해 상사가 당신 자리에 앉아 고개를 떨구고 있는 것을 보게 될까봐 걱정스러울 것이다. 당신은 모르고 있었다. 당신의 역할이 대체된 것이다. 당신이 이런 경험을 하지 않도록, 해외 하청 위험 요소를 측정하는 몇 가지 프로세스를 설명하려고 한다. 그러기 위해서는 먼저 당신 자신과 회사의 위험 요소에 대해 알아야 한다.

개인적 위험 요소

다음 질문에 답해보자.

- 당신의 업무에는 얼마나 많은 프로세스가 있는가? 잘 설명된 엄격한 업무 방침을 따르는가? 매일 매 시간마다 어떤 일을 해야 하는지 알고 있는가?
- 당신 자리에서 순서도를 볼 수 있는가?
- 당신이 앉아 있는 곳에서 회사에서 제공된 작업 지시 시계(당신

것이 아니라)를 볼 수 있는가?

- 고객 서비스 또는 기술 지원 일을 하는가?
- 당신이 하는 일을 설명하는 크고 검은 바인더가 있는가?
- 새로 채용된 사람을 위한 용어집이 있는가?
- 소프트웨어 개발 일을 한다면, 얼굴도 이름도 모르는 설계자에게서 스펙을 받는가? 한 번도 만나지 못한 사람들이 당신의 작업을 테스트 하는가?

위에서 설명한 것 중 하나라도 '예'라는 답이 나왔다면 당신의 자리가 위험할 수 있다. 당신의 업무는 너무 잘 정의되어 있어 훨씬 저렴한 인건비로 채용될 사람들에게 문서로 정리되고 설명될 수 있기 때문에 아웃소싱될 여지가 많다. 미안하지만, 자본주의를 탓하기 바란다.

조직적 위험 요소

해외 하청 위험 요소를 측정하는 또 다른 방법은 프로세스와 제품의 품질에 대해 알아보는 것이다. 각자 판단해보기 바란다. 프로세스가 있는가? 그렇다면 얼마나 많은 프로세스가 있는가? 제품이 엉망인가? 그렇다면 얼마나 엉망인가?

엉망인 프로세스와 제품: 당신이 벤처 기업에 있던 어느 정도 궤도에 오른 기업에 있던, 아웃소싱보다 더 큰 문젯거리를 안고 있다. 당신의 회사는 파산 직전이며 예전의 영광을 먹고 살고 있던지 아니면 운이 좋은 것뿐이다. 어떤 경우이든 당신의 자리는 안전하지 않으므로 다른 자리를 알아보도록 한다. 다른 곳에서 더 행복할 것이다. 내 말을 믿으라.

엉망인 프로세스와 훌륭한 제품: 1~2년이 된 대부분의 벤처 기업이 여기에 속한다. 제품을 제대로 만들기 위해 수백만 달러를 지출했지만 일부 프로세스를 무시했을 것이다. 하지만 당신의 머릿속에는 핵심 프로세스가 정리되어 있으니 당신의 일자리는 보장되므로 다행이다. 지금 당장은 말이다. 대기업도 이 경우에 속한다. 기업이 성공하려면 훌륭한 프로세스가 필요할 것이라 생각하니 이 말이 이상하게 들리겠지만 꼭 그렇지는 않다.

훌륭한 제품은 엉터리 프로세스를 보상하고도 남는다. 나쁜 소식은, 프로세스 오류, 빈약한 커뮤니케이션과 중복 투자로 인해 성장 잠재력이 제약받고 있다는 것이며, 좋은 소식은 당신의 회사가 내부와도 제대로 커뮤니케이션을 못하고 있는 판에 해외 벤더와 어떻게 협력할 수 있겠는가 하는 것이다. 축하한다. 당신은 큰 부자가 되는 못하겠지만 일자리는 안전하다.

훌륭한 프로세스와 엉망인 제품: 당신이 벤처 기업에 있다면, 또다시 회사의 생존이 관건이다. 왜 이 모든 프로세스가 필요한가? 제품 출시가 더 걱정이 되지 않는가? 사람들이 사고 싶은 물건을 만드는 것이 먼저 아닌가? 누가 돈을 내는가?

당신이 중견 기업에 있다면……. 이런, 고위험 영역이다. 분명 당신의 회사는 완벽을 추구하지 않으니 엉망인 제품을 만들고 있을 것이다. 더 나쁜 소식은 프로세스 중심적이나 제품은 엉망이기 때문에 경영진은 이미 비용 감축을 생각하고 있을 것이다. 해외 하청을 하기 딱 좋은 조건이다. 제품 품질을 높이는 것보다 비용을 줄여 회사를 구하려는 매우 안타까운 상황이다. 제품이 엉망인데 누가 그 제품을 원할까?

훌륭한 프로세스와 훌륭한 제품: 우와! 나에게 그 직장을 소개해 주기 바란다.

여전히 진땀 흘리는가?

위의 질문에 대한 대답으로 '예'가 더 많았나? 그래도 그렇게 나쁜 것만은 아니다. 당신의 자리가 해외 하청으로 돌려질 가능성이 많다는 것을 알았으니 뭔가를 해야 한다.

인터넷으로 인해 지역적인 한계가 없어져 아웃소싱이 가능해졌다. 일요일 아침, 나의 채팅 친구 목록을 보면, 내 집 근처에 살지 않지만 지난 몇 해간 가까운 사이가 된 친구를 족히 열은 볼 수 있다. 한 번도 만나보지 않았고 앞으로도 만나지 않겠지만 우리는 항상 이야기를 나눈다. 실행해볼 만한 아이디어가 떠오른다면 1주일 안에 그들과 가상 팀을 만들 수 있을 것이다. 아이디어가 구체화되면 한 달 안에 코딩을 시작할 수 있다.

차세대 커뮤니케이션 수단을 잘 사용하면, 지리적으로 멀리 떨어져 있는 사람들과도 쉽게 협력할 수 있다. 오픈 소스에 대해 생각해 보자. 관련 개발자들이 아웃소싱에 대해 불안해 할까? 절대로 그렇지 않다. 일자리 보존은 당신 주위의 환경에 얼마나 잘 적응하는가에 달려 있다.

33장

안내원 죠

실제 있었던 일이다.

DSL 이 12 시간 넘게 끊겨 도저히 참을 수 없었다. 인터넷 없이는 아무것도 할 수 없기에 정말 하기 싫은 일을 해야 했다. 고객 지원 센터에 전화하는 일 말이다.

고객 지원은 전혀 도움이 되지 않아 나를 참을 수 없게 만드는데 사실 이것은 의도적이다. 지원 프로세스는 바보들의 어처구니 없는 질문을 걸러내게 짜여있다. 다시 말해 실제로 살아 숨쉬는 사람과 통화하려면 여러 바보 테스트를 거쳐야 한다. 그렇기 때문에 나는 최악의 순간까지 고객 지원 센터에 전화하지 않는다. 바로 낮 동안의 DSL 불통과 같은 상황 말이다. 그래, 전화를 걸 때다.

처음 10 분은 음성 인식의 진보에 놀라며 지나갔다. 95% 정도 정확률을 보이는데 대단한 진보다. 지난 10년 동안 음성 인식에 코웃음을 쳐온 나로서 실제 비즈니스에 적용된 것을 보니 놀라울 뿐이다. 내 DSL 제공업체는 녹음된 음성으로 사용자를 잘 안내했다. 음성 안내는 표준어를 사용하지만 속어가 사용되기도 한다. 예를 보면 이렇다.

전화 음성: 새 DSL 서비스에 대한 정보를 원하시면 '신규'라고 말하시고, 기존 DSL 선에 문제가 있다면 '문제'라고 말해 주십시오.

나: 문제.

전화 음성: 알았슴다!

'알았슴다'라고? 멋진데. 이렇게 편한 언어를 사용하니 내가 거대한 회사를 상대하는 것이 아니라는 느낌을 준다. 하지만 아직은 안심하기 이르다.

자동화된 고객 지원 센터를 통해 새크라멘토[30] 지역의 정전이 내게도 영향을 줄 수 있다는 사실을 알게 됐다. 문제는, 새크라멘토는 내가 사는 '랜즈 마을'에서 130km나 떨어져 있어 나에게 영향을 미치기에는 너무 멀다. 그래서 나는 '안내원'이라고 말하기로 했다.

통화 기록을 보자.

진짜 목소리: 안녕하세요, SBC에 전화해 주셔서 감사합니다. 제 이름은 죠입니다. 무엇을 도와드릴까요?

이제 진짜 고객 지원 직원이다. 이 사람과 통화하기 위해 바보 같은

---

30 역주 Sacramento, 미국 캘리포니아 주의 한 도시

절차를 거치느라 30분을 허비했어도 나는 이 사람들에게 친절히 대하려 한다. 그들은 주어진 일을 하는 것뿐이며 친절한 고객은 그들의 일을 돕는 것이니 말이다.

나: 안녕하세요, 죠씨. 내 DSL이 12시간째 불통인데 언제 다시 사용 가능한지 알고 싶군요.

죠: 먼저 SBC를 대표해 사과드리겠습니다. 불편을 드려 죄송합니다. DSL 계정 번호를 알 수 있을까요, 선생님?

죠가 좀 딱딱하게 나오는군. 그래도 뭐 큰 문제는 아니지.

나: 물론이죠. ###-##### 입니다.

죠: 감사합니다. 선생님 성함은 어떻게 되시나요?

나: 랜즈 팬탈론스입니다.

죠: 감사합니다, 선생님. 제가 당신을 제 이름으로 불러도 괜찮을까요?

뭐? 뭐라고? 나를 자기 이름으로 부르겠다고? 이건 분명 해외로 외부 하청 된 고객 지원 서비스다. 뭐 하긴, 그리 놀랄 일도 아니다. 죠라는 이름도 잘 만들어진 대본에서 읽은 것일 뿐이다. 그의 대화 방식이 과장되진 않았지만 질문 내용은 포커스 그룹을 통해 만들어진 고객과의 기본 좋은 대화법임이 명백하다. 계속하겠다.

그는 내가 자동 고객 서비스에서 이미 들은 내용을 반복한다. 단선이 있었지만, 130km나 떨어졌기에 내가 그 범위에 들어가는지 알고 싶었다. 그래서 죠에게 물어보기로 했다.

나: 죠, 새크라멘토는 여기서 멀어요. 우리 집 단선과 새크라멘토 단선이 관련있는지 확인해 줄 수 있나요?

죠: [긴 침묵] 랜즈씨, 불편을 드려 죄송하다는 말을 다시 드리겠습니다. 잠시만 기다려 주십시오. [또 긴 침묵] 랜즈씨, 스포츠 좋아하세요?

이런 죠, 당신이 완전히 날려버렸군.

대본에 '아래에 주어진 고객과 편해지는 질문 하나를 선택하십시오.' 라고 써있나 본데, 이제 나는 죠보다는 음성 인식 시스템이 더 편하게 느껴진다. 죠가 친절하지 않다는 것이 아니라 그는 지구 반대편에 있는 사람이며 나는 크리켓[31]에 대해 모르고 저 사람은 아이스하키에 대해 아무것도 모른다. 그런데 우리가 어떻게 운동에 대해 이야기를 나누며 맞장구를 칠 수 있겠는가?

죠와의 경험을 바탕으로 해외 하청의 단점에 대해 심각하게 불만을 토로할 수도 있지만 그렇게까지 하지는 않겠다. 죠가 일을 하고 있다는 것은 그에게는 다행이지만 미국의 누군가가 그 때문에 일자리를 잃었다는 것은 유감이다. 양쪽 모두에게 하고 싶은 조언이 있다면, 단순한 역할은 아웃소싱된다는 사실이다.

주요 수출품들

지난 달, 지역 대학 학장 앞에서 실리콘밸리[32] 학생들에게 어떤 종

---

31 역주 cricket, 인도의 인기 있는 운동
32 역주 Silicon Valley, 캘리포니아 주의 한 도시

류의 커리큘럼을 제공해야 할지를 한 시간 정도 설명했던 적이 있다. 그 학장의 첫 질문은 면접에서 "어떤 어려운 기술적인 질문을 하시나요?"이었다.

어떤 대답을 했는지 궁금하겠지만, 여담으로, 하이테크 일자리들이 해외로 빠져나가고 있다는 의견에 대해 정말 많은 고민을 하고 있다. 게다가, 이런 아웃소싱 때문에 컴퓨터 공학 과목을 듣는 학생이 점점 줄고 있는 것 같아 걱정이다. 미국의 프로그래밍 인구 감소는 참신한 대학 졸업생을 채용하기 힘들어짐을 의미하지만, 반가운 소식을 전하겠다.

다음 세대는 당신보다 컴퓨터에 대해 더 잘 이해하며 컴퓨터를 배우기 위해 대학에 들어가지 않는다는 것이다.

지금 세대는 컴퓨터가 집에 없다는 것을 상상도 못한다. 모든 정보를 찾을 수 있다고 믿으며 아마도 자신만의 리눅스(Linux)를 개발하고 있을 거다. 전략적 사고를 키우기 위한 것이라면 대학 입학을 적극 권장한다. 소프트웨어 개발 산업에서 대단한 일을 하기 위해 대학에 진학하는 것이라면 수염을 한참 만지며 고민해 봐야겠다.

좀 전의 "어떤 어려운 기술적인 질문을 하시나요?"라는 질문으로 돌아가보자.

나: 기술적인 질문은 하지 않습니다.

당신이 면접을 위해 내 사무실에 앉아 있다면, 나는 이미 당신이 기술적인 지식을 갖췄다고 가정한다. 이력서를 통해 당신이 일을 해낼 충분한 기술적인 능력이 없다고 생각했다면 면접에 부르지도 않았을 것이다. 대학 졸업생이든 데이터베이스의 신이든 상관없이, 나는 기술적인 능력으로 당신을 판단하지 않는다. 당신의 비전이 얼마나 큰지에 따라 채용을 결정하고, 당신의 야심을 측정하고, 자신이 세계를 바꿀 수 있다고 믿는 자신감을 높이 평가한다. 진심이다. 당신이 기계의 톱니가 되려고 한다면, 초대형 기업의 27층에 숨어 있으면 된다. 초대형 기업에 얌전히 앉아있는 것도 좋겠지만, 단순한 업무는 아웃소싱된다는 것을 잊지 말아야 한다.

잘 정의될 수 있는 업무는 해외로 하청된다. 하이테크 산업은 제조 시설을 이미 해외로 옮겼고 이제는 기술과 고객 지원도 해외에 하청되고 있다. 순서도와 스펙으로 설명되고, 안정적이고 측정 가능한 방식으로 작업이 수행될 수 있는 그런 업무들이 해외로 옮겨지고 있다. 죠의 업무에 대해 생각해보자. 그는 잘 정의된 절차에 따라 일상 업무를 한다. 전화가 걸려 오면 순서도를 따른다. 매일의 평가치가 있다. 하루 27건의 전화를 처리하면 목표치를 달성한 것이다. 더 많이 하면 초과 달성이고 더 적어서는 안 된다.

이런 평가치 때문에 미국 기업이 자신의 고객 서비스 업무를 해외로 옮겼다. 계산을 해본 것이다. 미국에서 하루 27건의 전화를 처리하면 50달러지만 해외에서는 30달러면 된다. 1년에 2천7백만 건의 전화를 처리한다면 엄청난 예산을 절약하게 된다.

죠는 일을 할 수 있어서 행복할 테고 나도 그 사실이 다행이라고 생각하지만 그 사람의 나라의 전화비가 더 저렴하다고 해서 그의 자리가 보장되는 것은 아니다. 이제 2년 후면 단순 업무가 새로이 떠오른 다른 경쟁 벤더로 이동하게 될 것이기 때문이다. 유감이다, 죠. 하지만 계속 읽기 바란다. 내가 도움을 주겠다.

사람을 대하는 일은 큰 돈을 벌 수 있다

QA와 엔지니어링에서 작업을 문서로 잘 정의하는 것은 제조의 뒷전이다. 20년간의 소프트웨어 개발 경험상 잘 정의된 것을 별로 보지 못했다. 15년간 전적으로 개발 업무를 했는데도 그러하다. 프로세스와 품질 개선을 위해 열심히 노력하지만, 엔지니어링 부사장이 고객 X를 위한 기능을 완성하지 않으면 150명의 일자리가 없어진다고 말하는 와중에 훌륭한 스펙을 작성할 여유가 없다. 이틀 밤을 새서 제품을 출시할 것인가 아니면 QA와 문서화 업무 작업을 쉽게 해줄 스펙을 작성할 것인가의 결정은 당신에게 달렸다.

프로세스를 중요하게 생각하는 QA 직원들은 이 글을 읽으면 절대로 안 된다고 강하게 부정하며, "랜즈, 당신은 운이 좋았을 뿐이에요. 돈이 넘쳐나는 회사에 취직해 대충 설계해도 아무 문제 없던 것이겠죠."라고 말할 것이다.

정말 그럴까? 네 개의 회사에서 보낸 15년간, 6번의 승진이 그저 대충하며 운이 좋았던 결과일 뿐이라고? 그렇지 않다. 내가 잠시도 멈추지 않는 듯이 보이니 대충 날라 다니는 듯 보였을 수 있다. 잠수함의 방향을 조정하는 견고한 소프트웨어는 내 전문 분야가 아니다. 내 전문은 당신과 같이 최첨단 기술을 보며 "다음은 무엇이지?"라고 묻는 사용자를 대상으로 한 소프트웨어다. 이런 시장에서 미래를 예측하기란 매우 어렵다. 순서도나 엑셀 시트가 많지 않은 것은 이 때문이다. 팀원들은 많은 논쟁을 벌이는데, 아이디어를 창조적으로 잘 구현하려면 서로 부딪쳐보고 어떤 결과가 나올지 기다려야 한다.

이러한 창조적인 소프트웨어 설계 부문의 업무가 아웃소싱에서 안전한 이유는 다음과 같다.

- 창조성은 아웃소싱 할 수 없다.
- 사고는 아웃소싱 할 수 없다.
- 열정은 아웃소싱 할 수 없다.

우리만의 독특한 정신

훌륭한 제품을 만드는 데 점점 적은 수의 사람들이 필요하다. 적은 수의 사람들이 위젯을 만드는 반면, 전보다 많은 사람들이 위젯을 통괄적인 관점에서 보며 "위젯 X와 위젯 Y를 함께 사용하면 어떻게 될까? 음…… 이걸 플리커(Flickr)라 불러야지."라는 생각을 갖기 시작한다.

훌륭한 아이디어의 구현이 더 쉬워졌다거나 더 적은 인력이 든다는 것이 아니다. 내 주위를 봤을 때 참신한 아이디어의 미래가 낙관적이라는 것이다. 사람들은 뭐든 할 수 있다고 믿는다. 이런 기업가 정신이 미국의 자산이라고 생각하고 싶다.

우리가 무언가를 아웃소싱해야 한다면, 그 생각 자체를 아웃소싱하자. 볼랜드가 마이크로소프트와 전면전을 벌이기 시작할 때의 흥분을 전 세계에 보여 주자. 중서부 대학생들이 개발한 브라우저가 세계를 바꾸고 있다는 사실을 그들이 깨달았을 때와 같은 열정을 보여 주자.

우리가 세상과 공유할 것이 조금이라도 있다면, 그것은 우리만의 독특한 기업가 정신이다.

34장

비밀 직함

　당신은 어떤 일을 하는가? 당신의 명함을 보면 직함이 있을 텐데 한 번 크게 읽어 보자.

- ■ 엔지니어링 책임자
- ■ 산업 데이터 분석가(Industrial Data Analyst)
- ■ 인적 요인 전문가(Human Factors Specialist)

　그게 당신이 정말로 하는 일인가? 당신이 지난 네 시간 동안 한 일을 생각해 보고 직접 직함을 붙여 보자. 내 경우 '회의 조직 책임자' 이거나 '그냥 듣는 사람' 이 될 것 같다. 지난 주 같았다면 '칠판 서기' 였을 것이다.

대학에서 졸업하고 당신이 선택한 첫 직장에 입사할 당시 나중에 이런 일을 하게 되리라고 상상이나 했는가? 아닐 것이다. 어떤 일을 할 것이라 생각했던 '소프트웨어 엔지니어링 대리'는 당신이 마지막으로 가질 그런 직함은 아니다.

이러한 직함의 불일치가 문제라 생각할 수도 있고, 자신이 하고 싶던 일과 아무 상관없는 일을 한다는 사실이 화가 날 수도 있겠지만, 당신의 비밀 직함이 무엇인지 다른 사람들이 알고 있다면 아무 문제없다. 미시적인 관리에 관한 이야기를 보자.

지옥에 랜즈라는 이름이 붙은 두 개의 방이 있는데, 한 방에 들어가면 계속 멀미가 난다. 당신이 나를 고문하고 싶다면, 내 인생을 비참하게 만들고 싶다면, 내 속을 아프게 만들고 싶다면, 멀미보다는 차라리 목구멍에 손가락을 집어넣는 것을 택하겠다. 토할 것 같은 기분에 하룻밤을 지새기보다는 내 손톱 밑에 가시를 찔러 넣겠다.

다른 방은 한 사람이 있다. 이 사람은 15년 동안 나를 세심하게 관리해 왔던 사람인데, 이 방의 벽은 일정 목록으로 가득 찬 칠판이 걸려 있고 각각의 목록 위에는 울고 있는 불쌍한 내 모습이 그려져 있다.

내가 보기에, 미시적인 관리에는 단 한 가지의 목표가 있다. 관리되는 사람을 울리고 퇴사시키는 거다. 제정신인 사람이라면 누가 다른 사람의 상세 업무 하나하나를 매일 확인하면서 하루를 보내려 하겠는가? 세심한 관리를 받아 보지 않은 사람들을 위해, 당신의 관리자가 관리 스펙트럼 어디에 위치하는지 확인하는 질문 몇 가지를 준비했다.

3부 여러 버전의 당신

- 상사가 당신에게 무언가를 지시할 때, 얼마나 자세히 설명하는가?
- 상사가 작업에 대해 질문하는가? 작업을 시작했다면 상사가 얼마나 자주 확인하는가?
- 당신이 결정을 할 때마다 상사와 확인해야 한다고 느끼는가?
- 당신이 상사가 지시한 일 처리 방식에서 벗어났을 때 그의 반응은 어떤가?

미시적인 관리자는 자신의 요청을 매우 자세히 설명하므로 일체의 생각할 여지를 주지 않는다. 자신의 계획이 진행되는지 끝없이 확인한다. 모든 의사 결정을 자신과 함께 하게 만든다. 계획에서 벗어나는 일이 생기면, 바로잡으려 한다.

이런 꽉 막힌 환경에서 일하는 것을 상상이나 할 수 있나? 왜 이것이 지옥과 같은지 이해할 수 있겠는가? 미시적인 관리는 동료에 대한 배려가 배제되어 있을 뿐 아니라, 관리자의 비전이 항상 옳다는 의미를 내포한다. 관리자로서 나는 그룹을 전진시킬 의무가 있지만, 정작 일을 하는 것은 그들이기에 스스로 방향을 선택하게 한다. 나는 조용히 지켜볼 뿐이다.

누군가가 왜 세심한 관리를 받고 있는지 물어보면 "글쎄요, 관리자가 나를 믿지 못하나 봅니다."라는 답을 듣는다. 그럴 수도 있지만 핵심을 놓쳤다. 당신이 하는 무엇을 믿지 못한다는 말인가? 그는 당신의 비밀 직함이 무엇인지 모르기 때문에 당신을 믿지 못하는 거다. 미시적인 관리자가 가지는 근본적인 문제는 당신의 공식 직함은 알지만 비밀 직함에 전적으로 동의하지 않는다는 데에 있다.

나는 조직 재정비 이후 미시적인 관리자를 만났다. 부사장이 떠나고 우리 개발팀은 조직의 이리저리로 흩어졌다. 나는 자바 초기 버전에 통합하는 작업을 맡은 핵심 기술 그룹에 배치됐다. 내 상사는 이사를 처음 맡은 사람으로(이런……) 15명의 중간 관리자(세상에!)의 보고를 받았는데 모두의 말이 그의 프로젝트는 완전히 엉망이란 것이었다.

우리의 첫 일대일 면담은 새 그룹에 합류한 첫날 오전 9시에 있었다. 그는 "랜즈씨, 당신이 팀을 만나기 전, 코드 베이스의 50개 버그를 완벽히 수정한 다음 내게 검토를 받았으면 합니다. 그 후에 당신을 평가해보고 스펙 작성에 대해 얘기 나눕시다."라고 말했다. 벌써 10년 전의 일인데, 당시의 내 비밀 직함이 무엇이었을 것 같은가? 아마도 '유기농 중간 관리자'이거나 '복도 정보 수집가'이었을 것이다. 내 글을 정기적으로 읽는다면 복도에서 사람들에게 무슨 일이 벌어지는지 알아보는 것이 내 일임을 알고 있을 거다. 그렇다. 새 상사는 나를 믿지 않았고 무엇보다도 내가 정말 잘 하는 '복도 정보 수집가' 업무를 할 수 있으리라 믿지 않았다.

미시적인 관리자는 믿지 않는다. 그렇기도 하지만 더 중요한 점은 그들이 모른다는 사실이다. 자신이 관리하는 사람들에 대한 이해 없이 그들의 업무에만 관심을 갖는다. 이렇게 되면 직원들은 상사가 자신을 믿지 않는다고 생각하며 사기가 떨어지고 상사의 지시만을 기다리며 그룹 내에 좋지 않은 분위기가 형성된다. 열심히 일 하라고? 영감을 가지라고? 영감을 가질 환경이나 만들어 주었는가? 직원들은 자신을 사람으로 대우해 줄 새 직장을 절망적으로 찾으려는 영감만 생겼을 것이다. 생각만 해도 화나게 만드는 상황이다.

내 경우에는 다행히, 회사가 이미 무너져가 상사는 정리해고 업무로 정신이 없었다. 나는 한 달 후 벤처 기업으로 탈출했고, 이 인간을 술집에서 마주치면 한 방 먹이겠다고 맹세를 했었다. 나는 써니베일[33] 에 있는 술집에 가게 될 때면 여전히 그 인간이 있는지 살펴본다.

세 가지 짧은 조언을 하며 신세 한탄으로 변해 버린 이번 장을 마무리하겠다.

첫째, 새 채용에 대한 조언이다. 대학 졸업생을 바로 채용하는 관리자는 교육 차원에서 미시적인 관리를 하기 마련이다. 신입 사원이 아무것도 모른다는 것은 나도 알지만 업무에 대해 누군가를 가르치는 것과 방향을 지시하는 것은 완전히 다르다. 신입 사원이 현명한 질문조차 할 수 없다고 믿는다면, 배움이 무엇인지 당신 자신이 이미 잊은 것이다. 당신의 대학 시절로 돌아가 보자. 수업에서 더 많이 배웠는가? 아니면 조교가 하는 실습에서 더 많이 배웠는가? 실습이라면 왜 그랬을까? 이유는 간단하다. 질문을 하며 자신의 지식을 테스트할 수 있기 때문이다.

---

33 역주 Sunnyvale. 캘리포니아의 한 도시

두 번째는 수석 부사장에 대한 것이다. 개발팀을 임의로 방문해 회의를 갖는 엔지니어링 부사장을 언젠가 만날 것이다. 항상 간직할 조언을 할 테니 연필을 준비하여 반드시 적어놓기 바란다. 모든 엔지니어링 관리자들은 뭔가를 만들고 싶어한다. 이 부사장이 어떤 정치적인 목적으로 당신의 사무실을 방문했는지는 잊으라. 한때 개발자였던 그는 당신의 산출물을 만지작거리며 "나도 코딩할 때가 좋았어."라고 말한다. 부사장의 그런 태도를 봤다면 해결책은 간단하다. 한 주에 한 번씩 회의 일정을 잡고 그에게 데모를 보여주면 된다. 데모를 따로 준비할 필요 없이 그저 당신이 한 작업을 가지고 부사장의 사무실을 방문한다. 그에게 "이것이 이번 주 결과물입니다."라고 말하며 "어떻게 생각하세요?"라는 말을 빼먹지 말자.

그렇다. 당신은 한 주에 한 시간을 손실하겠지만 이런 회의는 보통 한 달 이상 지속되지 않는다. 부사장도 해야 할 일이 태산이고 당신의 제품으로 자신의 프로그래밍 욕망이 충족됐다고 생각하면 그들은 관심을 다른 곳으로 돌리게 되어 있다. 그리고 당신은 중역과 만나 서로 의견을 주고 받았는데 손해 볼 일이 무엇인가?

마지막으로 '아니오'라고 말하는 법을 배워야 한다(12장을 참조하라). 또 다른 부사장이 미시적인 관리를 한 적이 있었다. 이 사람은 단순히 성격에 문제가 있었기에 앞의 경우보다는 낫다. "주말 잘 보냈어요?"라는 대화를 자연스럽게 하는 데 족히 2년은 걸린 사람이다.

처음 몇 번의 일대일 면담에서, 그는 내 첫 번째 미시적 관리자와 유사한 시도를 몇 가지 했다. 나는 진절머리를 치며 차를 몰고 집으로 돌아가곤 했다. 나는 내가 하는 일을 정말 좋아했기 때문에 이 사람을 어떻게 처리해야 할지 알아내려 했다. 그 다음 회의 전 주말에 나는 내 커뮤니케이션 템플릿을 만들었다. 면담이 시작되자, 나는 그에게 한 마디도 할 기회를 주지 않고 팀과 제품에 어떤 일이 벌어지고 있는지 알고 있는 모든 것을, 사람에 초점을 둔 나다운 화법으로 30분간 자세히 설명했다.

이 관리자에게 '사람이 비즈니스란 사실을 아는 사람' 이라는 내 비밀 직함을 보여 준 것이다.

용어집

    용어집에서는 보통 책에 쓰인 단어의 뜻을 설명하나 여기의 경우에선 책에 쓰이지 않았으나 알아야 할 다수의 단어도 포함되어 있다.

    당신이 관리자이든 그와 함께 일하는 직원이든, 누군가는 다음의 용어를 사용하며 당신을 헷갈리게 할 수 있다. 그들은 자신이 대화를 조정하고 있음을 보이려 이런 용어를 설명 없이 사용한다. 동일한 효과를 노리며 뜻도 모르고 사용하는 사람들도 있다.

    그런 용어광을 대처하는 유일한 방법은 그 뜻을 이해하고 있는 것이다.

1.0 당신이 개발하는 것 중 가장 어려운 제품

360 리뷰(360 Review) 동료로부터 수집한 피드백으로 포컬 리뷰(focal review)에 포함된다. 건설적인 피드백을 주는데 시간을 들이면 바보 같은 사람과 일할 가능성이 줄어든다.

CEO(Chief Executive Officer) 큰 사무실에 있는 사람. 어려운 직업이다. 당신의 상상 이상으로 바쁘다.

CEO의 사무실(Office of the CEO) CEO가 회의에 제시간에 나타

나도록 그의 주변을 맴도는 사람들.

CFO(Chief Financial Officer) 회사가 당신에게 몇 개의 컴퓨터를 사줄지 결정하는 사람.

CIO(Chief Information Officer) 당신이 맥 컴퓨터를 사용할지 아니면 PC를 사용할지 결정하는 사람.

CTO(Chief Technical Officer) 맥이 나은지 아니면 PC가 나은지 말해주는 사람.

EPS(Earning Per Share, 주당 순이익) 미결제 주식에 할당된 회사 이익의 일부. 대부분의 실리콘밸리 혹은 벤처 회사에서는 일어나지 않는 상황이니 헛된 꿈을 꾸지 말라.

GUI(Graphical User Interface, 그래픽 사용자 인터페이스) 오래된 용어로 괜찮은 사용자 인터페이스를 의미했다.

HI(Human Interface) 애플 컴퓨터의 사용자 인터페이스.

IT(Information Technology) 세상에서 가장 일반적인 단어로, 당신 책상 위에 놓인 컴퓨터에 관련된 일을 한다. 당신은 아마도 IT 쪽에서 일하면서도 이를 깨닫지 못하고 있을 것이다.

MRD(Marketing Requirements Document, 마케팅 요구 조건 문서) '고객 요구 조건'을 포함한다고 알려진 신비의 문서.

**NADD(Nerd Attention Deficiency Disorder, 컴퓨터광 집중 부족

장애) 불가능할 정도로 엄청난 양의 정보를 소모하는 능력. 랜즈가 만들어낸 용어다.

NIH(Not Invented Here, 여기서 창조되지 않음) 자신의 팀이 만들지 않은 코드는 사용하지 않으려 하는 엔지니어링 팀의 행동 양식. 외부 코드가 좋지 않아서가 아니라 외부에서 만들어졌기에 검토되어야 하며 형식이 맞아야 하기 때문이다. 그럴 바엔 차라리 전부 새로 쓰길 택한다. NIH에 수 천조 원의 비용이 낭비되었다. 과장이 아니다. 수 천조다.

P/E(Price/Earnings Ratio 가격/수입 비율) 회사 수입 $1 당 투자자가 지불하는 값을 결정한다. 회사가 주당 $2 의 이익을 내며 주식이 한 주당 $20 라면 P/E 는 10 이다. 투자자는 수입의 10 배를 지불하게 된다.

QA(Quality Assurance, 품질 보증자) 버그 찾는 사람들.

R&D(Research & Development, 리서치와 개발) 소프트웨어 엔지니어링 또는 소프트웨어 개발. 모두 동일한 의미다. 놀랍지만 요즈음에는 리서치는 아주 적게 실행되면서 개발만 끊임없이 진행된다.

UI(User Interface, 사용자 인터페이스) 프로그램이 사용자에게 어떻게 보여지는지에 대한 모든 결정들.

가증스러운(Heinous) 정말, 정말 나쁘다. 하늘이 무너질 정도로 나쁘다. 제품 주기 말기의 버그를 분류하는 데 사용되는 유용한 단어.

간부 회의(Staff Meeting, 스탭 미팅) 당신이 직접 보고하는 사람들과의 매주 소집되는 회의. 이런 회의를 주기적으로 열지 않으면 회사 내의 커뮤니케이션이 단절되고 시간이 낭비된다.

개별 기여자(Individual Contributor) 직접적으로 보고하지 않아도 되는 직원을 일컫는 인사부서의 용어.

계약직(Contractor) 절대 떠나지 않고 있는 임시 직원.

관리자(Manager) 당신에 대한 평가에 사인하는 사람.

기술 지원(Technical Support) 컴퓨터에 문제가 생기면 당신이 전화 걸어 호통쳐대는 사람. 그 사람이 아닌 설계한 엔지니어에게 소리질러야 하지만 엔지니어들은 절대 전화 연결이 안 된다.

내향적 관리자(Inward) 단일 제품이나 팀에 초점을 두는 가장 밑바닥의 관리자로 회사 다른 곳에서 무슨 일이 일어나는지 신경 쓰지 않는다.

단기 시간(Short Timer) 사임했으나 아직 회사에서 일하고 있는 고용인. 이런 사람들의 생산성은 임기 마지막 날이 다가올수록 저하된다.

데이터베이스(Database) 데이터를 정리되고 구조적으로 보관하는 간편한 장소.

도메인(Domain) 영향력의 범위.("그건 마케팅의 도메인이야.")

동굴(Cave) 컴퓨터광이 무아지경에 빠지기 위해 들어가는 장소.

둠(Doomed) 제품 팀이 스케줄이 한참 지연됨을 깨닫고 적극 착수하는 시기로 매우 중요하지만 일정에 없던 제품 개발 단계다.

더블 클릭(Double-Click) 마우스와 관련해 비롯됐으나, "그거에 대해 더 알아봅시다."의 의미로 관리자들 사이에서 과용되는 단어다.

디렉터(Director) 중간 관리자. 제품의 실제 작동에 대한 정보를 갖고 있는 마지막 단계의 관리자다.

리눅스(Linux) L로 시작하는 유닉스(UNIX)

망치다(Screwed, 꼬이다) 당신이 선택한 행동이 당신을 날게도, 가라앉게도 만들 수 있는 직장에서의 변화 시점.

마케팅(Marketing) 제품이 실제로 무엇을 하는지 번지르르하게 설명하는 사람들. 대부분의 엔지니어들은 실제 고객과 대화하는 데 어려움을 겪으므로 매우 중요한 사람들이다.

말콤 사건(Malcolm Event) 제품 개발 과정에서 중요해 보이지 않는 사건들이 예상치 못한 방식으로 출시를 망치는 것.

맥 OS 9(Mac OS 9) 유닉스 기반이 아닌 오래된 매킨토시 운영 체제

맥 OS X(Mac OS X) 유닉스 기반의 새로운 매킨토시 운영 체제

멀티태스킹(Multitasking) 한꺼번에 여러 가지 작업을 할 수 있는 능력. 멀티태스킹은 NADD와 밀접한 관계가 있다.

면접(Interview) 넥타이를 하게 되는 날이다. 당신의 바보 같은 농담을 5 년간 받아줄지 여부를 30 분간 결정하는 사람들 앞에서 꿈에 부푼 후보가 자신을 선전하는 상황이다.

명령(Mandate) 고위 경영진이 지시한 것. 근거 설명을 회피하기 위한 변명으로(좋지 않음) 사용되거나, 사람들이 논쟁을 멈추고 전진하게 하는 데에(좋음) 사용된다.

무아지경(Zone) 당신이 최대 생산성을 내는 신비의 공간. 무아지경은 도달하기 어렵고 유지는 더욱 어렵다.

배경 확인(Background Check) 고용주가 당신이 살인범인지 알아보려는 채용 전의 확인

배당금(Dividend) 주주들에게 지급되는 이익.

버그(Bugs) 일반적으로 QA 가 찾곤 하는 엔지니어의 코딩 오류. 버그는 제품 주기 말기에 상당한 문제를 일으킬 수 있다.

버전 제어(Version Control) 주어진 모든 파일의 여러 버전을 저장하는 데이터베이스. 여러 엔지니어가 함께 일하는 개발 환경에서 매우 중요한 도구이다.

베타(Beta) 개발 과정 일정의 알파 다음의 순서. 제품이 인내심 많은 몇몇의 고객에게 사용될 준비가 됨을 뜻했다. 요즈음은 의미가 불분명해졌다.

보너스(Bonus) 예기치 못한 현금. 매년 받지 못한다면 당신은 무언가 잘못하고 있다. 상사에게 무엇을 개선해야 하는지 묻도록 한다.

부사장(VP, Vice President) CEO에게 직접 보고하는 사람.

불꽃 메일(Flame Mail) 당신이 진정하기 전까지는 보내서는 안 되는 이메일.

블로그(Weblog 또는 Blog) 인터넷에서 사람을 대표함.

빌드(Build) 테스팅에 사용되는 제품의 내부용 버전.

사무실(Office) 당신이 '거주'하는 네모난 상자. 창문이 딸려 나오는 데도 있다.

사임(Resigning) 당신의 일을 그만두는 것. 사임이란 형식적으로 들릴 뿐 같은 것이다. 아무 때고 원하면 할 수 있다.

상태 보고(Status Reports) 당신의 존재를 관리자에게 정당화시키는 매주의 격식. 회사 팽창을 보여주는 단서.

서로 물주기(Cross-Pollination) 한 팀의 아이디어가 다른 팀에서 사용되는 것. 엔지니어들은 자만으로 가득해 이런 작업을 싫어하지만, 아이디어가 원래의 팀에서 절대 가능치 못할 정도로 향상되곤 한다.

성과 계획(Performance Plan) 암담한 과정을 설명하는 놀랍게도 경쾌한 용어. 성과 계획은 고용인들이 해고당하지 않으려면 무엇을 해야 하는가가 글로 적힌 지시다. 인재 채용 부서(HR)의 큰 개입 없이 이 계획을 세울 수 없다.

소프트웨어 개발 주기(Software Development Lifecycle) 누군가가 영리한 발상을 해낸 시점부터 그 발상이 짓밟혀 더 이상 돈벌이를 하지 못할 때까지의 시간.

스펙(Spec, Specification) '어떻게'를 설명하는 문서. 읽기보다는 문서 작성 자체가 더 유용하다.

스프레드시트(Spreadsheet) 가난한 자의 데이터베이스.

시가 총액(Market Cap) 간단한 계산. 회사가 백만 주의 주식이 있는데 한 주당 $10 이라면, 시가 총액은 천만 달러다. 회사 비교나 회사의 상태를 측정하는 수단으로 사용된다.("X 회사의 시가 총액은 총수입의 40 배래!")

슬립(Slip) 제품이 일정을 맞추지 못하고 있음을 친절히 알려주는 말.("3주 슬립이 있어.") 슬립이 잦은 것은 진로에 좋지 않은 영향을 주지만 이유가 적당한 슬립은 긍정적이다.

시너지(Synergy) 레버리지(Leverage)와 유사하게 사용되는 단어.

신뢰도(Credibility) 다른 사람이 당신을 믿는 정도. 랜즈가 매우 좋아하는 주제다. 신뢰도는 정보만큼 중요하며 정보만큼 측정하기 어렵다.

실리콘밸리(Silicon Valley) 샌프란시스코 남쪽의 돈과 영리한 사람 들로 가득 찬 곳.

아젠다(Agenda, 의제) 회의가 완료되기 위해 일어나야 하는 것들. 회의 참가자 모두가 의제를 알고 있지 않으면 시간만 낭비된다.

아키텍트(Architect, 설계자) 자신이 하는 일을 알고 있는 엔지니어 다. 그들이 알 수 없는 말을 한다면 질문을 던지라. 당신보다 똑똑 하다.

알파(Alpha) 개발 과정의 이정표. 알파는 소프트웨어 테스팅 초기 단 계를 설명하는 데 사용됐었으나 더 이상 흔히 사용되지 않는다.

액션 아이템(Action Items) 적어둬야 하는 것. 액션 아이템을 완수하 지 않으면 당신의 신뢰도가 점차 떨어질 것이다.

약물 테스트(Drug Test) 대기업의 신입 사원이 30 일간 금주, 금연하 며 두려움에 떨게 만드는 절차.

영업 부서(Sales) 당신의 제품을 파는 사람들. 돈 버는 데 초점을 두 는 사람들이므로 제품 요구 사항에는 도움이 되지 않는다.

오퍼 레터(Offer Letter) 새로 채용될 고용자에게 전달되는 고용 계 약 조건이 명시된 문서. 후보가 오퍼 레터에 일단 서명하고 나도 아 직 채용 관리자의 할 일이 끝난 것이 아니다. 자신의 자리에 와 앉을 때까지 아직 고용자가 된 것이 아니다.

완벽주의자(Completionist) 제품 출시에 있어서 완벽을 추구하는 사람. 실용적인 면에서는 떨어지지만 환상적인 생각들을 갖고 있다.

외향적 관리자(Outwards) 회사 밖의 일에 집중하는 관리자. 세상이 자신의 회사를 어떻게 보는지 매우 심각하게 고민한다. 외향적 관리자들은 CEO와 같은 고위 관리자이다.

위키(Wiki) 모두가 컨텐츠를 수정하게 해주는 웹 애플리케이션. 재난을 초래할 것처럼 보이지만 사람들은 자신의 콘텐츠가 깔끔히 정리된 것을 좋아한다는 것을 보여주었다.

윈도우(Windows) 세계 제일의 데스크탑 운영 체제

유닉스(UNIX) 누군가가 게임하기 위해 1969년 개발된 인터랙티브한 시간 공유 가능한 운영 체제.

의지에 따른 고용(At-Will Employment) 고용인과 고용주 모두 '의지에 따라' 고용됐다고 법적으로 정의된 것으로, 서로 의지에 따라 해고/사직할 수 있음을 의미한다. 이유가 필요치 않다.

이력서(Résumé) 당신의 직장 생활 모두를 보여줄 목적의 매우 짧은 문서.

이메일(E-mail) 스팸 메일을 받는 수단.

이사진(Board of Directors) CEO의 상사. CEO를 해고할 수 있다. 광범위한 기업의 정책을 설정하고 보이지 않지만 엄청난 힘을 갖고

있다.

이점(Leverage, 레버리지) 시너지와 유사하게 사용되는 단어.

이정표(Milestone, 마일스톤) 소프트웨어 개발 주기에서 잘 정의되지 않았으나 과도하게 사용되는 날짜로 개발 팀에게 그들이 얼마나 계획에서 벗어났는지 알려준다.

인사부서(Human Resources, HR) 당신이 불행한 일을 하게 만드는 행복한 사람들.

인재 채용 담당자(Recruiter) 당신의 팀의 빈자리에 적합한 후보를 찾아주는 사람. 종종 좋지 않은 느낌을 주기도 하지만, 사람을 다루는 능력이 뛰어나며 엔지니어들과 의미 있는 대화를 나눌 줄 아는 사람들이다. 훌륭한 인재 채용 담당자들을 찾는다면 그들을 붙들고 있으라.

인터랙션 디자인(Interaction Design, 상호작용 디자인) 인터페이스 디자인의 가장 어려운 부분이다. 사용자가 애플리케이션과 어떻게 어려움 없이 상호 작용할지 알아낸다. 인터랙션 디자이너들은 흐름도(workflow)의 진정한 의미를 안다.

인턴(Intern) 임시 채용된 사람으로 보통 대학생들이다. 너무 많이 웃는 사람들이다.

임시직(Temp) 아무도 하고 싶어하지 않는 일, 또는 누구도 처리할 여유가 없는 일을 맡는 사람으로 내일이면 그 자리에 더 이상 없을 수 있다.

자동화(Automation) QA 용어로 테스팅이 프로그래밍되어 실행되는 것을 뜻한다. 자동화는 시간을 절약하는 것으로 알려져 있지만 실은 시간을 잡아먹기도 한다.

전 임원 회의(All-Hands) 회사 전반에 걸친 회의로 주로 CEO 가 진행한다. 당신이 관리자인데 이런 회의에서 새로운 소식을 많이 듣게 된다면 당신은 조직의 커뮤니케이션에서 소외된 것일 수 있다.

전체론적 관리자(Holistic) 자신의 팀뿐이 아닌 회사 전체에 관심을 갖는 관리자. 일반적으로 중간단계 관리자들이다.

전화 면접(Phone Screen) 한두 가지의 중요한 점이 당신이 면접을 계속해서 하게 될지 여부를 결정하는 채용 관리자 또는 채용 부서 직원과의 짧은 대화.

점진주의자(Incrementalist) 개선이 완료의 적임을 아는 사람. 이 사람들은 품질과 완료를 희생하며 일을 끝낸다.

정리 해고(Layoff) 회사가 지출을 줄여야 하거나 다른 영역에 중점을 두어 고용인들을 해고하는 끔찍한 절차.

제너럴 카운슬(General Counsel, 일반 상담) 회사의 가장 중요한 변호사.

제품 관리자(Product Manager) 이상적인 경우, 제품의 주인이다. 이 사람은 제품이 무엇인지와 어느 방향으로 가는지를 뚜렷이 알고 있다. 고객이 무엇을 원하는지 알고 있다고 믿는 귀찮은 엔지니어들을 상대해야 한다.

젠장!(Holy Shit) 어떤 테크놀로지가 당신의 생각을 날려버리거나 삶을 바꿔버리는 순간.

조직도(Org Chart) 누가 누구에게 보고하는지 보여주는 그림. 큰 조직에서 당신이 실제 누구와 일하는지를 나타낸다.

조직 재정비, 구조 조정(Reorganization) 회사의 새로운 목표에 맞추기 위해 직원들이 이리저리 이동되는 과정.

종료(Termination) 해고의 정치적으로 올바른 표현.

주도자(Bellwethers) 후보 면접을 믿고 맡길 수 있는 핵심 인물들.

주식(Stock) 당신이 회사의 일부를 소유한다고 적힌 보지 못할 종이. 주식은 간단하다. 당신이 소유하는 것이다. 주식 옵션이 혼동을 준다.

주식 옵션(Stock Option, 스톡 옵션) 당신이 주식을 특정가로 살 수 있다고 적힌 보지 못할 종이. 옵션이 사람들에게 혼동을 주기도 하므로 설명하겠다. 회사 주식 100주를 $100에 살 수 있도록 허가됐다. 축하한다. 당신이 옵션을 팔면 당신의 옵션가와 현재 가격 사이의 차이만을 받게 된다. 그러므로 옵션을 모두 $110에 판다면 주당

$10, 다시 말해 전부 $1000 을 받게 된다. 요즘 들어 사람들은 옵션에 대해 많은 관심을 갖는다.

직무 설명(Job Description) 직무 책임에 대한 간략한 설명.

참조 확인(Reference Check) 후보가 제공한 참조인들에게 전화를 거는 절차. 참조는 후보가 제공하였기에 공정치 않을 수 있으므로 진실 여부를 의심해봐야 한다. 새로이 채용될 사람에 대해 염려가 된다면 그 밖의 참조를 찾아내거나 실제의 정직한 질문들을 던져본다.

채용 공고(Requisition) 새 직원 채용을 허가하는 가상의 문서. 채용 공고를 얻기도 힘들지만 잃기도 쉽다. 사용하지 않으면 잃을 것이다. 중요한 사실은 채용 공고 허가가 떨어진 시점부터 그 자리에 누군가가 채용되기까지 평균적으로 90 일이 소용된다는 것이다. 진실이다.

채팅(Instant Messaging) 이메일 대용.

체크아웃(Checked Out) 자신의 생각으론 이미 일을 그만둔 사람. 당신이 이 사람이 실제로 사임하길 원하든 원치 않든, 이 사람은 그들의 쓸모 없음으로 팀 전체의 생산성과 분위기를 저하시킨다.

총 수입(Total Compensation) 회사가 당신에게 지불한 전체 액수. 연봉, 보너스, 혜택 등이 모두 포함된다. 후보들이 어느 회사에 취직할지 고려할 때 사용한다.

출시 엔지니어(Release Engineering, 릴리즈 엔지니어링) 제품을 빌드하고 컴파일하는 사람들. 완전 QA 도 아니고 소프트웨어 엔지니어도 아닌 불분명한 사람들이다.

크런치 시간(Crunch Time, 긴급한 마감 시간) 주말이 없는 시기.

포도넝쿨 또는 네트워크(Grapevine) 가짜 정보로 가득한 소스.

포컬 리뷰(Focal Review, 초점 리뷰) 1 년에 한번 당신의 성과가 평가되는 관리자와의 면담. 장래를 위한 건설적인 조언을 제공할 기회가 보너스나 임금 조정 정당화로 대체되곤 한다.

프로그램 관리자(Program Manager) 스케줄 짜는 사람. 프로그램 관리자는 작은 회사에서는 거의 하는 일이 없지만 모든 큰 제품 개발 팀에서는 매우 중요하다.

프로세스(Process 절차) P 로 시작하는 일곱 글자의 단어. 프로세스는 나쁜 것만은 아니다. 특히 수많은 사람들이 동일한 일을 하며 시간을 낭비하는 대기업에서는 더욱 그러하다.

해고(Fire) 고용의 종료로 극단적인 경우에 발생한다.("그가 도둑질을 하고 있어요!") 가볍게 다뤄질 문제가 아니며 인사고용 부서가 깊이 있게 관계한다.

해외 하청, 아웃 소싱(Offshoring 또는 Outsourcing) 당신의 업무가 해외로 옮겨가는 것. 일자리를 잃는 것이 '큰 동기부여' 가 되기에 '우리의 국익에 도움' 이 된다고 한다(!).

행정 보조자(Administrative Assistant) 관리자의 절친한 친구. 행정 보조들은 기업의 음모에 깊이 관여되어 있기도 하며 일 처리를 기적같이 한다. 기업 내의 네트워크와도 관련이 있다.

협동(Collaboration) 피하고 싶은 사람과 함께 일하도록 만드는 단어.

회의(Meeting) 공통의 과제를 해결하고자 여럿이 모이는 것. 종종 어마어마한 시간 낭비다.

후보(Candidate) 회사에 발을 들여 놓게 된 입사 원서 응시자.

흐름도(Workflow, 워크플로우) 한 사람이 애플리케이션을 사용하는 방식. 사용자의 작업 흐름도를 고려해 애플리케이션을 설계하는 것은 사용성을 개선해준다.

IT 개발자가 쓴 통쾌한 인간관리 이야기

초판 1 쇄 발행 2009 년 8 월 7 일

지은이	마이클 롭(Michael Lopp)
옮긴이	한정민
발행인	최규학

펴낸곳	도서출판 ITC
등록번호	제8-399 호
등록일자	2003 년 4 월 15 일

주소	경기도 파주시 교하읍 문발리 파주출판단지 535-7 307 호
전화	031-955-4353(대표)
팩스	031-955-4355
이메일	itc@itcpub.co.kr

기획/진행	고광노
본문디자인	성은경
표지디자인	Arowa & Arowana

인쇄 한승문화사   용지 신승지류유통   제본 천일제책사

ISBN-10 : 89-6351-009-3
ISBN-13 : 978-89-6351-009-5

값 15,000 원

www.itcpub.co.kr